U0895518

双语译林
壹力文库
055

〔英国〕詹姆斯·希尔顿 著
吴夏汀　朱红杰 译

消失的地平线

译林出版社

图书在版编目（CIP）数据

消失的地平线：汉英对照 /（英）希尔顿（Hilton, J.）著；吴夏汀，朱红杰译．—南京：译林出版社，2012.12

（双语译林．壹力文库）

ISBN 978-7-5447-3392-2

Ⅰ.①消… Ⅱ.①希… ②吴… ③朱… Ⅲ.①英语-汉语-对照读物 ②长篇小说-英国-现代 Ⅳ.①H319.4：I

中国版本图书馆CIP数据核字（2012）第258008号

书　　名　消失的地平线

作　　者　〔英国〕詹姆斯·希尔顿

译　　者　吴夏汀　朱红杰

责任编辑　王振华

特约编辑　胡玲琴

原文出版　Pocket Books, 1939

出版发行　凤凰出版传媒股份有限公司

　　　　　译林出版社

出版社地址　南京市湖南路1号A楼，邮编：210009

电子信箱　yilin@yilin.com

出版社网址　http://www.yilin.com

印　　刷　三河市华润印刷有限公司

开　　本　640×960毫米　1/16

印　　张　22.5

字　　数　133千字

版　　次　2012年12月第1版　2019年6月第13次印刷

标准书号　ISBN 978-7-5447-3392-2

定　　价　25.00元

译林版图书若有印装错误可向承印厂调换

目　　录

引　子

雪茄烟即将燃尽，方才品尝到折磨我们的那种幻灭感：老同学长大后重逢时，发现彼此之间比想象中少了很多共鸣。卢瑟福在写小说，而怀兰成了大使馆的一位秘书。怀兰刚请我们在藤佩霍夫饭店吃了饭，席间，我感觉他兴致并不高，倒是始终带着一个外交官在类似场合总会持有的从容淡定。仿佛只是因为独身居住在一个异国的首都，我们这三个英国人才聚到了一起。同时，我感到，怀兰身上曾经那种隐隐的自命不凡经过这些年并未消失；我更喜欢卢瑟福，他已经是个男子汉，不再是曾经那个皮包骨头的小男孩。想当年，他竟一边受我欺负一边又受我保护。看样子，他现在挣钱比我们俩都多，而且生活多姿多彩，这让怀兰和我有些妒忌。

不过那个晚上可不枯燥。我们坐在一起，观赏着汉莎航空公司从中欧各地而来的大型航班飞降机场的情景。傍晚将近，机场的弧光灯打开，一时间光彩辉煌，颇有一种戏剧效果。其中有一趟来自英国的航班，它的飞行员经过我们的桌子时，向怀兰打了个招呼。一开始怀兰没有认出他，待他想起这个人是谁后，便向我们做了介绍，并请他入座。这是个快乐风趣的青年，名叫桑德斯。怀兰向他道歉，说穿着飞行服又戴着头盔，实在让人很难辨认。桑德斯笑答："哦，是啊，对这我再清楚不过，别忘了我以前在巴斯库尔待过。"怀兰也笑了笑，不过不太自然，我们后来便换了话题。

桑德斯的加入使我们这个小团体活跃了起来，大家一起喝了不少啤酒。大约十点钟，怀兰离席跟邻桌的人谈话去了，卢瑟福继续捡起刚才的话题：“喂，顺便问一下，你刚才提到巴斯库尔，我对这地方了解一点，你是不是想说那里发生过什么事儿？”

桑德斯腼腆地笑了笑。“噢，不过是我在那里服兵役时经历过的一件令人激动的事罢了。”但是他毕竟年轻，还是忍不住说道，“是这样的，一个阿富汗人或者其他什么地方的人，劫走了我们的一架飞机，接下来发生的事不难想象。这是我所听说过的最无耻的行径。那混账家伙拦住飞行员，一拳把他打昏，扒了飞行服穿上，然后神不知鬼不觉地爬进了驾驶舱。他还给技师们发出了正确的信号，滑行，起飞，就这么大模大样飞走了，麻烦的是，他再也没有飞回来。”

卢瑟福看起来很感兴趣。“这是什么时候的事儿？”

“嗯，怎么也得是一年前吧，也就是一九三一年五月，因为爆发了革命，我们正把平民从巴斯库尔疏散到白沙瓦，也许你还记得，那里当时局势混乱，否则也不会出这种事。可是，它确实发生了——某种程度上是这套飞行服让他得逞的，你说呢？”

卢瑟福仍然很有兴致。“可我以为，当时你们至少得有两个飞行员负责一架飞机吧。”

“没错，普通的军用机确实如此。可这架飞机有些特殊，是为一些印度邦主设计的一种小型飞机。后来，印度的勘探人员一度用它在克什米尔一带的高海拔地区搞勘测。”

“也就是说这飞机根本没有到过白沙瓦？”

“据我所知，没有。而且也没有在别的任何地方再降落过。这确实令人迷惑。当然，如果劫持飞机那家伙是那一带的土著，也许他把飞机开进了山里，把那些乘客当人质，勒索赎金。我估计他们都被撕了票。在前线很多边界地区，飞机坠毁了根本没人知道。”

"的确，我知道那种地方。飞机上有几个乘客？"

"我想有四个，三位男士和一位修女。"

"其中，有没有一位叫康维的男士？"

桑德斯很惊讶。"嘿，没错，确实如此。'光荣的'康维——你认识他？"

"我曾和他在一个学校读书。"卢瑟福不大自然地说道。纵然事实如此，他还是觉得这么说有些勉强。

"以他在巴斯库尔所做的一切来看，确实是个讨人喜欢，很不错的小伙子。"桑德斯接着说。

卢瑟福点点头。"是的，这毫无疑问……可是，多么离奇……多么诡异……"他恍惚片刻，接着说道，"这事从没有在报纸上报道过，否则我早该有所耳闻。这是怎么一回事？"

一时间桑德斯显得有些局促不安，我甚至觉得他有些愧疚。"老实说，"他答道，"有些东西我是不该说的，不过，也许现在已经无关紧要了。我是说这已经是陈年旧事，没多少人还在关心；后来事情也没有再张扬，我的意思是，这件事的来龙去脉说起来不太光彩。政府方面只是宣布有一架飞机失踪了，提到了飞机的机型名称，仅此而已，局外人对这种事不会有更多的兴趣。"

这时，怀兰又回到我们中间，桑德斯有些歉意地说："我说，怀兰，他们几个刚才一直在谈论'光荣的'康维，我恐怕把巴斯库尔的事说出去了，希望你不要介意。"

怀兰一脸严肃，尽力克制自己，他不想当着同胞的面失态，另一方面又要照顾到自己作为政府官员的形象。"我不得不说，"沉默了片刻，他慢条斯理地说，"把这事儿仅仅看做一桩奇闻逸事真让人遗憾。我原本一直相信你们这些空军弟兄不会这样不顾信誉，会把事情泄露出去。"对这个年轻人一番斥责之后，他又和蔼地转向卢瑟福，"当然，你的心情我理解，同时我相信你也明白，某些时候，有必要让前线地区发生的事儿保留点神秘色彩。"

“可是，”卢瑟福冷冷地说，“人们总会想去了解真相。”

“对于任何有必要知道真相的人，这事儿并未隐瞒。当时我就在白沙瓦，这点我可以保证。你和康维很熟吧？我是说，你们在学生时代就相识了吧？”

“在牛津大学时打过交道，那之后见面机会便少了。你常和他见面吧？”

“在安哥拉驻扎期间见过一两次面。”

“你喜欢他吗？”

“我认为他很聪明，但又有点懒散。”

卢瑟福笑道：“当然很聪明。他在大学里很出色，只可惜后来战争爆发了。他在学生会里可是个响当当的重量级人物，还是获得过蓝色荣誉的划船队员，各种奖励也得过不少。我认为他是我遇到过的最棒的业余钢琴家，的确，一个了不起的全才，大家都觉得他会成为未来的总理候选人。不过，老实说，自牛津大学分别后，我就再也没听到过他的消息，自然是战争中断了他的事业。当时他还很年轻，我猜他多半是从戎参战去了。”

“他大概是被炸伤了，要不就是出了别的什么事儿。”怀兰说道，“但这也没什么大不了的。他混得很不错，在法国还获得了特等勋章，他后来回牛津大学做了一段时间研究员。我知道他一九二一年去了东方。他会几种东方语言，因而不费周折就找到了工作，此后还担任过几个不同的职务。”

卢瑟福爽朗地笑了。“这么说，一切都有了合理的解释！历史永远不会让世人了解那些破译情报密码工作中所取得的业绩，也不会透露公使馆里茶话会上的唇枪舌剑。”

“他是在领事馆，不是在外交部工作。”怀兰冷冷地指出。他显然无心打趣，而且，对于那些调侃的话，也没有发表任何异议。这时卢瑟福起身要走，他也并无挽留的意思。毕竟时间也不早了，我说我也要走了。告别时，怀兰仍旧彬彬有礼，高高在上，而桑德斯却很热诚地表示希望再见到我们。

我第二天天不亮就要去赶横贯大陆的火车离开。在等出租车时，卢瑟福问我可愿意到他住的酒店去打发这一小段时光。他说他的房间有个起居室，我们可以坐下聊聊。我欣然接受，于是他说："好吧，要是你愿意，我们可以聊聊康维，除非你对他的事情没什么兴趣。"

我说尽管说不上了解他，但对他很感兴趣。"我大学的第一个学期刚结束，他就离开了学校。之前他确实很关照我。我是个新生，找不到理由对我那么好。虽然只是些平常小事，但我一直没忘记。"

卢瑟福表示同意："没错，我也十分欣赏他，虽然长期以来我们鲜有见面机会。"

接着是一段令人难堪的沉默。很明显，我们都在回想一个对我们产生了很深影响的人，而这种影响又远非这种短暂邂逅的三言两语能够说透的。从那以后，我常常注意到，人们即便是在很正式的场合，哪怕短短结识过康维，都会对他留下深刻的印象。他确实是个很出色的青年，而我是在崇拜偶像的年龄认识了他，自然对他的记忆更富浪漫色彩。他身材高大，面目俊朗，作为一个运动健将，能轻易获得学校里的各种奖项。那位易动感情的校长曾用"光荣的"来赞扬他所取得的成绩，由此，他便得到"光荣的"这一雅号，恐怕也只有他这样的人才配得上这般称号。我记得他曾在毕业典礼上用希腊语发表演讲，还曾是校园舞台上最受欢迎的演员。他多才多艺，英俊潇洒，才智和力量的完美统一使他更像伊丽莎白一世时期的杰出人物，或者像菲利普·西德尼。当代文明却很少能造就出这般人才。

我把这些想法都告诉了卢瑟福，他回答我说："的确如此。人们常用'半吊子'这个贬义词来形容那些博而不精的人，大概某些人，比如像怀兰这种人，会把它用在康维身上。我对怀兰这种人不太感兴趣，他的一本正经和自负让我无法容忍。不知你是否留意到，他功利心太强，他的那套什么‘人们终会得到他们应得的荣誉’，‘不会把事情泄露出去’，就像是皇帝驾临圣多美尼克教堂。我最看不起这类外交官。”

又是一阵沉默，车子穿过了几个街区。这时，他又说道：“不管怎么说，这一晚没有白费。对我而言算是个特别的经历。桑德斯说的巴斯库尔的那事儿，我以前也曾耳闻，但没有太相信，以为不过是个离奇的惊险故事而已，无法让人绝对相信，或者说使人信服的理由只有那么一点。而现在，有了两个不起眼的理由说服我相信了。你能看出我并不是一个容易轻信的人。我走南闯北的生涯不短，我知道这世上无奇不有——要是亲眼所见，你绝不会怀疑。若只是道听途说，不会太过相信，然而……”

他似乎突然感到这些话对我来说毫无意义，便笑了起来。“啊，有一件事是肯定的——我不愿同怀兰推心置腹。那就像不愿给《逸闻》杂志推荐一部史诗一样。我更乐意跟你交交心。”

“你恐怕太抬举我了。”我说。

“你的书可没让我想到这点。”

我还没有提到过我那故弄玄虚的作家生涯（毕竟，精神病诊所并不是人人都能开的），却惊奇地发现卢瑟福居然对我有那么点了解。我把我的想法都告诉他了。卢瑟福说道：“没错，这也正是我的兴趣所在，因为康维曾经患有失忆症。”

到了酒店，他从服务台取来钥匙，到五楼时他说：“说了这么多不着边际的话，可事实是康维并没有死——至少几个月前还没有。”

短暂上升的电梯似乎不是讨论这事的合适场所。于是一进走廊我便问他：“你肯定？你是怎么知道的？”

他一边回答，一边打开了房间：“去年十一月我和他乘同一架日本客机从上海去檀香山旅行。”他说了一半便停下来，待到我们落座并倒上喝的，点上雪茄后才继续道：“你知道，去年秋天我在中国旅行，四处游逛。当时同他已多年未见，也从未通过信。我并不常想起他，不过，只要有意识地在记忆中翻阅，他的形象总会很轻易地浮现。在汉口拜会了一个朋友之后，我便乘北平的快车返回了。火车上，我碰巧与法国慈善姐妹会的一位迷人的女修道院院长聊了起来。她要去重庆，那儿有他们一个下属的修道院。我会两句法语，她便很高兴地同我谈起她的工作和生活情况。说实话，我对一般的教会机构没有多少兴趣，但同许多人一样，我能够接受他们，这些天主教徒自觉地站在了同一阶级的立场上，因为他们至少都在努力地工作，没有装腔作势地在普通人面前摆出一副高人一等的姿态。顺便一提，这位院长在同我谈到重庆那所教会医院时，提到几星期前有个刚住进医院的伤寒病人，她们都认为他是欧洲人。病人没有说自己的情况，身上也没有任何证件，穿的是本地的服装，而且是最穷的人穿的那种。修女护士们把他领进医院时，他病得很严重。他讲一口流利的汉语，法语也十分不错，还有，这位院长向我保证说，在他认出修女们的国籍前曾用纯正的英语同她们交谈。我说我无法想象当时的情形，我打趣地问她怎么能够判断一种她不懂的语言说得纯不纯正。我们就这些事情说笑了一番，最后她邀请我有机会到修道院去看看。当然，这就像要我去爬珠穆朗玛峰一样不可能。可是当火车到达重庆，同她道别时我却感到一种特别的遗憾，但一切到此为止了。巧的是，我在几个小时内又回到重庆。火车在离车站一两英里的地方出了故障，好不容易把我们又送回火车站，而我们了解到备用的发动机不可能让我们在十二小时内到达上海，中国铁路上的这种事儿倒不少。所以，只好在重庆逗留了半天——于是我决定去修道院拜访那位很不错的女士。

“没想到我去了之后，受到热情的接待。院长自然对我的到来感到有些惊讶。我想，对于一个非天主教徒，最难理解的一件事，就是那些天主教徒何以能够协调十足的刻板、严肃与一种随意宽舒的心境的矛盾。不过这无碍于那些修士修女们组成有趣的社团。待了没多久，我发现饭菜已经准备好，一个年轻的中国教会医生挨着我坐下。席间，他混着法语和英语同我谈笑，餐后又和那位女院长一起领着我参观了这所他们引以为豪的医院。我告诉他们我是个作家，而他们竟天真地认为我会把他们都写进书里去。我们顺着病床走过，那位医生一一向我介绍每个病例。医院非常干净，没有一点污痕，看来管理得很不错。我已经把那个说一口流利英语的神秘病人忘在了脑后，直到修道院长提醒我就要见到他时方才想起来。我只能看到这个人的后脑勺，他显然正在沉睡。不知为什么，我觉得应该用英语同他说话，便问了声‘下午好’，但这并非我本来想要说的。那人突然转过脸来，回了一句‘下午好’。的确如此，他的口音表明他是受过正统训练的。但是我还来不及对此感到惊讶，就认出了他——尽管他一脸胡须，容貌有了不少变化，而且已经那么久没有见过面。那是康维，我敢肯定是他。不过，假如我稍有犹豫，略有疏忽的话，说不定我倒会认定他不可能是康维。幸好当时我一时冲动，冒昧把他叫醒了。我喊他的名字，又报上我的名字，虽然他只是盯着我，脸上并没有任何认出我来的表情，但我已确信，我没有认错人。他脸上的肌肉奇怪地轻微抽搐了一下，以前我也曾注意到过这情况，还有他那双眼睛一点也没变,当年我们常打趣说他的那双蓝眼睛比起‘牛津蓝’来更像‘剑桥蓝’。而除此之外，他还是那种不会轻易与别人混淆的人，那种让你一见如故的人。见此情景，医生和修道院长自然都非常激动。我告诉他们我认识这人，他是个英国人，是我的朋友，他认不出我来可能是因为他完全丧失了记忆。他们很惊讶，但表示同意。之后我们一起就他的病情谈了很长时间。然而，他们实在无法解释在这种情况下他是怎么能来到重庆的。

“长话短说吧，我在那儿待了整整两个多星期，希望或许能够用什么办法使他恢复记忆。但最终未能成功。不过他的身体渐渐恢复了，我们还聊了很多。

“当我如实告诉他，我和他各自的身份的时候，他很顺从，没有任何异议和争辩。他隐隐约约表现出一种兴奋的表情，甚至似乎很高兴与我为伴。我提出要带他回家，他也只是简单地说他并不介意。这的确有些不正常，他很明显没有任何个人欲望。我尽快做好了安排，准备离开。汉口的领事代办处有我一个密友，没费多少周折便办好了护照等必要的手续。确实，对我来说，为了康维，这件事最好不要张扬出去，更不要让它成为报刊的头条新闻，而且我可以高兴地说我做到了这一点。否则，势必会引起拥堵，当然，我是指新闻报道的拥堵。

“我得说，我们是通过正规途径离开中国的。坐轮船顺长江到南京，而后乘火车到上海，当晚正好有一艘到旧金山的客轮，于是我们又急匆匆地上了船。”

“真为他做得太多了，”我说，“如果换了别人我绝不会这么做的。”

卢瑟福也不否认。“我想我不会为别的任何人做这么多事，”他接着说，“但这个人身上有一种说不清的、难以解释的东西，让你乐意尽力去帮助他。”

“是的，”我同意道，“他身上有一种独特的魅力，一种很吸引人的气质，回想起来就让人愉快，现在我仍然把他看做那个穿一身法兰绒的‘青年学生’。”

“真可惜，你没有在牛津认识他，他真是太了不起了——再也没有其他更合适的词了。然而，有人说，战后他变了，虽然我也有同感，可我又相信以他的天赋，他应该从事一些更重要的工作。在英王陛下手下做一个小职员，在我眼中并不算什么伟大事业，但康维确实很了不起，或者说他本该成为一个伟人。我们都认识他，当我说我们不应忘却那段经历时，我认为我并没有夸大。

而且，当我和他在中国中部重逢时，虽然他的脑子一片空白，之前的经历也迷雾重重，可他身上那种魅力非凡的特质却丝毫没有消失。”

卢瑟福沉浸在一种怀旧情绪中，他顿了顿，接着说道：“正如你想象的那样，我们在客轮上重拾起昔日的友谊。我把我所知道的有关他的一切都告诉了他，他听得很专注，那神态可以说有点可笑。来到重庆以后发生的所有事情，他都清楚地记得。有趣的是，他并没有忘记他之前就会的几门语言，比如他告诉我，他相信自己与印度有某种联系，因为他会讲印度斯坦语。

“轮船在横滨上满了人，新来的乘客中有一位叫西夫金的钢琴家，他要到美国巡回演出，在这里换乘。他与我们同桌用餐，时不时用德语和康维交谈，可见往日的康维是多么外向而健谈；且不说他已经丧失了记忆，事实上，如果只是一般的社交接触，其实根本看不出他有什么毛病。

“离开日本已经数天，一晚，旅客们把西夫金请到甲板上举行钢琴独奏会，康维和我都前去欣赏。没什么好说的，他弹得十分精彩。弹了几首勃拉姆斯和斯卡拉蒂的作品和许多肖邦的曲子。我不止一次地注意到康维是如何聚精会神地欣赏着，那自然是因为他过去的音乐素养的缘故。到最后，音乐会在听众们的一次次返场的请求中继续着，钢琴家也欣然迎合，想必有些热情的乐迷甚至已经围拢到钢琴周围。他似乎特别钟爱肖邦，所以又弹了几首肖邦的作品。最后他离开钢琴，由一群崇拜者簇拥着向后门走去，显然他感到自己对这些乐迷已经够意思了。这时，发生了一件奇怪的事情。康维径直走到钢琴前，坐下来弹起一段轻快的曲子。我没能听出这曲子是出自谁之手，不过它却吸引了西夫金，他激动地回到甲板，询问这是什么曲子，康维沉默了半天，样子十分古怪，然后回答说他自己也不知道。西夫金几乎叫了起来，他显得更加激动，说这简直难以置信。康维在那儿苦苦思索，最后说那是一首肖邦的练习曲。因为连我也不相信他说的话，所以当西夫金对此坚决否认时，我丝毫不感到意外。谁知，康维却突然怒不可遏，这让我大吃一惊，因为到此为止，他还没有对任何事情表达过一丝情绪。‘亲爱的朋友，’西夫金辩解道，‘肖邦的所有作品我都了然于胸，我敢保证他从没写过你刚才弹的那首曲子。他很可能会写这样的曲子，因为这完全是他的风格，但他的确没有写过，你能给我看看这曲子的乐谱吗？任何版本都行。’康维严肃地回道：‘噢，是的，我想起来了，这曲子从没有发表过。因为我遇到过肖邦的一个学生，从他那儿知道了这首曲子……我还会另一首没有发表过的曲子，也是从他那儿学来的。’”

卢瑟福一面用眼神暗示我别打断，一面接着说：“我不知道你是不是个音乐爱好者，就算不是，我也敢说，你完全能想象出西夫金和我听到康维接下来弹的这首曲子时有多激动。我知道这是他过去的经历在现实中的一次突然又神秘的闪现，这也是找回他已丧失的东西的最佳途径。西夫金自然已完全沉浸到这个音乐问题中去了。实话说，这确实令人困惑，因为肖邦早在一八四九年就去世了。

“这一切如此蹊跷，让人难以置信。或许我还该顺便提一下，当时至少有十来人目睹了这一场面，其中有一位是加利福尼亚大学的知名教授。当然，人们可以轻易地说从时间上来看，康维的解释根本就不可能或者几乎没有什么可能性；然而这曲子本身却让人无法解释。如果那两段音乐不是康维所说的两首肖邦的练习曲，那又是什么曲子呢？西夫金向我担保，说假如这两首曲子曾经发表出来，半年之内绝对会成为钢琴家们的保留曲目。这话听起来有些夸张，不过也表明了西夫金对这些曲子的看法。大家争论了半天也没有什么结果，而康维仍坚持他的说法。他开始显得有些疲倦，于是我马上带他离开了，让他躺下休息。最后，我们决定用留声机把这些曲子录下来。西夫金说他一到美国就会尽快安排好所有的一切。康维答应一起出席音乐会并登台演奏几首，可最终他没能信守诺言。我时常为此感到惋惜，无论如何这都是一个很大的遗憾。”

卢瑟福看看时间，对我说赶火车还早，而他的故事差不多快讲完了。“因为，就在那天晚上——就是钢琴独奏音乐会那晚——康维恢复了记忆。我们俩都上床休息了，可我却辗转难眠，而他来到我的舱室把一切都告诉了我。他紧绷着脸，不胜伤感，我只能这样描述，因为那是一种刻骨铭心的悲伤，一种同普通人一样的哀伤，你知道，我的意思是——那是一种漠然或者说没有任何特点，带着些许无奈，些许失意的表情。他说他什么都想起来了。正是在西夫金弹琴的时候，他开始回忆起一些东西，虽然只是些断断续续的片段。他在我的床边坐了很久，我没有打搅他，让他慢慢回忆，然后用他自己的方式去讲给我听。我说他能够恢复记忆，我非常高兴，但如果他本来就希望忘掉这些往事，我会很难过。他抬起了头，然后对我说了句我认为是很恭维我的话。‘谢天谢地，卢瑟福，’他说，‘你真是有想象力啊。’过了一会儿，我起身穿好衣服，让他也穿好衣服，随后相伴到甲板上散步。那是个宁静的夜晚，满天星辰，而且很暖和，大海看上去一片苍白而显得黏滞，仿佛是凝结起来的牛奶。要是没有机器的轰鸣，我们简直就像在广场上漫步了。我任由康维继续自由地讲述他的故事，没有打断提问。黎明将近时，他开始不停地讲，滔滔不绝，等他讲完，已是早餐时间，太阳已经高照。我说他‘讲完’，并不是说他没有再告诉我更多的事。后来，有天夜里他还补充了一些很重要的信息。他心里很不舒坦，睡不着觉，于是差不多一直都在不停地讲。第二天半夜时，客轮按时到达旧金山，那一夜我们一直在客舱里喝酒畅谈。大约十点钟的时候，他出去了，从此我再也没有见过他。”

“你的意思该不是……”我脑海里闪过一幅自杀的情景——

一幅平静从容的自杀场面。那种场面我曾经在从圣卢岛到君王镇的邮轮上见到过。

卢瑟福大笑道："噢，上帝，不是，他可不是那种人。他不过是趁我不备溜掉了而已，要上岸那是再容易不过的了，但若我派人去找，他一定会发现要逃避跟踪是很难的。当然，我的确也派人去找过他，可后来得知他千方百计登上了一艘向南航行到斐济运香蕉的货船，当了船工。"

"你是怎么知道的呢？"

"再直接不过了，这是三个月后他从曼谷写信告诉我的，他还随信附了一张汇票，是为偿还我为他花费的一切。他在信里向我道了谢，并说他很好，正打算往西北方向去进行一次长途旅行，就这些。"

"他这是什么意思？"

"是呀，含糊其辞，可不是吗？要说曼谷的西北方向，地方可多了，柏林不也在曼谷的西北方向嘛。"

卢瑟福停了停，添满我的酒杯，给自己也满上。

"这故事相当离奇，要不就是他故意把故事讲得如此离奇，我无从知晓。那两首曲子的来历固然令人迷惑，可更让我不解的是康维是怎么到那家中国教会医院的。"我道出了我的想法。卢瑟福回答说："这实际上是一个问题的两个方面罢了。""那他究竟是怎么跑到重庆来的呢？"我问道，"我想那晚在轮船上他一定告诉你了。"

"他确实跟我说了一些，可听起来很荒唐。跟你讲了这么多，剩下的我可要卖一下关子了。我只能说那是一个很长的故事，在你去赶火车之前，恐怕连个大概都讲不清楚。不过，我这儿恰巧有个更简单的办法；我对自己的文学创作水平并不太自信，可康维的故事确实让我深深沉醉，令我不由反复咀嚼，于是我着手把他在客轮上所谈的内容简略记录了下来，使我不至于忘掉那些细节，再后来，这个故事的几个地方开始占据了我的思维，一种创作冲动驱使我更进一步，把这些断断续续的片断组织成一个完整的故事。不是说我有所虚构或者篡改，因为他所讲述的内容当中已有足够多的素材。他讲话流利，而且颇有营造气氛的天赋，同时我感到自己已开始能够领会他的意思。”说着，他起身拿来一个公文包，取出一叠打印好的手稿，“给你，都在这儿了。我看，它们就任由你处置吧！”

“你是不是认为我不会相信这个故事？”

“噢，可别这么早下结论，不过请你记住，要是你果真相信了，那也是符合特图利尔的著名说法的——不知道你是否还记得？——天下没有不可能之事。但愿这辩证法不算太糟，总之，请告诉我你对于这一切的看法。”

我带上手稿，登上前往奥斯登的快车，在路上读完了大部分。我原本打算，等回到英国，要写封长信给卢瑟福，顺带把稿件寄还给他。但是这事被耽搁了几天，还没等我把信寄出去，卢瑟福却寄来一封短信，告诉我他又要去云游四海了，几个月内都不会有固定地址。他将要前往的是克什米尔，然后去“东方”。对此我倒是一点都不奇怪。

第　一　章

五月中旬的巴斯库尔，局势逐渐恶化。到了二十号，从白沙瓦安排到巴斯库尔疏散白人居民的空军飞机都已抵达。需要疏散的人约有八十个，大部分都安全地乘军用运输机飞过了群山。有几架式样不一的杂牌飞机也投入到此次护送任务之中，其中有一架小型客机，是印度禅达坡邦主借给空军使用的。上午十时左右，四位乘客登上了这架飞机，他们是：远东传教团的罗伯特·布林克罗小姐，美国人亨利·巴纳德，领事赫夫·康维和副领事查尔斯·马林森上尉。

后来，这几人的名字曾出现在印度和英国的报纸上。

康维，三十七岁，在巴斯库尔待了两年，他所从事的工作，从其经历看来，就像是赛马中下错了赌注，欲罢不能，而他的人生到此已告一段落。

本来，他在几个星期之后，或者回英国休几个月假之后，就会被派驻到另外一个地方，东京、德黑兰、马尼拉或马斯喀特中的一个。从事他这份职业的人永远不知道明天会怎样，他在领事馆已经工作了十来年，这十年已足够检验他的能力，也可以估得出自己还有多少机遇了。他清楚自己跟那些肥缺是沾不上边了，不过，这反倒让他感到心安，这并非是用“吃不到葡萄说葡萄酸”的思想来说明自己并不喜欢那些美差。他更乐于做一些不太正式但有趣的工作，即便薪水不高，也不是常人眼中的好差事。无疑，这在别人看来是他处事不高明，而实际上，他自己感觉干得还满意，因为他这十年可以说过得愉快而充实。

他身材高大，古铜色的皮肤，一双灰蓝色的眼睛，棕色的头发剪得短短的。他不笑的时候看上去严肃而忧郁，但这样的时候并不多。笑起来时他又显得有些孩子气，工作过于紧张或者喝醉时，他的左眼附近会有点抽搐。在撤离前夜，他一直在捆扎和销毁文件，所以当他登上飞机时，已经精疲力竭，因而脸上的抽搐比平时更明显了。令他特别高兴的是，他被安排进一架专门为印度领主提供的豪华客机里，而不是拥挤不堪的军用运输机。当飞机升入高空时，他尽量让身体舒展一些。他是那种能适应艰苦条件的人，很少会去想要什么舒适的生活来做补偿。他的精神又振奋起来，心想尽管到撒马尔罕的这段旅程可能有些艰苦，但最后从伦敦到巴黎的这段可以舒适而安逸地在飞机上度过。

飞了一个多小时后，马林森说他觉得飞机并没有按直线飞行，然后立刻坐到了前排。他是个二十出头的小伙子，粉棕色的脸颊，看上去很聪明，但未受过良好的教育，这是公立学校的局限造成的，不过他也有自己的优点。他被派往巴斯库尔主要是因为一次未能通过的考试。他在巴斯库尔与康维相处了六个月，现在康维有些喜欢他了，可又不想费神与他闲聊，便懒洋洋地睁开眼睛说道："飞哪一条航线，飞行员应该最清楚。"

又过了半小时，当疲倦和飞机马达的轰鸣使他昏昏欲睡的时候，马林森又来吵他："我说，康维，我觉得不是费纳在驾驶飞机！"

"噢，不是他在驾驶飞机？"

"刚才那家伙转过头来，我发誓那不是费纳。"

"这不好说，隔着一层玻璃板。"

"在哪儿我都认得出费纳那张脸。"

"哦，那可能是其他人，这没什么大惊小怪的。"

"可之前，费纳肯定地告诉我是他来驾驶的呀。"

“那他们一定改变了计划，让他去开另外一架了吧。”

“那这人又是谁呢？”

“亲爱的小伙子，我怎么会知道？你以为每个空军上尉的脸我都能记得住吗？”

“他们中的很多人我都认识，可我不认识这家伙。”

“那他一定恰好是你不认识的某一个了。”康维笑了笑继续说，“我们很快就要到达白沙瓦了，到时你去和他认识一下，亲自问问不就得了。”

“这样下去，我们可根本到不了白沙瓦，飞机完全偏离了正常航线，又飞得那么高，根本看不清到了哪里。”

康维并不担心，他已经习惯了坐飞机旅行，所以对一切都想当然了。更何况，到白沙瓦之后，他没什么特别急于要做的事，也没有什么非常想见的人，所以，管它飞四个小时还是六个小时，他毫不在意。他还是单身，到了白沙瓦也不会有什么温馨接待。他倒是有些朋友，有几个也许会带他去夜总会喝喝酒，这是一种惬意的期待，但也还不足以让他特别渴望。

当他回顾过去那令人欣慰，却不完全让他满意的十年时光时，并没有那种怀旧式的叹息。一切变幻无常，短暂的空闲之后又是纷乱和不安定，这就是他对自己过去那段时间的最好总结，也是对世界局势的概括。他想起巴斯库尔、北平、澳门和其他一些他经常去的地方，最遥远的要数牛津，战后他曾回到那里教过几年书，讲授东方历史；在阳光充足的图书馆里查阅那些尘封的资料；推着自行车在校园漫步，这景象很吸引人，但他并不会为此而激动。他仍有一种感觉，感觉自己仍是过去的一部分。

一阵熟悉的倾斜，告诉他飞机就要降落。他本来很想拿马林森那副坐立不安的样子开涮，谁知那小子霍地站了起来，头“嘭”的一声撞到舱顶上，把正坐在过道另一边打瞌睡的美国人巴纳德弄醒了。“老天！”他惊叫起来，“快看下边。”

康维也凑过去看，可看到的确实不是他所预料得到的，如果说他真预料到了什么的话。他看到的不是按几何图案整齐排列的军营和巨型的长方形机库，呈现在他眼前的是一片茫茫的浓雾，浓雾下是一片广阔荒原，被太阳烤成了红褐色。虽然飞机在迅速下降，但仍然远远高出了普通的飞行高度。从他那个角度，隐约可以辨出一些长长的，呈波状起伏的山脉，这些山脉离云雾缭绕的山谷大概只有一英里，尽管康维以前从未从这种海拔高度观察过，但这确实是典型的边疆景色，给人一种怪异而深刻的印象。这让他感觉，白沙瓦肯定不在附近。“我看不出这到底是个什么地方。”他喃喃说着。然后悄声——他不想惊动别人——对马林森耳语道：“看样子你是对的，这飞行员迷失航向了。”

随着飞机以惊人的速度下降，空气变得越来越热，下面的土地灼热得就像是突然开膛的火炉。起伏绵延的山脉从地平线上隆起峻峭嶙峋的身影。飞机掠过高峰，沿着一条蜿蜒的山谷飞行，谷底干涸的河床上布满岩石，看上去就像撒满栗子壳的地板；飞机在气流中颠簸得十分剧烈，就像遇上了浪涛的小船，让人受不了。四位乘客都不得不紧紧抓住座位。

“看来他要着陆了！”美国人用嘶哑的声音大叫道。

“这不可能，”马林森反驳道，“除非他疯了，想让飞机坠毁，然后……”

然而，飞机果真着陆了。飞行员熟练地将飞机滑向一条溪谷旁的小空地，最后稳稳地停住了。此后发生的事情更让人疑惑和担忧。一群满脸络腮胡、包着头巾的土著人从四面八方冲过来，把飞机团团围住，除飞行员外不让任何人下飞机。那飞行员爬下飞机后和他们激烈地交谈着，很显然，他确实不是费纳，也不是英国人，甚至连欧洲人都不是。这时，那些人从附近的油料堆里拿来了几桶汽油，然后倒进容量超大的飞机油箱。被困在飞机里的四位乘客愤怒地喊叫着，那些人要么报以幸灾乐祸的笑容，要么干脆不予理睬。他们若试图下飞机，哪怕是最轻微的动作都会招来二十支枪的恐吓。康维懂一点当地的普什图语，便大声和这些人理论，但是什么作用也起不了。而当他试图用任何一种语言与飞行员交涉，那家伙只有一个反应，那就是举起他手中的左轮手枪，略带挑衅地向康维挥舞。正午的太阳火焰般在机舱顶部炙烤着，机舱内的空气闷热得令人窒息，再加上竭力的抗争，他们都快要昏过去了。然而他们最终毫无办法，因为在疏散撤离时一律不准携带武器。

终于，飞机加满了油，油箱盖也拧上了。一只装满温水的油桶从机窗口递了进来，尽管这群人好像并无敌意，可他们对任何问题都缄口不答。同那帮人又交谈了半天之后，飞行员回到机舱，一个普什图人笨拙地转动了一下螺旋桨，飞机又启动了。尽管是在这么个狭窄的地方，而且飞机还满载那么多汽油，可起飞似乎比降落还要灵巧熟练。飞机又高高地升入漫漫云雾之中，随后转向东方，似乎在调整航线。这时已是午后。

这一切真是非同寻常，而且又是多么令人迷惑！当凉爽的空气让他们清醒过来时，这些乘客几乎不能相信这事发生过。这样的恐怖事件，在动荡不安的前线所发生的各种混乱事件中也找不出先例。要是他们几个没有成为牺牲品倒会让人难以置信。怀疑之后便是愤怒，这是很自然的，而愤怒之后则是惶恐和焦虑。马林森给出了他的推测：他们被绑架了，有人要进行勒索。除此之外也没有更容易让大家接受的说法了。这种把戏太老套了，但所用的手段却颇为特别，而且十分高明。想到眼下他们的遭遇也不是没有发生过，大家心里多少舒坦了些。绑架案时有发生，而且多数也都以好的结局收场。这些土著人最多把你关进山洞，等政府付够了赎金，就把你放掉；你会受到客气的对待，而且那些赎金也不是你自己的，这种事最多有些令人难堪罢了。然后呢，空军部队就派出一队轰炸机，而你得以安全离开，余生便有一段精彩故事讲给大家听了。

马林森慌慌张张地讲述了自己的想法，巴纳德这个美国人却显得很滑稽："先生们，我敢说在某些人看来，这可能的确是一种聪明的推测，可我看不出你们的空军到底有什么辉煌的战绩。你们英国人常拿芝加哥等地的劫机事件开玩笑，而我可想不起有过持枪歹徒驾着某架山姆大叔的飞机逃跑的先例。我还感到怀疑的是，这家伙是如何搞定原来那位飞行员的。我打赌他多半被塞进沙袋里了。"说罢，他打了个哈欠。他身材高大而肥胖，一张顽固的脸上刻着滑稽的皱纹，但这并不能抵消他略带悲观色彩的眼袋。在巴斯库尔，没人对他有更深的了解，只知道他来自波兰，有猜测说他做点与石油搭边的生意。

而这时康维正忙着一件更实际的事情。他把每个人身上的纸片收集起来，然后在上面用各种语言写上求救信息，每隔一会儿就朝地面扔几张。在这种人烟稀少的地方，虽然希望渺茫，但还是值得一试。

机上第四位乘客，布林克罗小姐这会儿紧绷身子坐着，双唇紧闭，一言不发。她是个弱小而坚韧的女人，带着一种被迫参加聚会，却对聚会上那套玩意儿不能苟同的神情。

康维没有另两位男士那么多话，因为把求救信息翻译成各种语言是一项需要集中精力的脑力活儿。不过，如果问到他，他仍会作出回答，他还对马林森的绑架说表示了模棱两可的赞同。马林森甚至在某种程度上同意巴纳德对空军的责难。"虽然不难发现，这事儿是怎么发生的：在一个骚乱的地区，那些身着飞行装备的人看起来都没什么两样，没有人会想到去怀疑这么个有着专业装备的人，况且他看起来还非常懂行。这家伙懂飞行信号之类的，而且很明显，他还知道怎么飞行……还有，我同意你的看法，这种事情肯定会有人倒霉，有人要惹麻烦的，你完全可以相信，尽管我怀疑不是他。"

“很好，先生，”巴纳德说道，“你能看到问题的两方面，我很佩服。无疑，这是最合适的态度，就算你被骗了也要这么有风度。”

康维心里很清楚，他们喜欢说些傲慢的话，但也不冒犯人，他客气地笑了笑，没有再说什么。他感到十分疲倦。那是一种知道随时可能遭遇不测，却又无法逃避的无可奈何的困倦。直到快傍晚的时候，巴纳德和马林森还在争论不休，其中有一两个看法，康维还听得进去，可当他俩向他征求意见时，却发现他已经睡着了。

“累坏了，”马林森说，“忙了几星期，也难怪。”

“你是他朋友？”巴纳德问。

“我和他在领事馆共过事，我也只是碰巧知道他已四天四夜没合眼了，实际上，我们真算是走运了，有他和咱们一起被困在这该死的机舱里。他除了会许多种语言，还自有一套与人打交道的办法，如果能够帮助我们摆脱困境的话，他会去做的，他处事总是很冷静。”

“好吧，那就让他好好睡吧！”巴纳德表示同意。

布林克罗小姐嘴里终于迸出一句话：“我倒觉得他像个勇敢的男人。”

康维反而不确信自己是个非常勇敢的人。他实在太疲倦了，他在闭目养神但并没有睡着，他能听到和感觉到飞机在空中的飞行，而且也听到马林森对自己的那一番称赞，他的心里虽感到得意但又有些忧虑。这会儿他感到有些反胃，他精神焦虑不安时就会有这种身体反应。以过去的经验，他很清楚，自己并不属于那种为冒险而冒险的人。虽然在某种程度上，这件事情让他也感到有一种冲动，那是一种让沮丧迟钝的内心世界得到净化、洗礼的冲动。但他绝不愿拿性命开玩笑。早在十二年前，他就开始对法国战壕里残酷的冒险深恶痛绝了，他好几次正是拒绝了毫无意义的无畏行动才免于一死。甚至他那准尉军衔的获得也并非是凭借勇气和胆量，而是靠某种很不容易才训练出来的耐性。自从开战以来，无论什么时候遇上危险，他都渐渐对它们失去了兴趣，除非是遇上那种让他感到极度刺激的危险。

他仍闭着眼睛，听到马林森刚才的话，他有所触动，乃至有些沮丧。命中注定，他的镇定总是与勇气相悖，而现在这种心态，实际上是缺乏男子汉气概的表现。在他看来，大家正处于一种糟糕透顶的尴尬处境，而他心里非但没有激起充分的胆量与勇气，反而对将要降临的任何麻烦都感到极度的厌恶。他预见到在某些情况下他必须按照推测来行动。比方说眼下这位布林克罗小姐，她是个女性，她要比其他任何人都更在意这事，他担心在这种场面自己难免会做出不太合适的举动。

他装出一副刚刚醒来的样子，随后就同布林克罗小姐交谈起来。他发现她既不年轻也不漂亮——其人品也不敢恭维。不过，在这种困境中，这样的人却非常可靠，因为正是在这样的处境之中，他们会很快发现自己的优势并加以发挥。他同时也为她感到遗憾，因为他注意到马林森和那个美国人都不喜欢传教士，特别是女传教士。他本人倒没有什么成见，但是他却担心她对他的直率不太习惯，甚至觉得有点难为情。“看样子，我们好像是陷入困境了，”他对她轻声说道，“但是我很高兴你能如此冷静应付。况且我并不认为真的会大难临头。”

“如果你能阻止的话，那就肯定不会发生。”她的回答丝毫没有让他有所安慰。

“如果能做些什么让你轻松些，请务必告诉我们。”

巴纳德扯着嗓子打断了他们。“轻松？”他喊道，“这是什么意思？我们可不就是很轻松嘛。我们正在享受旅行的愉快，遗憾的是我们没有扑克——要不我们还可以玩上几局桥牌。”

康维不喜欢打桥牌，但他很欣赏这样的乐观态度。“我想布林克罗小姐不玩牌。”他笑着说。

可我们的传教士却轻轻转过身来反驳道：“我还真会打牌，而且，我从来没觉得打牌有什么害处，《圣经》里也没有任何反对打牌的教条。”

他们都笑起来，似乎是感激她给他们找到一个开脱罪行的理由。不管怎么说，康维并不认为她有任何歇斯底里的倾向。

整个下午，飞机一直在高空的薄雾中航行，由于飞得太高，他们看不清楚下面。每飞过一段较长的距离，这些轻纱般的薄雾间或消散开，下面就呈现出凸凹不一的山峰的锯齿状轮廓，某条不知名的河流闪烁着隐隐波光。根据太阳的位置，能够粗略判断出飞机仍在向东飞行，时而略偏北；至于具体会飞向何处，还得根据飞行速度判断，这康维就没法准确推测了。可以推测的是，飞机恐怕已消耗了大量燃油；不过，这也得取决于具体情况，康维并不了解飞机的技术性能，但他坚信，不管这飞行员是谁，总之一定是个行家；能在乱石密布的山沟里安全着陆就足以证明这一点，之后的其他事情也可以证实。康维心里有一种无法抑制的情感，一种他与生俱来的，每当感受到自己拥有无可争议的才能时而产生的情感。他太习惯于别人向他求助了，以至于当他意识到某个人不想求助也不需要帮助时，都会平静下来，甚至在之后更令人窘困的场合中，也能保持头脑清醒和冷静。可是，康维并不打算和他的同伴们分享这种微妙的情感。他很清楚，比起他自己，这几位出于各自的理由，应该有更多的焦虑。比如，马林森已经同一个姑娘在英国订了婚；巴纳德也可能已经结婚了；布林克罗小姐则有工作、假期什么的。不知是否出于偶然，马林森恰恰又是最不镇定的一个，随着时间一小时一小时过去，他也变得越来越激动和敏感，并且开始对康维那一脸冷漠和平静的表情表示不满了，刚才他还在背地里对这种冷静大加称赞过一番呢。不一会儿，一场激烈的争论在飞机发动机的轰鸣声中爆发了。“看看，”马林森气冲冲地吼道，“难道我们就这样坐在这儿，听任这疯子为所欲为而无动于衷吗？怎么样能不砸掉隔板就把那家伙弄出来？”

“没有任何办法，”康维应道，“他有武器，而我们没有。另外，我们中间可没人会操纵飞机使它着陆。”

“这不难，我敢说你就能办到。”

“亲爱的马林森，为什么总是要我去创造这种奇迹呢？”

“唉，总之现在这种情况我已经烦透了；难道咱们就没办法让这家伙着陆吗？”

“你觉得该怎么做呢？”

马林森愈发焦躁。“嗨，他不就在那儿吗？差不多就离我们六英尺，而且是三个对付一个呀！难道就这样干瞪着他那该死的背影？至少可以逼他讲出一些真相啊。”

“好吧，那试试看。”康维说着，三步并作两步朝客舱与驾驶舱之间的隔板走去。驾驶舱位于飞机前端的上部，有一块六英寸见方的滑动玻璃隔板，飞行员头一转，就可以俯下身子透过它与乘客交流。康维拿手敲了几下玻璃隔板，如他所料，里面的反应滑稽可笑。玻璃滑到一边，一支左轮手枪伸出来冲他指了指，半句话没说，康维也没有与那家伙做什么争辩就退了回来，玻璃板又给关上了。

眼看是这样的结果，一直静观事态的马林森可不满意。“我不认为他真敢开枪，”他嘀咕道，“吓唬吓唬人罢了。”

“是的，”康维表示同意，“所以我觉得最好是你去证实一下。”

“我倒觉得咱们应该起来反抗，而不是任其摆布。”

康维表示赞同。从所有的英国军队和学校的历史教科书中，他了解这种已成惯例的传统认识：英国人永远英勇无畏，从不投降，且常胜不败。而他说的却是：“没有把握仓促上阵，这是很不明智的举动，我可不逞这种强。”

“说得好，先生，”巴纳德热情地插话进来，“当你被人任意摆布的时候，要心甘情愿，听之任之，逆来顺受呀，比如我，活一天就享受一天，来支雪茄吧！我希望你们别指望会有更多危险了。”

“我倒不介意，不过恐怕会影响到布林克罗小姐。”

巴纳德马上反应过来，赔礼道：“对不起，女士，我抽支烟，你不会介意吧？”

“啊，不不，”她通情达理地答道，“我自己虽不抽，但我喜欢雪茄的味道。”

康维认为所有的女人大概都会这么回答的，布林克罗小姐自然是最为典型的一个。无论如何，马林森的激动情绪稍稍平复了一些。为了示好，他给康维递上一支，自己却没抽。“我了解你的感受，”康维温和地说道，“前景很不妙，从某种程度上说可能会更糟，毕竟面对这种事我们没什么办法可想。”

“换个角度，也有可能朝好的方面发展呀。”他不禁又补了一句。他仍然感到疲惫不堪。他的性格中有某种一般人称作“懒散”的东西，虽然不是很明显。在迫不得已的情况下，没有人有本事去解决更棘手的问题，而且很少有人会更好地承担责任。实际上，他并不热衷于行动，也根本不想去承担什么责任。两点都体现于他的言行之中，而他把这两者结合得恰到好处。可他总盘算着让其他能够胜任或者能干得更出色的人来做这些事情。在某种程度上说，无疑正是这种小聪明使他在部队中获得了荣誉，也可以承担比预期更小的风险。现在，他没有足够的野心和勇气把责任硬推给别人，或者在真正无事可做的时候，为自己的无动于衷作一番振振有词的辩护。他的敏捷有时只能被简单地看做一种草率的举动，而他在危急时刻的冷静却令人钦佩，也经常让人觉得他过分谨慎。官方人士却更愿意认为康维是一个勇于承担责任的人，他表面上的冷淡，只不过是在掩藏他丰富而良好的情感和修养。

一种暗暗的怀疑一直伴随着康维，有时这种怀疑会不断地涌上心头，难道他真的是表里如一地沉着冷静，无论发生什么事都一点不在乎？不过，正如“懒散”这词用在他身上并不合适，大多数外人对他的看法同样有失偏颇，其实他的这种个性，非常简单却令人迷惑——他只是喜欢清静、沉思，并且喜欢独处。

他已侧身坐了很长时间，眼下他也没什么能做的，于是干脆靠回座位睡起来。醒来时，他发觉几位同伴也放下先前的种种担忧和焦虑，照样屈服了。布林克罗小姐身体僵硬，闭目坐着，像一尊失去光泽的、废弃的塑料模特；马林森弓着身子，懒洋洋地坐着，一只手撑着下巴；而那个美国人正鼾声如雷。之前的争吵让他们感到很困倦。忽然，康维感到自己身上涌起一阵轻轻的眩晕，心跳也加快了，然后觉得有一种力量在猛烈地吞噬自己。他记得过去曾有过一次类似的反应，那是在瑞士的阿尔卑斯山上。

过了一会儿，他转头朝窗外望去。只见天空碧蓝如洗，午后的明媚阳光下，有一种梦幻般的景色向他飘来，仿佛一下子就把他余下的氧气从肺里吸了出来。远处，视野的尽头，隐隐呈现出绵延重叠的雪山峰峦，被冰雪装点得银光闪闪，雪峰仿佛飘浮在绵绵的云层之上。飞机整整盘旋了一周，然后向西飞去，渐渐同地平线叠合在一起。地面的色彩强烈而炫目，几乎有些花哨，仿佛是几个神志不清的印象派怪才笔下的画布。此时，在这巨大的舞台之上，飞机伴着嗡嗡声沉闷地盘旋在一个深不可测的峡谷上方，对面是一堵陡峭的白色悬崖，若没有阳光的照射，仿佛就是天空的一部分，就像从莫林看到的层层叠叠的少女峰闪耀着的灿灿银光。

普通的事物很难给康维留下印象，他也不太留心“风景”，尤其不屑于那些被“考虑周到”的市政当局装设了坐椅的著名景区。一次，有人带他到印度大吉岭附近的老虎岭，去看珠穆朗玛峰的日出，他却对这世界最高峰感到很失望。而此刻窗外的这一令人生畏的奇观则完全不同，它没有一点矫揉造作，在那傲然屹立的雪山冰峰中，蕴藏着某种自然原始而神奇的力量，一种壮丽雄奇之中交织着苍莽与粗粝的风格，令人感到难于接近。康维陷入了沉思，想着在地图上大概的位置，推算着距离、时间和航速。过了一会儿，他发现马林森也醒了过来，便拍了拍这小伙子的胳膊。

第　二　章

这就是康维的做法：他让其他人自己醒来，并且对他们的惊觉之态故作平淡的样子。当巴纳德醒后问他问题时，他像一个大学教授一样，作出了客观而简要的阐述。

他认为他们有可能仍在印度的领土内，飞机已向东飞行了几个小时，因为飞得太高而看不清地面的情况。不过，可以隐约感到飞机可能是沿着某条东西走向的河谷在飞行。

“但愿我没记错，这里应该正好是印度河上游的峡谷。我们现在大概已经被带到一个非常特殊的地方。你也看到了，真是这样。”

“那么，你知道我们在哪儿了？”巴纳德打断了他。

“哦，那倒不是——虽然我从没到过这附近的任何地方，但我可以肯定那座山就是南迦帕尔巴特峰，曾有位哑剧演员在此遇难；山的结构和总体地形似乎与我听到的很相似。”

“你是个登山爱好者？”

“我年轻时很喜欢登山，当然，在瑞士只不过是普通的登山而已。”

马林森突然愤愤地插道：“讨论一下我们到底要何去何从可能更有意义。上帝，谁能告诉我们到底在往哪儿飞。”

“我看，我们好像是正飞往远处的那座山，”巴纳德说，“你说呢，康维？请原谅我这么称呼你。不过，既然我们大家要一起经历一点儿小小的风雨，何必老这么客气？”

康维却认为任何人对他直呼其名都是很自然的事，他都觉得巴纳德为这道歉实在没有必要。“哦，当然如此，”他表示同意，并接着说，“我认为那条山脉应该就是喀喇昆仑山。我们的伙计要想过去，得翻越好几道关隘。”

“我们的伙计？”马林森怪叫道，“你是指我们那位疯子吧！我看是该放弃绑架说的时候了。现在我们早就飞过了边境，这一带根本不会有土著人居住。我能想到的唯一解释就是，那个家伙是个十足的疯子，不然，除了疯子，谁往这样的地方飞呢？”

“我知道除了那个该死的‘卓越’的飞行员，谁都不会。”巴纳德回敬道，“我对地理没有多少研究，但我至少知道这些是公认的世界上最高的山脉。倘若如此，那飞越这些山脉必是一流的飞行绝技表演。”

“而且，这还是上帝的旨意。”布林克罗小姐意外地插了一句。

康维已不愿再继续这场争论。至于到底是上帝的旨意还是人类的疯狂——在他看来完全是个仁者见仁，智者见智的问题，取舍由己，如果你非得为许多事找到一个说法。(他来回思忖着机舱里那毫不引人注意的秩序与窗外粗犷狂放的自然景色形成的鲜明对比）忽然想到：要不是人的意愿，要不就是上帝的疯狂，两者必居其一。若能知晓该从哪一方面看待这个问题，那就再好不过了。

他注视着窗外，沉思着。这时出现了一种奇妙的变化：整座山的光晕变得瓷青，随着山坡的起伏又渐渐化为暗淡的紫色。康维一改平日的冷漠，心底泛起一种深沉的情感——不完全是兴奋，也不是恐惧，而是一种热切的期望。他说：“你的想法没错，巴纳德，这事儿越来越离奇。”

“不论离不离奇，我不想再发表意见。”马林森固执地说，“我又没请谁把我带到这儿来，而且天知道我们到了哪里，到底该怎么办。管它是个什么地方。我不认为会有伤害人的事情发生。即使那家伙是个特技飞行员，顶多也只是个精神病，我曾听说有飞行员在飞行中发疯的呢。我看，康维，这家伙是一开始就发了疯。”

康维沉默不语。他讨厌在马达的轰鸣中无休止地大喊大叫。毕竟，讨论可能会发生什么也没有多大意义。但当马林森继续陈述他的一己之见时，康维开口了：“真不愧是一个理性十足的疯子啊，你可别忘了他怎么降落，怎么给飞机加油的，而且，这是唯一能在这种高度飞行的飞机。”

“这不能说明他没疯，大概他已经疯狂到什么事都干得出来了。”

“没错，当然，完全有可能。”

“好了，我看我们得制订一套行动方案。着陆以后我们该怎么做？如果他没让飞机坠毁，让我们活下来，又该怎么办？我想我们该马上跑上去祝贺他这趟精湛飞行的成功。”

“还没到时候让你活下来庆贺呢。”巴纳德回敬道，“你就自个儿跑过去向他道贺吧。”

康维厌恶这种没完没了的争执，特别是那美国人总是一副冷静自得的样子，仿佛对一切尽在掌握。康维已发觉大家还远未对行动方案达成统一。不过显得烦躁不安的也只有马林森，这可能是海拔的缘故。稀薄的空气对不同的人产生的影响也不尽相同，康维就只是略感四肢有些麻木，但头脑却十分清醒，没有太大影响。当然，他也在一阵阵急促地呼吸清冷的空气。目前的状况是令人恼怒的。但此刻他没有力气去抱怨什么。一切进行得如此有目的性，而又如此让人迷惑不已，完全摸不着头脑。

他凝视着壮丽的高山，一股热流通过全身——在这世界上如此遥不可及、与世隔绝的荒凉角落，竟然还有这般美丽的胜景。

这令他感到满意。喀喇昆仑山的冰雪外缘在北部天穹的衬托下更加显赫，变成凶险的灰褐色。群峰闪着寒光，它们的无边静寂才具有令人敬畏的肃穆。那些壁高千仞的无名巨山宏伟、苍莽，也许永远幸免于人类的攀登考察。它们让发誓破纪录者望而却步。

康维处于这些登山者的对立面，他总会看到西方人那种追求极致的观念中庸俗的一面。他并不赞赏那种“最高限度”，认为这比起那些徒有其表的架势也许要平凡得多。事实上，他不屑于过分去追名逐利，他已经对单纯的名利感到厌倦。

在他对着这景致深思的时候，夜幕已经悄悄地降临了。浓重而柔和的暮色像染色工序一样由下而上地厚厚地铺展开来。然后，整个山脉渐渐淡化，一轮圆月升起，像是天上的点灯人，一座山峰一座山峰地点燃，直到漫长的地平线在蓝黑色的天空下闪闪发光。空气骤冷，风乍起，飞机颠簸不已。这一新的灾难令四位乘客的情绪又低落下来。

原先没有想到入夜后还会继续飞行，现在只有希望汽油快点耗尽了。而这显然要不了多久了。

马林森又开始为这事唠叨起来，可康维却不太愿意发表意见，只是说了自己大概的估计——因为他确实不知道，最多能飞一千英里，而他们已经飞过了大部分。

“啊，他会把我们带到哪儿去呢？”那年轻人悲叹道。

“不那么容易判断，但有可能是西藏的某个地方。如果这些山是喀喇昆仑山的话，过去就是西藏了。看，那个山脊一定是 K2 峰，是世界公认第二高的山峰。”

“仅次于珠穆朗玛峰。”巴纳德评论道，“嘿，看，这才称得上是别有一番景色呢。”

“从一个登山者的角度来看，K2 要比珠穆朗玛峰更难攀登。埃伯鲁奇公爵曾认为它绝对没有攀登的可能，因而放弃了 K2 峰。”

“唉，上帝！”马林森烦躁地哀叹道。巴纳德却笑道：“我看你就是这次旅行的官方导游了，康维。这我没意见，不过说实话，只要有一瓶白兰地，我才不管它是西藏还是田纳西呢。”

“可我们眼下该怎么办呢？”马林森又急切地催促道，“我们怎么会跑到这里来？来这儿有什么目的？我简直不明白你们怎么还有心情拿这事儿说笑。”

“行了，就把它当做一种风景吧，小伙子。再说，要是如你所说，把一切事情的面纱都揭去，估计世界就没有任何神秘可言了！”

“这家伙准是疯了。我实在想不出任何理由能解释这件事了，你呢，康维？”

康维摇摇头。

布林克罗小姐好像刚从看戏中场休息回来似的，故作稳重地说：“因为你们没有问及我有何意见，所以，也许我不该说什么，可是，要我说的话，我会同意马林森先生的看法。这个卑鄙的家伙——当然，我是指那个飞行员——必定是神经不正常。除了他是个疯子，再也找不出别的理由了。”她十分谦虚地嚷道，声音压过了一刻不停的轰鸣声，“你们可知道，这是我第一次乘飞机旅行！有生以来第一遭啊！以前，无论如何我都不会坐飞机，尽管曾有朋友苦口婆心劝我坐飞机从伦敦回巴黎。”

“不过，你现在是从印度飞到中国西藏哦，”巴纳德调侃道，“世上很多事就是这样不由人意。”

布林克罗小姐接着说：“我认识一位到过西藏的传教士。他说西藏人是非常奇怪的民族，他们相信人是从猴子变成的。”

“他们很聪明嘛。”巴纳德说。

“哦，天，不，我不是指现代的科学。他们这种观念已经有好几百年了。这不过是他们迷信说法中的一种。当然，我本人是反对迷信的，并且认为达尔文还不如西藏人。我以《圣经》为本。”

“我看你是个原教旨主义者吧？”

可惜布林克罗小姐似乎未解其意。“我原来属于伦敦传教会，”她高声嚷道，“可我不同意他们给新生婴儿做洗礼什么的。”

这种讨论总让康维感到非常可笑。这话题很早以前就在伦敦教会组织当中吵得不可开交。他还回想起了那场在奥斯顿车站关于神学的让人不快的争论。

不过渐渐地，他开始感到布林克罗小姐身上有一种吸引人的东西。康维甚至在想夜里要不要给她披件衣服，但是最后他想她的体质比自己还结实呢。于是，他蜷起身子，闭上眼睛，很快就平静地睡着了。

飞机继续向前飞行。

突然，机身倾斜，所有人都被惊醒了，康维一头撞到窗上，令他一时间头晕目眩。机身来回倾斜时，他在两排坐椅间直晃。气温下降，他下意识地看了一眼手表，时针指着一点半。他想自己一定睡了有一会儿了。满耳都是响亮的拍击声，他还以为是幻觉，不过他立即注意到马达已经停止，而飞机正逆着大风呼啸滑翔着。他向窗外望去，可以看见已接近地面了，模糊不清的青灰色在下面蹦跳着飞掠而过。“他要着陆！”马林森大叫。巴纳德已经被抛离座位，带着嘲弄的口吻也在叫：“但愿他走运！”布林克罗小姐面对这一场面似乎并不为所动，很平静地整了整帽子，好像多佛海港就在她的眼前。

说话间，飞机碰到了地面。不过，这次的着陆技术实在太差了。“呵，上帝！真他妈差劲，真他妈糟透了！”马林森在十秒钟长的震荡中双手紧紧地捏住椅把，嘴里不停地骂着。听到一个轮胎爆裂的响声后，他沮丧地哀叹：“得，得，尾翼烧坏了，咱们都得在这里待着了，哪儿也去不了了。”

从不喜欢在这种时刻多嘴的康维，这时伸展了一下已发僵的两腿，摸摸在窗子上撞疼的头，起了一个包，没什么大碍。现在他得做点什么，来帮助大家。但在飞机完全静止下来时，他是四个人中最后一个站起来的。“先站稳。”他见马林森拉开机门准备跳下地面，大声叫住了他。小伙子不安地答道：“这地方好像是世界的尽头，一个人影儿也没有。”

稍后，这几个在寒风中打颤的人都明白了他的这句话。除了凌厉的寒风在呼啸，还有他们自己嘎吱嘎吱的步履声外，听不见任何声响。周围是阴郁的原始荒莽，天地似乎连成一片，他们身处绝境。月亮好像消失在云层之后，星光照耀着无边的空虚，只有风在叹息。

不用多想，任何人都能看出这荒凉的世界地势高峻，层峦叠嶂。山从山中起，一山连一山，在远方的地平线上排列得有如交错的天平。

兴奋的马林森径直奔向驾驶舱。“到了地上我就不怕那个家伙了，管他是谁呢，”他叫喊着说，“我马上就把他揪出来……”

其他人在一旁担忧地看着，被眼前这种激烈的举动惊呆了。康维跳起来追他，但为时已晚。可是几秒钟后，这个小伙子又跳了下来，一只手捂着胳臂，嘴里嘟囔着。声音嘶哑、断续但还清晰：“我说康维，这事怪了……我看那家伙是病了，要不就是死了……问不出一句话……快来看，我拿到了他的左轮手枪……反正。”

“最好把它交给我。”康维说。尽管他的头因为刚才的撞击还在发晕，他还是振作着走上前。他吃力地站到高处，站在一个可以看见驾驶舱的位置，虽然看得不是很清楚。有一股刺鼻的汽油味儿袭来，所以他不敢划火柴。他勉强可以看清那个飞行员。那人身子前倾，头搁在驾驶盘上。康维爬上前摇晃他，取下他的头盔，把脖子上的衣扣解开，然后回头对众人说：“不错，他出事了。咱们得把他抬出来。”

可是，任何一个旁观者都能看出康维也遇到麻烦了。他声音尖锐刺耳。他好像不再顾虑重重，犹豫不决了。此时此刻，在这样的地方，这样寒冷的天气里，他已顾不得自己的劳困了。显然，还有一件事得由他去做。他更习惯担当最关键的角色，眼下他正准备着手摆平这事。

在巴纳德和马林森的协助下，驾驶员被抬出机舱放到地上。他已失去知觉，但还没死。康维不懂特殊的医学护理，不过，像他这样长期四处奔波的人，各种疾病的症状他也差不多都熟悉。“可能是高空引起心脏病突发，”康维俯身看了看这个陌生男人后诊断道，“在野外我们对这病束手无策——这儿没有避风的地方。瞧，这股邪风。最好把他抬回机舱，咱们都回去。不知道这是什么地方，天亮之前甭想挪到别处。”

大家都表示同意，包括马林森，于是他们把那人抬进机舱，让他四肢伸展地平躺在两排坐椅间的通道上。

机内并不比外面暖和，但是可以挡住风的侵袭。

时间过得很慢。这风成了大家眼前要应对的难题——成了这个凄凉忧郁的夜晚的主旋律。这风不是一般的风，也不仅仅是烈风或冷风，它好像是活跃在他们周围的一个狂人，又像是一位艺术大师在自己的天地里肆意狂叫，纵情宣泄。狂风使歪停在地上的飞机使劲地摇晃，康维从窗口望出去，好像这股风正在把星星的光撕成碎片吹向远方。

陌生人一动不动地躺着。康维在昏暗和狭窄的机舱内借着火柴的微光来检查他的情况，可是收获甚微。“他的心跳微弱。”他说。这时，布林克罗小姐从她的小挎包里，摸索出了一个瓶子。“不知道这玩意儿会不会对这可怜的家伙有点用。”这让大伙都稍稍吃了一惊，“我自己还没沾过一滴呢，不过，为以防万一，我总随身带着它，而现在就属万一的情况吧？”

“我想是的。”康维严肃地答道。他扭开瓶盖，先闻了闻，是白兰地,然后往那人口中倒了一点。“只是给他填点东西进去罢了，谢谢。”一会儿，那人的眼皮微微动了一下。马林森一下子变得歇斯底里起来。“这根本与我们毫无关系，”他叫道，还放肆地笑，“看看这些该死的蠢货，点着火柴守着一具死尸……他可算不上漂亮吧？要我说，这就是个‘小流氓’，如果说他确实是什么东西的话。”

“也许吧，”康维的语气平静但严肃，“他毕竟还不是一具死尸，要是运气好的话，我们可能会让他苏醒过来。”

“运气好？是他运气好，不是我们。”

“不要那么绝对。无论如何，还是先把你的嘴闭上吧！”

马林森身上还学生气十足，这使他会听从一个长者粗率的责令。很明显，他的自制力很差。虽然康维为自己对他的粗暴行为有些歉疚，但此时他更关心的是这个飞行员，因为只有这个人有可能讲清他们目前的困境是怎么回事。康维已经不想再在毫无凭据的猜测中讨论这件事，这一路的争论他已经受够了。他现在焦虑不堪，已经没有精力去保持他惯有的好奇心了；他意识到整个事态令人激动惶惑的阶段已经过去，现在它有可能会以灾难告终。

狂风肆虐了整整一夜，他一直都守护在这个病人身旁。他依然坦然地面对现实，也没有费力气把这一事实告诉他人。

他猜测现在已远远飞过了喜马拉雅山的西侧，到了昆仑山不知名的峰峦。他们这时应该已经到了地球上海拔最高、最不适宜人类生存的地区——西藏高原。在这里，即使最低的峡谷也有两英里高，大片的杳无人迹、狂风肆虐的高原，几乎未曾有人探索过。

他们就身处在这片凄凉偏僻的旷野中的某个角落。在这种孤立的莽荒之地，比起被放逐到沙漠孤岛，好不了多少。

突然，就像是以某种更神秘的暗示来回应他的好奇心一样，一种令人触目惊心的变化发生了。他刚才以为是被云层遮掩住的月亮，此时徘徊于某个阴影斑驳的山丘上空，虽然它不直接照耀下方，却已揭开了前方的黑暗。

康维能够看见一条长长峡谷的轮廓。它的两侧在夜幕深蓝色的衬托下乌黑发亮，显出圆形的低矮小山，望之黯然。然而，就是这条山谷的前部吸引了他的目光，他望见一个豁口。那儿在月光的照耀下十分壮观，在他眼中，这该是世界上最壮美也最可爱的山峰了。这是一个近乎完美的冰雪之锥，那简朴的轮廓就像出自一个儿童的画笔。其大小、高低乃至远近，全都是不可名状的。它辉煌绚烂、静谧安详，使得康维恍然不知身置何世。就在他瞠目凝视之时，这座金字塔的边缘响起低低的啪啪声，跟着，雪崩的隐隐轰响更证实他眼前的这番景象不是虚诞幻象。

他有种冲动想唤醒几个同伴一起分享这壮丽的景致，但又害怕这会影响这一片宁静的氛围。况且，在平常人的角度看来，这样原始的壮观景物，只会更加突出与世隔绝和潜伏不明的危险因素。很可能这里距有人烟之地起码百里之遥。他们现在没有食品，除了一支手枪外无任何防身武器。飞机已经损坏，即使有人会开，汽油也几近用光。他们缺少御寒的衣物，马林森的皮夹克和大外套也不顶用，就连好像到极地考察、捂得严严实实的布林克罗小姐——康维头一眼看见她这副模样时，就只觉得好笑——也不会感到舒服。这几位除康维外都有高原反应。甚至连巴纳德都吃不住苦而哀叹了。马林森自言自语地嘟囔着，很显然，如果这种状况一直长时间持续下去的话，他会变成什么样，连康维自己也都不知道了。面对这样困难重重的前景，康维情不自禁向布林克罗小姐投去钦佩的目光。她绝非平庸之人，康维想到，没有一个教阿富汗人唱赞美诗的女性配得上这样的评价！然而，她的确与众不同。在经历每一次磨难之后，她仍能在平凡中透出不平凡的气质，因此康维对她心存一种深深的好感。“希望你别太难过。”他们目光相遇时，他对她同情地说道。

“战士们在战争中受的磨难可比这要重啊。”她答道。

在康维看来这两者不能相提并论，作此比较也没多大意义。老实说，当年在战壕里他也没有经历过这样难熬的夜晚，就算其他许多人都曾经历过。他全神贯注于那个奄奄一息的飞行员。这会儿，飞行员有了短促的呼吸，还时不时地动一下。或许马林森的猜测不错，这是个中国人，他那鼻子和颧骨全是典型的黄种人的，尽管他成功地冒充成了一位英国空军上尉。马林森说他丑，可是在中国居住过的康维却觉得他是一个相当标准的中国人，只是此时在火柴闪动的光焰中看，他那失去血色的皮肤和皴裂的嘴唇是不太好看。

夜过得很慢，好像每一分钟都沉重得非要推动才能过到下一分钟。一会儿，月光渐渐黯淡消失，山远处的鬼影便出来了，加倍的黑暗，以及寒冷和风，这三大鬼神开始肆虐，直到天际泛红。在风住之际，这世界便处在恩赐般的寂静中了。

当最早的日光触及峰巅时，前方又呈现苍白色三角形的山。它先呈现灰色，随即变为银白色，然后又由最初的阳光给装点上粉红的胭脂。

峡谷在夜色渐渐退去的过程中现出其本来的形状，显露出岩层和砂石斜坡。这看起来并不是一幅令人感到亲近的画面，可对康维来说却是这样。当他环顾四周的景物时，觉得其中蕴涵着某种奇怪而微妙的理念，一种全然无关浪漫和逍遥的吸引力——而是一种阳刚的，几乎是充满了理性的风格。

那远处的白色金字塔，虽激不起多少浪漫情怀，却让你不得不在心底接纳它，逼得你不得不叹服欧几里得定律。最后，当太阳升到碧蓝的天空中时，康德才感到稍稍好受了些。

天气暖和起来，其他三位醒来后，他提议把飞行员抬到舱外空地上，外面空气干燥，阳光或许会帮助他苏醒过来。众人照办后，开始第二次守护飞行员，这次当然比夜里好受多了。

终于，这人睁开了眼睛，并开口断断续续地讲话了。四位乘客围住他俯身倾听他在说些什么，只有康维偶尔回答几个字，不一会儿，那人愈加虚弱，说话越发困难，终于死去了。这时，大概是早上九点钟。

康维回身对同伴们说："很抱歉，他告诉我的太少了，我是指就我们想知道的事情来说。只知道咱们现在西藏的边缘地带，这不用说谁都知道。他没有说明白他带咱们来到这里的原因，但他好像认识这里，他讲一种我不太懂的中国话，但我明白他说这里附近有一座寺庙。我想咱们沿着这条峡谷能够到达那里，就会找到吃的和住处了。他叫那个地方‘香格里拉’，‘拉’在藏语里是山关的意思。他特别强调我们应当去那个地方。”

“我可找不到半点理由应该到那儿去，”马林森说，“何况他很可能已经神经错乱了，不是吗？”

“对此，你知道的可并不比我多。可是不去那儿，我们又能去哪里呢？”

“任何地方都行，反正我无所谓。我可以担保，这香格里拉，若是在那个方向，肯定和文明世界相隔甚远。我们要是去尽量缩短而不是延长这距离的话，我会更高兴。真是瞎扯淡，老兄，难道你不想带我们回去了吗？”

康维耐心说道：“马林森我想你还没有对我们的处境了解清楚。我们现在是在世界上鲜为人知的一个角落，哪怕是装备齐全地来此探险，这也是一个充满了困难和危险的地方。想想看，我们周围很可能还有类似的绵延几百里的旷野，想从这儿走回白沙瓦，太不现实了。”

“我也觉得不可能。”布林克罗认真地说道。

巴纳德也点头道：“看样子，要是寺庙就在这附近，咱们还算真他妈的走运。”

“恐怕确实比较幸运，”康维表示赞同，“何况，我们没吃的喝的，而且，如你们所见，在这荒山野地也不是那么容易生存的。要不了几个钟头，我们都得挨饿。还有，假如今晚还要待在这里的话，那就得又一次与狂风严寒较量，这滋味可不好受呀。我看，唯一的办法就是找到其他的人，可除了我们现在了解到的这处地方，还有哪里呢？”

“可如果这是个圈套，怎么办？”马林森问道。巴纳德做了回答。“一个不错的圈套，还特别温馨，”他说，“还有一片奶酪在里面，再合我意不过了。”

大伙都笑了起来，只有马林森无动于衷，一副心神不宁的样子。最后，康维接着说：“我同意，各位也差不多都同意吧？沿山谷有一条显眼的小路，看样子不难走，不过我们还是得悠着点。无论如何，在这儿我们什么也做不了。我们也没有炸药，无法把这个人埋了。另外，说不定寺庙里的人可以找到脚夫送我们回去，我们会需要他们的。我建议立刻动身，如果到傍晚找不到那地方，也来得及返回，在飞机里再凑合一晚。”

“假设我们真找到了，”马林森仍不依不饶，“谁又能保证我们不会被杀掉？”

“没人能保证。只是我认为这样风险更小，也许值得冒险一试，比起在这儿等着饿死或者冻死要好。”康维说道，同时又意识到这样令人心寒的逻辑此刻不太恰当，“老实说吧，谁会把一座佛教寺庙同谋杀联系起来呢，在英国大教堂里发生的那些命案，不太可能在这里出现。”

“就像坎特伯雷教堂的圣·托马斯。”布林克罗小姐说着，一面不住点头称是。不过她完全曲解了康维的原意。

马林森无奈地耸耸肩，恼怒而伤感地说道：“好吧。就这么干。上香格里拉去。管它在哪里，管它什么来头，咱们非去不可。不过，我可不希望是在那座山的半山腰上。”

这话无意中把大家的目光都聚集在了那座闪烁着微弱光晕的锥形雪峰上，周围的山谷也都顺着这雄伟的山峰延伸开去。在充溢的阳光下，整座山显得加倍雄壮而奇美……突然，他们凝视得出神的眼睛瞪大了——只见远处，一些人影沿着山坡缓缓朝着他们移动过来。

“上帝保佑，这是天意啊！”布林克罗小姐喃喃地叹道……

第 三 章

康维有个特点，喜欢袖手旁观，但话说回来，他更本质的个性其实是积极主动、充满活力的。可就在刚才，他们眼看着那些陌生人走过来，他认真考虑过万一发生什么意外的话，该如何应付。而这并不是因为他很勇敢或者冷静，更不是对自己在事发之时有能力当机立断的过分自信。假设是从最坏的方面看，这算是一种惰性——不愿意失去身为旁观者对正在发生事情的兴趣。

那些人沿山坡走来，渐渐看出是十来个人抬着一顶轿子。再后来，可以辨认出轿子里坐着一位身着蓝袍的人。康维简直不能想象他们要去哪里。但正如布林克罗小姐刚才惊叹的，这样的一行人偏巧在此时经过此地，似乎可以肯定这是上帝的旨意。当那一行人刚刚走到可以打招呼的地方，他便一人走上前去。他走得并不急促，因为他知道东方人见面时的礼仪，想给他们留下施礼的时间。在离他们几步远的地方他站住了，向他们鞠躬，穿袍子的那个人走下轿子，神情庄重地上前伸出一只手。康维先是一惊，此时连忙还礼。他看出这是一位年老的中国人，头发花白，颔下的胡须剃得干干净净，在丝绸绣边长袍的映衬下显得过于苍白。他好像知道康维的想法似的，用纯正的，或许应该说是非常标准的英语说："我是从香格里拉寺来的。"

康维再次鞠躬施礼。适当地停顿了片刻后，他才开始简要地讲述他和他的另外三位伙伴何以会来到这个人迹罕至的地方。谈到最后，这个中国人表示理解。"这件事的确不寻常，"他若有所思地盯着远处损坏了的飞机，然后补充说，“我姓张。如果您认为可以的话，请把我引见给您的朋友吧。”

康维礼貌地笑了笑。他差点儿被刚才的情景给镇住了：一个说如此漂亮英语的中国人，在西藏的荒原里还注意遵守邦德街的社交规范。其他三位这时已走了过来，对他们的这番邂逅惊讶不已。康维转过身来，一一介绍道：“这是布林克罗小姐；这位是巴纳德先生，美国人；还有马林森先生……我叫康维。尽管我们的相遇就像我们来到这里一样令人不可思议，能够认识您，我们还是非常高兴的。其实，我们刚才正要去您的寺区呢，现在就更幸运啦，要是您能给我们指点方向的话……”

“根本没有必要这么客气，我很高兴领你们去那里。”

“我真不愿意给您添这么多麻烦。您真是太好了，如果不是太远的话……”

“不远，不远，但路不好走，我很荣幸能陪同你和你的朋友一起去。”

“啊，这真是过意不去。”

“我一定得陪你们去。”

康维觉得，考虑到环境和整个事情的经过，这样的客套着实有点荒唐可笑。“那好吧，”他答道，“我们真是不胜感激。”

一直郁郁寡欢，强忍着听完刚才那些客套话的马林森，这会儿酸溜溜地插了进来。“我们不会久留，”他草率地嚷道，“所有东西我们都会付钱，我们还要雇你们的人帮助我们回去。我们想尽快回到文明世界中去。”

“你肯定你已经远离文明世界了吗？”

如此平心静气的质问，只会使这年轻人更加狂躁。“我万分肯定我已经远远偏离了我想去的地方，其他人也都这么认为。能有个暂时的栖身之处我们很感激，不过如果你能操操心，帮我们想想怎么回去，我们会加倍感激你。你估计从这儿回到印度得要多久时间？”

“这还真不好说。”

“好了，我们不希望惹出什么麻烦。雇用当地脚夫，这我还是有些经验的，此外，我们希望你能用你的权力帮我们达成公平的交易。”

康维觉得根本没必要如此尖刻地说话，他刚想插话调解一番，那位老人便宽宏大量地说道：“我只能对你保证，马林森先生，你们将受到体面的接待，最终你将不虚此行。”

“最终？”马林森抓住这词叫起来。这时，那队走上来的藏民送上了酒和水果，将要发生的舌战也趁此得以避免。那些酒水果品都是这些身穿羊皮衣、头戴毛皮帽、脚蹬牦牛皮靴、彪悍健壮的藏族人从包裹中一一取出的。

酒散发出一股悦人的香味儿，味道也不错，比起上好的葡萄酒并不逊色；水果中还有芒果，熟得透透的。在饿了那么长时间之后，吃上这样的水果真是太痛快了。马林森吃得津津有味。而康维刚刚如释重负，不想去拿远处的水果。他很奇怪在这么高的地方怎么会种出芒果，不过他更感兴趣的是山谷外的那座山。这是一座光彩炫目，让人热血澎湃的山峰。他感到奇怪，到过这儿的旅行家们在他们游历西藏高原的书中，为什么没有描绘过这座山，只是千篇一律地引经据典。遥望山峰，他禁不住心驰神往，他的心已在攀登它了，顺着冥想中的山坳与隘道崎岖而行……直到马林森突然叫喊起来，才回过神来。他环顾四周，发现那个中国人正热切地注视着他。“您在看那座山吗,康维先生？”他问道。

“是的，它真好看。我想它有名字吧？”

“它叫卡拉卡尔。”

“我想我从没听说过它，它很高吧？”

“两万八千多英尺高。”

“真的？我原以为，除了喜马拉雅，不会有如此规模的高山了。

已经准确测量过了吗？是谁测定的呢？”

“你说会是谁呢？亲爱的先生，难道寺院制度与三角法则之间有什么相悖之处？”

康维把这句话好好玩味了一番，答道：“哦，没有，当然没有。”然后谦逊地笑了。他感到这玩笑有些蹩脚，不过大概还是值得一开吧。说着，他们便开始向香格里拉进发了。

整整一上午都在爬山，他们缓慢地在山径上攀爬，虽然坡度并不太陡，但在这样的高度行走，体力消耗还是很大，谁也没有说话的力气了。

那个中国人舒舒服服地坐在轿子里，显得很奢华，如果布林克罗小姐坐在那豪华的轿子里不是太荒谬的话，那这个中国人就太没有骑士风度了。

康维比其他几个更能适应稀薄的空气，他在尽量捕捉轿夫们偶尔间的交谈。他懂几句藏语，连猜带蒙仅能知道他们很高兴就要回喇嘛寺。他虽然盼望着却不能同他们的头儿继续谈下去。因为那个长老此时已闭上两眼，把脸半藏在轿门的帘子后面，好像有瞬间入睡的窍门，一下就睡着了。

这时，太阳暖和起来，饥渴就算没有完全得到解决，也是大大缓和了。空气纯净得如同来自另一个星球，每一次呼吸似乎都显得弥足珍贵，需要有意识地、审慎地去做。虽然刚开始会让人难以适应，可不久就会将你抚慰得心旷神怡、平静如水。整个躯体按着呼吸的单调节奏向前移动，而肺也不再是谨小慎微的机械的器官，而似乎像是受过训练似的，同思维和肢体的节奏十分协调合拍。一种诗一般神秘的思维在康维的心底涌动，同时又奇妙地与他潜意识里的疑虑结合在一起。他发觉自己并没有为这惊心的场面而冥思苦想，自寻烦恼。

康维偶尔对马林森说两句打趣的话，可这个年轻人只顾吃力地登着山路。巴纳德也是气喘吁吁的，布林克罗小姐正全力进行着残酷的肺部呼吸大战，不过她竭力掩饰着。“快到山顶了。”康维这样给她鼓劲。

“以前有一次去赶火车，就是这种感觉。”她说道。

也罢，总有那么一些人把苹果酒当香槟酒，这是个审美力的问题，康维心想。

让他感到奇怪的是，他心中除了困惑之外，竟然没有什么担忧和不安，丝毫都不担心自己会发生什么不测。生活中常有这样的时刻，如果一种夜间娱乐活动，它贵得出格，但又出乎意料的新奇，你会把灵魂和钱包同时打开。在那个让人喘不过气来的早晨，再次看到卡拉卡尔山时，他打心底里对这新奇体验的提供者默默感激。在亚洲各处度过十年之后，他已经养成一种对各个地方和发生的事情的挑剔态度。而这次，他从心底不同寻常地承认并接受了眼下的一切。

沿峡谷走了大约两英里，山路更陡了。这时太阳被云雾遮住了，银色的雾模糊了前方的景色。山顶上传来隆隆的雷霆和雪崩的声响，气温变冷，随着山势的陡变，气温低得出奇。一阵风挟着雨雪袭来，大家都湿透了，使行程更加困难与不便。有一阵儿连康维都觉得坚持不住了，想停下来歇一会儿。但似乎要不了多久就到这山的顶端了。这时，几个轿夫停下来调整担子。巴纳德和马林森两个苦不堪言，一直落在后面，可藏民却显然急着要赶路，挥手示意余下的路会好走一些。

在做过这番安抚后，他们开始盘起绳子，叫人莫名其妙。“他们刚才的手势是要吊死咱们吧？”巴纳德绝望地调侃道，差点儿叫出来。但那些领路的人很快就让大家明白了他们并无恶意，只是按惯常的登山做法用绳子把大家拴在一起。这几个人看见康维熟练地系上绳索，对他越发佩服了。于是，便答应让他来指挥大家。

这一行人由藏民打头和殿后，康维紧挨着马林森，然后是巴纳德和布林克罗。康维发现这些藏民也愿意让他在他们的头儿睡觉的时候暂时主事。临时当个权威他已经习惯了。如果有了什么难办的事，他能提供的就是信心和命令。当年他是顶尖的登山家，而现在，毫无疑问，丝毫不逊当年。“你可得好好照顾巴纳德呀。”他半开玩笑地对布林克罗小姐说道。而她却绵里藏针地回敬他道：“我尽力吧，可你知道，我以前从来没被人拿绳子绑过。”

下面的一段路虽然偶尔也有难走的地方，但比预想的要好走多了，不会再像之前那么“让人炸肺”了。路是一条沿悬壁上的岩石凿出的“Z”字形小径，陡耸的岩壁被一片云雾笼罩，显得巍峨而神秘。也许这云雾还仁慈地淹没了下面那地狱般的深渊，不过康维很善于识别高度，而他也总喜欢观察他所处的环境。

山路很窄，仅有两英尺来宽。轿夫们在这样的山路上抬着轿子，甩着大步而行，仿佛睡着觉都能通过似的，令康维等人羡慕不已，而轿上那个人能始终安稳地睡着大觉，也让他格外佩服。这些藏民够可靠，但当小路变宽并下坡的时候他们显得更高兴。这时，藏民中有人唱起歌来，悠扬的山野小调使康维想起马斯纳在为某个西洋芭蕾舞谱写的管弦乐曲。雨停后，气温回升，山路也更好走了。“看吧，光我们自己肯定是找不到路的。”康维说着，想缓和缓和气氛，可马林森并不觉得他的话令人安慰，确实他已经给吓得够惨的了，现在最糟的路段过去之后，他却觉得更加危险了。“我们会不会迷失太多了？”他尖刻地来了一句。小路继续延伸，急剧地顺山坡而下。康维忽然发现一些火绒草，这是条件将会好转的一个征兆。可是当他这样宣告之后，马林森反倒更不安了。“上帝啊上帝，康维，你以为你是在阿尔卑斯山散步吧？我只想知道，地狱的厨房是个什么样子？我们到了那儿以后的行动计划是什么？我们将要干什么？”

康维平静地说：“你要是也有过和我一样的经历，就会明白，有时候生活中最舒服的事就是什么都不做。对灾祸临头，要会既来之则安之。战争就是这样。如果感受一下新奇可以调剂艰难困苦，也未尝不是一件好事。”

“你的这番话深奥得叫我讨厌。你在巴斯库尔动乱时可不是这样想的。”

“当然不是，因为那时我还有凭着自己的努力改变事态的机会。可这次，至少到现在，还没有这样的机会。你要问原因的话，我们在这里就是因为我们在这里。我觉得这次事件已经算是平静的了。”

“我以为你已经认识到，原路返回将会是件多么令人沮丧又艰难的事情。我注意到的是，我们沿一座陡峭的岩壁一直走了近一个小时。”

“我也注意到了。”

“是吗？”马林森大咳着说，“我怀疑这里的一切。我觉得咱们所做的，离那些家伙想让咱们做的，还差得远着呢。他们正把咱们逼入绝境。”

“就算他们是这样，咱们也只有坐以待毙。”

“我知道那是必然的，看来是没救了。我就怕最后不会像你愿意接受的那样便宜了你。我忘不了两天前我们还待在巴斯库尔领事馆里，一想到随后所发生的一切，我就受不了。我很抱歉，我这是紧张过头了。现在我明白，能错过战争有多幸运。我想我都歇斯底里了，好像周围的世界全都疯了。我像这样和你说话可能太粗鲁了。”

康维摇摇头。“我亲爱的小伙子，你一点儿不疯。你才二十四岁，你在两英里半高的地方，这是你现在产生不适感的原因。我认为你已经出色地经受了一场苦难的考验，强过我在你这个年龄时的表现。”

“可你难道不觉得所有这一切全都乱了吗？我们如何飞过了那些高山，又如何在狂风中煎熬、等待，还有那个死得不明不白的飞行员，接着又是这帮家伙。好好回想一下，这难道不像一场噩梦，难道不是太让人难以置信了吗？”

“是的，当然如此。”

“那么，但愿我能知道，你怎么能对每件事都如此的冷静。”

“你真想知道？你要是愿意听，我就告诉你，不过你可能会认为我有些愤世嫉俗，因为我有足够多的噩梦般的经历可供回顾。这儿可不是世界上唯一令人发狂的地方，马林森。要是你非得联系到巴斯库尔，好吧，你可还记得，我们离开之前，那些革命者是怎样虐待他们的俘虏以获取情报的吗？通常是先狠揍一顿，然后再用凉水冲，当然很奏效。我还从没见过比这更滑稽更可怕的事情。还有，你是否还记得，在我们被隔离之前收到的最后一个消息？那是一个信息接力，曼彻斯特一家纺织品公司，想打听在巴斯库尔有没有销售紧身胸衣的商业渠道！你说，这够荒唐了吧？相信我，可能我们来到这里之后，发生的最糟的事情就是我们把一种疯狂换成了另一种疯狂。就战争而言，如果你在那种情况下，也会像我一样的，那就是学会如何在害怕时咬紧牙关。”

正谈到这里，一段突兀而短暂的上坡路打断了他们的小声交谈，这段坡道让人喘不过气来，走了几步就已经和先前一样吃力。走过这段路后地势平坦了，人也从迷雾里走进了阳光中。前头，在仅有一箭之遥的地方，横陈着香格里拉寺。

康维觉得，第一眼看见它的时候，它似乎是一片闪闪浮动的美景，同因为缺氧压迫他周身的荒凉环境很不协调。这确实是一个陌生而让人难以置信的奇观。

一片色彩绚丽的亭台楼阁紧贴着山而建，一点儿没有莱茵城堡刻意营造出来的那种冰冷和阴森的感觉，就像一片悬崖上却镶着妙手偶得的花瓣，精致绝妙之极，同时华丽而高雅。

康维的目光被一种庄重的情感驱使着，从蓝色的屋顶向上移至灰色的岩堡，壮丽得犹如格林德尔瓦尔德。远处，闪闪发光的金字塔高高耸立在卡拉卡尔的雪坡上。康维想，世间叫人叹为观止的雪山风景也就是如此了罢。他进而想象无边无际的雪原和冰川就像是那座岩堡的巨大护墙。也许有一天，这整座山将会崩塌，一半的冰川将塌落到山谷里。他惊奇地发现在一点点的冒险中去体验恐惧的感觉，是一种多么惬意的刺激。

往下展望,景象更加迷人。山的峭壁近乎垂直,成为一个裂缝，这可能是远古时期一次地壳裂变后形成的。

峡谷的底部深不可测，只见一片翠绿，风被拒之门外，雄踞的喇嘛寺俯瞰着这一切。在康维看来，这真是一个令人赏心悦目的好处所。即使有人居住，他们肯定也被远处无法攀登的高山完全阻断了与外界的联系，好像只有寺庙才是一个可以攀缘的出口。

康维凝视着峡谷，内心感到一丝紧张和忧虑。马林森的担心也许不能完全忽视。然而这感觉转眼消失，他很快又被一种更加深邃的感觉所吞没。神秘而梦幻——一种终于来到世界的尽头，或是终于找到归宿的感觉。

他已完全记不清楚他们几个是怎么到达寺庙的，或者说寺里的人是怎么迎接他们，给他们松绑，又是怎么把他们带到寺庙管区的。

稀薄的空气配上天空的蓝色，有如梦幻一般。他的每一次呼吸，都犹如被麻醉般的沉静，连马林森的不安、巴纳德的俏皮话和布林克罗小姐为应付最坏的局面而摆出的一副太太模样，他全没有感觉到。

康维模模糊糊地想起，当他看到宽敞的寺院那么温暖、干净时表示过惊奇，但他还没来得及好好看看，那个中国人已经离开轿子领着他们走过各式各样的阁室。“我必须道个歉，”他说，“在路上时怠慢了各位，实在是因为我不习惯那种跋涉，我不得不照顾自己。我相信你们不会太累吧？”

“我们这一趟可不轻松。”康维带着疲乏的笑答道。

“不错了。请随我来吧，现在我就让你们去看看诸位的住处。你们当然想先洗个澡了。我们的设备虽简单，可我想是齐全的。”

听到这儿，还在连连喘气的巴纳德笑了起来。“好，”他喘着气说，“可我还是不怎么喜欢这里的气候——空气好像是淤塞在胸口——不过，这窗外的风景倒是真他妈的不赖。我们几个得排队进浴室吧？或者，这是一家美国式的饭店？”

“我认为你们会发现事事都称心如意，巴纳德先生。”

布林克罗小姐郑重地点着头。“但愿如此，真的。”

“洗完澡后，”中国人接着说，“假如各位赏光与我共同进餐的话，实是我三生有幸。”

康维礼貌地答应了。只有马林森对这些不期而至的好事不表态。他和巴纳德一样，在忍受着高原反应的痛苦，但这会儿他用力吸了口气说：“洗完澡，如果你不在意的话，我们将做离开这里的计划，越早越好，这是我最关心的事。”

第 四 章

“您都看到了，”张说，“我们没有你们想的那么野蛮……”

到这天入夜以后，康维已经不能随便否认张说的这句话了。他浑身轻松，情绪昂扬，仿佛身上所有的感觉都被唤醒了。香格里拉的设备条件不仅尽如他所愿，而且有过之而无不及。它能把西方式的卫生设施和这么多东方传统结合起来，康维觉得它简直是独一无二的。比如，他刚刚奢侈地享受过的浴室，是用俄亥俄州阿克仑市生产的精致的绿瓷装饰而成的，而当地的仆人则按照中国的方式给他洗耳掏鼻，并用薄薄的丝制小刷子给他擦下眼睑。当时，他很想知道他的那三位伙伴是否也得到了同样的服务，他们有怎样的感受。

康维在中国住了近十年，而且不是一直住在大城市里。从各方面来看，他认为这十年是他有生以来过得最惬意的时期。他喜欢中国人，而且按中国人的方式生活让他感到自在而舒心；他特别喜欢中国的烹饪，觉得可以久经品味。

在香格里拉吃的第一顿饭，又让他生出这种亲切感。他甚至疑心这饭里是不是掺上了中草药以平抚他的精神和情绪。因为他不仅自己感觉异样，看得出他的伙伴们也显得极为轻松。他发现张什么东西都不吃，只吃了一小份蔬菜沙拉，并且滴酒不沾。“得请你们原谅，”他一开始就解释了，“我的饮食是有严格限制的，我必须关照我自己。”

他在这之前就已经说过这样的话，康维怀疑他是不是受着某种病的折磨。现在康维便仔细地观察他，却发现很难看出他的年纪。面部五官显得略小了一些，让人看不甚清，加之皮肤有湿泥似的质感，使他的容貌看上去既像个早熟的青年，又像是个保养得极好的老人。他绝对是那种富有魅力的人。他或动或静无不彬彬有礼，稍加留意，还会嗅到他身上散发出来的淡淡的香气。他身着刺绣袍，衣裙按惯例在两侧开叉，裤子紧紧包住膝盖；一身水彩画似的天蓝色，透着金属的寒意。不过，他也知道这并不合所有人的口味。

这里的整体气氛虽有西藏气派，实际上更是汉式的，这使康维更觉得犹如回到家中。这房间就使他感到高兴。但他不指望别人一定会有同感。房间结构匀称，令人赞叹：只适当地饰以不多几块织锦以及一两件漆器。灯光来自悬吊在空中一动不动的灯笼。他由衷感到宽慰，打消了诸如食物中被人掺入了中草药之类的顾虑。不管这到底是什么玩意儿，它现在已经消弭了巴纳德的呼吸短促和马林森的好斗劲头。两人吃得正带劲，只顾吃饭而忘了谈话。康维也很饿，但还没有忘记探询重要的事情时要循序渐进。他从来不喜欢催促，那会改变原来令人愉快的气氛，所以他很讲究技巧。点上一支香烟后，他才不紧不慢地朝他想知道的问题进发。他对张说："您有一个非常幸运的社区，对外人很热情。嗯，估计你们不是经常有客人吧。"

"确实很少，"这个中国人带着适度的庄重说道，"这里不是旅游区。"

康维听了一笑，说道："您说得很委婉。在我看来，正像我来时看到的，这里是我见过的最与世隔绝的地方。一种孤立的文化，是在不受外面的世界污染下、在这里独立地发展起来的。"

"你是说污染吗？"

"我用这个词，是指伴舞乐队、电影院、霓虹灯之类的东西。您问的这个词很准、很现代。依我看，这是东方人从西方人那儿得到的唯一可以确定的恩惠。我常常想，罗马人是幸运的，他们在还没有接触到机械装置的基本知识时，竟然能达到洗热水浴的文明程度。”

康维缄口了。他一直在流利地即兴发挥着，而非故意显摆，他这是想营造一种气氛，并能操纵这种气氛。这方面他很在行，但眼下他不过是想回报一下这谦恭的礼仪，他不便太露骨地问这问那。

但是,布林克罗小姐可没这些顾虑。“请问,”她说得很不客气，“您可以给我们讲讲这座寺庙的事儿吗？”

张有些诧异她如此直率，略露不快地说：“很乐意，女士。您具体想知道哪些事？”

“首先，您这儿有多少人？您是哪个民族的？”显然，她循规蹈矩的心态跟在巴斯库尔传教院时没有两样。

张回答说：“我们这个寺区大约有五十来个专职僧侣，还有几个像我这样非正式的僧侣，不过，经过一段时间后就可以入行了，这还是值得期待的。到那时，我们就算是半个僧侣，也就是你们所说的神职候选人了。至于说我们的各族出身，我们当中有来自许多民族的代表，尽管藏民和汉人占绝大多数，而这是很自然的事。”

“我明白，这的确是一个当地的寺院，你们的长老是藏人还是汉人？”

“都不是。”

“有英国人吗？”

“有几个。”

“天哪！这简直太绝啦！”布林克罗小姐为了喘口气才停了一下，接着又说，“那么现在，告诉我你们的信仰吧。”

康维朝后靠去，暗自琢磨将会出现有趣的场面——他总能在对冲突双方的观察中找到乐趣；布林克罗小姐女权主义的直率遭遇到佛教哲学，必定很有看头。另一方面，他也不希望这里的主人被吓一跳。“这是个相当大的问题。”他趁机说道。

然而布林克罗小姐却无意顺水推舟。让别人昏昏欲睡的酒精却仿佛为她注入了额外的活力。“当然，”她抱着一种宽容的神态讲道，“我信奉的是真正的宗教，不过我这人心胸大度，能接受和包容不同的人。我是说有些非常顽固偏执的外国人。当然，在一个寺庙里，我并不指望我的观点能被认同。”

这些许让步立刻引来张先生一个相当庄重的鞠躬致意。“可为什么不能呢，女士？”他用准确而地道的英语答道，“难道说，只因为某种宗教是真的，其他所有宗教就必然是假的吗？”

“哦，那是当然的。显然如此，不是吗？”

康维再次打断道：“说实在的，我觉得这种争执是没有必要的。只是布林克罗小姐和我一样都很好奇，建立这样一个独特的宗教机构的动机究竟是什么？”

张回答得很慢，几乎是用耳语般大的声音说：“亲爱的先生，假如要我用最简单的几个字概括它的话，我该说，我们的信仰就是‘中庸’。它的意思是凡事不要过度，甚至包括——请您原谅这个悖论——连优点本身过度了也会变成缺点。在你们见过的峡谷中，遵循我们的规矩而住着的人有几千名。我们已经发现，在很大程度上，道义给人带来幸福。我们严格地按中庸之道来自我约束，同时我们也满足于此。我想，我完全可以说，我们的人民适度节俭，适度贞洁，适度老实。”

康维笑了。他认为张说得很好，况且有些说法很合乎他本人的秉性。“我认为我都懂了，我想今天早上我们遇见的那些人就是您峡谷里的人啦？”

“对。一路上他们没有什么过失吧？”

“哦，没有，一点儿也没有。我很高兴他们走得非常平稳，非常适度。顺便问一句，这中庸之道适用于他们，那么是不是可以说，它并不适用于你们的教职呢？”

然而张摇了摇头：“抱歉，先生，这已涉及我不愿讨论的问题。我只能再多告知你一点，那就是，我们的群体中有各种各样的信条和习俗，但我们大多数都能适当地看待这些异教习俗和观念。十分遗憾，不过我只能说这么多了。”

“请不用道歉，我已经可以好好回味一番了。”康维从自己的声音还有身体的感觉中，发现自己有一丝轻微的麻痹。马林森好像也有相同的感觉，他抓住眼前这个机会说：“这里的一切都非常有意思，可是我希望尽快回到印度，能给我们提供多少脚夫？”

这个问题实际得让人无法回避，破坏了融洽的气氛，却没有确切的立足点。沉默了一会儿，张才回答说：“马林森先生，可惜我不是谈这个问题的适当人选。但不管怎样，这件事是不可能立即安排好的。”

“什么？那好，或许您可以办点儿什么事。我们都有工作在身，等着回去干，亲戚朋友为我们担心，所以我们必须回去。对你的这般招待，我们非常感谢，可我们实在不能无所事事地待在这儿耗费时间。如果条件允许，明天我们就走。我想会有很多人乐于护送我们出去的——我们自然会好好犒劳他们的。”

马林森突然不安地停了下来，仿佛指望他的言语暗示能得到回应。然而从张那儿得到的，却是一句平和却带着责备的回答：“所有这些，你该知道，几乎都不在我的职权范围之内。”

“真的吗？不管怎么说，你总有些事情或许能办到。比如找一张这个地区的大比例尺的地图，那将会非常有帮助。看来我们有不少路要走，因此，我们要早些出发。我想地图你们该有吧？”

“是的，有很多。”

“那么，如你不介意，我们要借几张去看看，看完就还给你们。你们不时也与外界有些联系。我想，要能再提前捎个信什么的就更好了，这样的话，也可以让我们的家人朋友放心。最近的电报局离这儿多远？”

张那张有皱纹的面孔挂着一副似乎有无限耐心的表情，不做任何回答。

马林森等了一会儿又问：“那你们想要东西的时候往哪儿发电报？我是指文明世界的东西。”他的眼神和声音都透着一丝恐慌。突然，他猛地推开椅子，一下站了起来。他面无人色，不住用手焦躁地揉着前额。“我感觉糟透了。”他扫视着房间，结结巴巴地说，“我觉得，你们没有一个人肯帮我。我不过问了个简单的问题，而你显然知道答案。你们的浴室那么先进，是怎样把它们弄到这里来的？”

接下来还是一阵沉默。

“你不回答我，是吗？我以为这是一切事情的秘密所在，康维，我得说，你真他妈的没用，为什么你不面对现实？暂时不谈了，但是明天，注意，我们明天必须走——就这么定了。”

要不是康维一把抓住他，把他扶回坐椅，他一定已经滑倒在地板上了。他慢慢平静了下来，没再讲话。“明天他会好些的，”张温和地说，“我们这儿的空气会让刚到的人感到不适，但很快就会好的。”

康维感觉自己从恍惚中清醒过来。“他只是感到有些难堪，”他怜悯地为马林森解释道，接着又轻松地说，“我看大家都觉得这事有些奇怪，但咱们最好暂时停止讨论这件事，该睡觉了。巴纳德，你来照顾一下马林森吧？布林克罗小姐，你也得好好休息休息了。”

这时，伴着一个手势，一个侍者出现了。“是的——我们都在这儿——晚安——晚安——我也很快就寝。”康维几乎是把他们推出房间的，然后，他以一种很勉强的礼节转向主人，一改他原先谦恭的态度。看来，马林森的指责也刺激到了他。

“现在，先生，我不想耽搁太久，所以我就有话直说了，我的朋友太性急，但我不怪他，他把事情挑明了，完全正确。我们回去的事情必须安排了，因为我们没有您的，或是这里人的帮助是回不去的。当然，我知道明天就回去是根本不可能的，就我个人来说，我觉得短期的逗留会很有意思，可我的同伴们不这么看。因此，既然您刚才说您本人帮不了我们，请让我们同一个能帮得上我们的人沟通吧。”

这个中国人回答说：“您比您的朋友聪明，亲爱的先生，所以您不那么浮躁，我很高兴。”

“这不是回答。”

张笑起来，一阵高声大笑使康维领会到中国人在尴尬时的“要面子”：好像是明白了一个并不好笑的笑话而做出一种礼貌的假象。“我觉得你们没有什么理由为这事担心，”隔了一会儿张回道，“毫无疑问，我们会在适当的时候给你们提供帮助的。你们也想象得到，确实是有些困难，但只要我们都能理智地处理问题就好，而不要过分仓促行事。”

“我不是在催您，只是想打听一下有关脚夫的消息。”康维说。

“好，好，亲爱的先生，这是另一个问题了。我很怀疑您能否轻易找到愿意去走这段路程的人。他们在这峡谷里有家，不会乐意离家去长途跋涉的。”

“可以说服他们去，他们今天早上不也护送您出去了吗？”

“今天早上？哦，那是另外一回事了。”

“那是怎么回事？我们与你们巧遇的时候，难道你们不是要去旅行吗？”

张不作答。过了一会儿，康维用一种更平静的口气说：“我明白了。那次相遇不是一次邂逅。实际上我一直在纳闷这件事。这么说，您是有意来拦截我们的。这使人想到您一定是事先知道我们会来这个地方。这是为什么呢？你们是怎么知道的？”

这番话在异常宁静的环境中注入了一种紧张的气息。在灯笼散发出的光晕之下，这汉族人的脸庞显得平静且轮廓清晰。这时，随着一个轻微的手势，张打破了这紧张的气氛，他掀开一块绒绣挂毯，打开后面一扇朝向走廊的窗户，碰了碰康维的胳膊，示意同他一起呼吸外面凉爽纯净的空气。“你真聪明，”张梦呓似的说，“但你说的并不全对，因此，我得忠告你，不要再用异想天开的话让你的朋友们担心了。听我的，你和他们在香格里拉都没有任何危险。”

“可我们焦虑的并不是危险，是时间。”

“我理解。不过，耽搁是免不了的。”

“要是短短耽搁几天，而且如果确实有必要的话，那我们自然得尽量容忍一下了。”

“您太明智了，我不要求别的，只求您和您的同伴在这里过得愉快。”

“这倒也不错，就像我曾告诉过你的，对我个人而言，这没什么。这是一次新奇而有趣的经历，而且，不管怎么说，我们也得需要休息一下，调整调整。”

他凝望着卡拉卡尔那闪光的金字塔般的山峰。此刻，明亮的月光下，它仿佛触手可及，鲜明地映衬着远方天边的碧空。

“明天，”张说，“你们会对这里更感兴趣。你要是累了，这儿是个休养生息的好地方。世界上恐怕没有多少地方比这儿更好了。”

确实如此，当康维继续凝望这座山时，一种更为深邃的恬静涌遍了他的全身。这种壮美奇观让他如此心满意足，仿佛已完全占据了他的眼睛和灵魂。此刻没有风，因而这里的宁静不受到丝毫的搅扰，这与前天夜里那高原荒野上肆虐的狂风形成了鲜明对比。整个山谷就像一个内陆港湾，而卡拉卡尔则犹如一座灯塔，俯拥着它。他思来想去也找不到更好的言词来形容它了。山顶的冰雪反射着月色光芒，散发着冰蓝色的光晕，产生了一种交相辉映的效果。

他不由询问起山名的含义，张回答："卡拉卡尔，在山谷方言中的意思是'蓝月亮'。"

康维没有说出他的结论，他认为自己和同行的其他人来到香格里拉，在某种程度上，这里的人们事先已经知道了。他心里有数，必须这么做，因为他知道此事非同小可。可是等到清晨降临，他却对这种想法感到一丝困惑，虽然只是一种猜测，但他担心会引起别人的过分注意。一方面，他坚信这地方存在着某种神奇之物。而昨晚张的态度远不能打消他的疑虑。他们几个实际上成了囚犯，除非当局能以恰当方式解决问题。很明显，他有责任尽快促使他们处理这件事。毕竟，他是一位英国政府的代表。至少，一个藏传佛教寺院如果拒绝他的任何合理要求，那绝对是不公正的……

毫无疑问，这是他作为一个官员理应抱有的正确态度；而另一方面，他也是个正统的官员。在许多必要的场合中，他比任何人更具强者气概。在撤离前最后几天的艰难时刻，他出色的表现足以配得上为他写一部骑士小说，名字就叫《康维在巴斯库尔》。在排外煽动者发起狂热革命的时候，他充分表现出了自己的领导才能，把众多不同民族的平民聚集到那小小的领事馆内，并且争取到那些受到威逼或者蒙蔽的暴动者的帮助，允许他们用飞机进行大规模的疏散撤离。他自认为这可是个不小的功劳。也许仅凭他多方牵线搭桥以及不停撰写报告，就足以为他赢得明年的荣誉勋章。无论如何，这一切至少让他赢得了马林森的敬重。遗憾的是，这年轻人现在对他更多的是失望。而康维也渐渐认识到这样一个事实：人们喜欢他仅仅是因为不了解他。他实际上并不是一个英勇无畏、意志坚强、魄力十足的开国领袖式的人物。他也只不过是玩些小把戏，仅此而已，谁知命运却安排他在工作中一次次重施故技，就为了那点儿少得可怜的薪水。

而真正确凿无疑的，却是眼下这香格里拉之谜，他怎么会来到这里的。这些问题让他万分迷惑，它们开始强烈地吸引并纠缠他的思绪。

可是，无论怎样，他都难以使自己感到这里有什么值得担忧和害怕的东西。

他的职业总把他送到世界上那些偏僻的地方。似乎有一种规律，越是在偏僻的地方，他反而越不感到无聊，这算怎么一回事儿？不过现在发牢骚也没有用，因为这是意外，而并非一纸调令把他发落到这个最古怪的地方来的。

实际上，他很少抱怨。清晨，当他从床上爬起，看见窗外柔和的碧蓝色天空时，世界上任何地方他都不想去了，不论是白沙瓦还是皮卡迪利。他高兴地发现，经过一夜的休息其他同伴已经精神抖擞。巴纳德就自己的床铺、浴室、早餐和其他的招待设施兴致盎然地说着笑话。布林克罗小姐承认，她精心搜遍了她的房间也没找出她能挑剔的地方。甚至绷着脸的马林森也流露出了满意的神色。

“我想咱们今天是走不了啦，”他嘟囔着说，“除非有人干起活儿来又快又有效率。这些家伙真是典型的东方人，别指望他们能有效率地办成什么事。”

这观点，康维倒还算能接受。马林森离开英国尚不足一年，但无疑已经肯定了自己对事情的一些判断与认知。他这种以偏概全的武断，就是在二十年后，说不准还会重复。在某种程度上，他所说的是事实。但在康维眼里，不是东方人怎样出奇的拖拉散漫，倒是英国人和美国人，老爱怀着一种十分荒谬而且无休止的狂热心态，对世界指手画脚。他从不指望其他西方人能认同这个观点，不过，随着年岁的增长和阅历的丰富，他对此愈加确信。另一方面，张确实是一个聪明敏锐而又善于巧辩的人，而马林森如此缺乏耐性，也自有他的原因。康维隐隐希望自己也能焦躁起来，这想必会让那小伙子也好受一些。

他说："我认为我们最好还是等一等，看今天又会是什么情况。指望他们昨晚就有所行动，那也太过乐观了。"

马林森愤怒地抬起头，看了看说："我看，我这么着急，你却认为是自欺欺人。可我控制不住，我觉得那个汉族人是真他妈的靠不住，我现在还是这么看。我去睡觉后，你又从他口中套出点什么消息了吗？"

"我们没谈太多。他对很多问题都含糊其辞。"

"那我们今天还得同他继续周旋，有意思。"

"那当然了。"康维同意道，但明显缺乏热情，"还有，早餐很不赖。"早餐有精心准备的柚子、茶水、煎饼，服务也细致周到。

在早餐就要用完的时候，张进来了。他微微鞠了一躬，随即用老式步枪般的英语，礼貌地进行那套惯例的客套寒暄。

康维原想说中国话，可到这时他还不想让对方知道他会说东方话。他觉得这一招说不定会是他锦囊中一张大有用处的王牌。他用心地倾听张的问候，并使对方相信他睡得很好，现在感觉好多了。张听了后说他很高兴，又说："对，对，正如贵国的一位诗人说过的：'睡眠编织起松散了的思绪。'"

张如此文雅地显露才华，却没有得到很好的回应。马林森一脸轻蔑，他以为，只要是头脑健全的英国青年，都能把这话倒背如流，于是他说："我想您说的是莎士比亚，虽然我背不上来这句诗。可是我记得另一位诗人说的'莫拘泥口令，立即开步走'，不是不礼貌，我们就是这样想的。如果您不反对的话，我想今天上午马上就去找脚夫。"

这个中国人对这最后通牒反应冷漠，不紧不慢地回答说："我抱歉地告诉您这事办不到，恐怕一时找不到愿意离家陪你们走的人。"

"老天，伙计，你可不想我们把这当做回答，对吧？"

"我真心感到抱歉，可我不能给出更多的建议。"

“似乎你昨晚就已经盘算好一切了吧，”巴纳德插道，“这么说，你对事情也没有多少把握。”

“你们刚来，都挺疲乏的，我不愿让你们失望。现在，经过一夜的休息，我希望你们看问题能更合情理些。”

“听着，”康维赶紧打断他的话，“这样子含糊不清不会有什么结果，你也知道我们不可能无限期地等下去，同样，我们也不可能自己离开，对此，您有什么建议吗？”

张露出一丝怡然自得的微笑——这显然是针对康维的——一边说道：“亲爱的先生，我很乐意向你们提出我的想法和建议。只是，你朋友这种态度很不给人留余地，对于一个明理之人，他的要求是会得到相应解答的。您可能记得，还是您的这位朋友昨天提出的：我们肯定有时要同外面的世界进行联系。确实是这样，我们不时要从遥远的贸易货栈进些东西，一般都以期货方式提取。至于用什么手段，通过哪些手续，在此就不必让各位操心了。总之，重要的是，这些货物都能很快按期送到，当脚夫送完货要返回时，我认为你们可以同他们商量一同走。在他们到达之前，我确实想不出什么更好的办法了。”

“他们什么时候来？”马林森生硬地插话。

“确切的日期当然没有定准，进出这个地方困难重重，各位也体验过了，什么意外和危险都可能遇到，比如恶劣的天气……”

康维又一次插话说：“咱们先搞清楚，您是指我们应当雇用那些很快要来这里送货的人当脚夫。就现在的情形来看，这倒不失为一个好主意，但还得进一步了解这方面的情况才行。首先，已经问过您了：这些人什么时候来？其次，他们能带我们到哪里？”

“这个问题得你们自己去问他们。”

“他们会带我们去印度吗？”

“这我没法回答。”

“好，那让咱们解决第一个问题，他们什么时候到达这里？

不说具体日期，只是想有个概念，比如是下星期，还是明年。”

“从现在算起，大概还得几个月左右吧，也许不会超过两个月。”

“三个月、四个月，要么五个月，”马林森急匆匆地说，“你以为我们会在这里等到遥远的那个不确定的日子，让这支护送队来带我们去上帝才知道的地方吗？”

“先生，我认为您说的‘遥远’这词很不合适。除非发生了意想不到的事故，等待的时间不会长过我刚才说的。”

“可是，两个月！得在这个地方待上两个月！荒唐！康维，你可别指望这个！这算什么名堂？两个月可真够长了！”

张整理了一下长袍，轻轻做了个姿势，表示谈话该结束了。“请原谅，我绝不想冒犯你们，总之，不论你们将在这儿待多久，寺庙都会为你们提供最热情的招待，别的我就不能再说什么了。”

“你不用再说了。”马林森生气地反诘道，“如果你认为我们已经让你得逞了，那你很快就会发现你他妈的错了！我们要找到我们想要的脚夫，不用你操心。你尽可以去鞠躬作揖，随你喜欢——”

康维一把抓住他的胳膊，不让他说下去。这马林森过于孩子气了，想到什么就说什么，也不顾有没有意义，是否合乎礼节。康维觉得这可以体谅，何况他本就这样一副脾气，又处在这样的环境，但他害怕这会伤害了中国人的细腻感情。幸亏圆滑的张这时已经自己出去了，以一种让人钦佩的机智及时避开了这个最糟的局面。

第五章

他们一上午都在讨论这件事。突然发觉必须在西藏的一个寺庙里滞留两个月，对这四位本应在白沙瓦的夜总会或传教院里享福的人来说，肯定是个打击。事情就是这样，他们初来时的那份震惊，会给他们留下或多或少的愤慨和惊诧。现在，就连马林森，在经过一番暴怒之后也慢慢平静下来，陷入一种交织着迷惑的宿命情绪。“我懒得再理会这事，康维。”他一边说着，一边歇斯底里地猛吸了一口烟，“你知道我的感觉，我一直说这事很古怪，现在搞得更加复杂。我不想再说这事儿了。”

“你要这样，我也不会责怪你。”康维答道，“很不幸，这不是愿不愿意的问题，而是不得不面对的现实。说实话，假如这些人不愿意或者不可能为我们提供向导的话，那就只有等着其他人来了。可惜，我不得不承认，我们对此无能为力，恐怕这就是事实。”

“你是想说，我们不得不在这儿待上两个月？”

“我想不出还有别的可能。”

马林森冷冷地弹了一下烟灰说道：“那好，就这样吧，两个月，来，咱们欢呼吧。”

康维接过话头：“我倒不觉得，比起在别的任何偏僻的地方待上两个月，眼下这样会有什么更糟的。干我们这一行的，早已习惯被派驻偏僻的地区，我想大家可以说都差不多。的确，对有亲戚朋友的人来说，这很不方便。就我而言，能来适应这样的生活，这样的环境，实属有幸，我没什么牵挂，干起工作来也比别人更轻松自如。”

他转向其他几位，像是在邀请他们也谈谈自己的情况。马林森没多讲，可康维对他的境况也大致了解，他的父母和女友都在英国，这就是他感到事情难以应付的原因。

巴纳德则承认自己是康维所说的天生幽默家。“哟，看来我真是福气不浅，在监狱里待上两个月不会把我整死，至于我家里的父老乡亲，他们对我根本没有半点牵挂，所以我老是写不好信。”

“别忘了我们的名字可能会出现在报纸上，”康维提醒他说，“报纸会报道我们失踪了，大家自然想到最坏的方面。”

巴纳德对此有些惊讶，他咧嘴笑道：“啊，没错，确实如此。可这对我没什么影响，请放心吧。”

康维很高兴巴纳德说没什么关系，不过这事情还是让人有点困扰。他转向仍一言不发的布林克罗小姐，与张讨论时她也没有提出任何意见。于是他估计，相对大家而言，她没有太多的牵挂。果然，布林克罗小姐突然轻快地说道：“巴纳德先生说的没错，在这儿待上两个月没什么大不了的。只要你受到主的恩惠，不论在哪里都一样，天意让我来到这里，我就把这看做是主的召唤。”

康维觉得眼下，这是很可取的态度。他随之鼓励道：“我保证，等你回去，会发现教会对你的行为很满意，你还可以给他们提供许多有价值的信息。因为这回我们大家都有了一番不同寻常的经历，也是一种收获。”

此后，他们又七嘴八舌聊了起来。巴纳德和布林克罗小姐轻易适应了新的环境，这让康维很是吃惊，不过他自己也松了口气，现在只剩一个闷闷不乐的马林森需要他来应付。但是，经过这番紧张的争辩，小伙子的态度也有所转变，尽管仍有些不安，但已经愿意从积极的方面去看问题了。“天知道我们到底该怎么办？”他嚷道，但这只是在尽力调节自己的情绪罢了。

“首先，最重要的是我们必须得避免再相互动气了。”康维说道，“不过还好，这地方看来够大的，而且人口并不密集，除了几个仆人之外，到目前我们也只见过一个居民。”

巴纳德还找到了另外一个让人乐观的理由。“再怎么说，我们是不会挨饿的，咱们这几顿饭还真不错。你知道，康维，这地方绝对是花大钱运转起来的，比如这些浴室，肯定不少花钱。还有一点，我看不出有任何人有收入，除了有活干的那些人；即使是那样，他们不可能生产足够的东西供出口，我倒很好奇他们是不是在开采什么矿物。”

“这地方本来就很让人迷惑，”马林森应声说道，“我敢说他们藏着大笔的财富，就像耶稣会一样。比如，这些浴缸就很可能是某些腰缠万贯的赞助者捐赠的。无论如何，只要从这儿离开，我就不会这么烦躁了。若是在一个别的适当的地方，这里该是个不错的冬季运动圣地。我琢磨，能否到远处那些山坡上去滑滑雪什么的？”

康维朝他扫去锐利的目光，打趣道：“是你昨天提醒我说这儿不是阿尔卑斯山的。我想现在该我说这话了。我可不建议你在这地方玩什么花样滑冰。”

“估计这里没人见过跳高滑雪。”

“冰球赛就更不可能，”康维附和着打趣道，“你该试试去建几个队，就叫‘绅士队对僧侣队’，如何？”

“那首先得教他们怎么玩。”布林克罗小姐一脸诙谐而又郑重其事地插了一句。

如果非要刨根究底，那是很费劲的，也没必要。午餐差不多备好了，菜上得非常快，而且都很有特色，给大家留下了愉快的印象。饭后，张进来的时候，几位差点又吵了起来。这个老练世故的中国人做出与每个人都很融洽的样子，而这几位落难者便也顺水推舟不再计较。当张毛遂自荐愿当各位的向导去参观寺庙时，他们欣然地接受。

“为什么不呢？当然要去看看，”巴纳德说，“我们可以趁这个机会好好看一看这个地方，我想，我们以后也难得来第二次了。”

布林克罗小姐嘴里突然迸出一句更有意思的话：“我做梦都没想到，当我们坐上那架飞机离开巴斯库尔时，竟会最终来到这样一个地方。”她喃喃说道。他们在张的陪同下开始参观寺院。

“我们还没搞清楚为什么会来到这里。”马林森不忘提醒道。

康维没有种族和肤色的偏见，不过这只是他伪装的一种假象，有时在夜总会和火车的头等客厢里他就经常这么做——他尤其注意脑门下那张肉红色的脸上“白”的程度。这可以让他省去很多麻烦，特别是在印度。而康维也确实善于随机应变，避免麻烦。但在中国完全用不着这一套，他有很多中国朋友，而且他从来没拿他们当下等人看待过。所以在同张打交道时，他准确地看出这位颇有风度的老先生，虽不是很可靠，但绝对是位智慧博学之人。马林森只是通过直觉和想象的框套来看待张；布林克罗小姐则尖刻而活泼，把张看成是个不开化的异教徒；巴纳德精明、幽默，则认为他很温和，像是某个男管家调教出来似的。

这一趟妙趣横生的参观多少改变了他们一行人对香格里拉的最初的平凡印象。这不是康维第一次参观寺庙，可这恐怕是他所见过最大的，而且是一个叫人赞叹不已的寺庙。且不管它所处的位置如何偏僻，仅仅穿堂过室、走过几所庭院就用了一个下午，而且有许多房间仅仅是过而不入：康维留意到他们从许多平房前经过，也注意到整座整座的楼房，可张没让他们进去。经过这么一次参观，大家基本上都有了自己的看法。巴纳德更加肯定这些和尚都是富翁；布林克罗小姐则认为他们奢侈无度，有损阴德；马林森则觉得此行并不比在平原地区观光旅游更轻松，恐怕这些和尚不是他心目中的英雄。

只有康维为一种愈来愈浓郁的魅力所折服。还没有哪一样东西以其渐次显露出来的高雅、朴实和无可挑剔的艺术趣味以及那种融融的气氛如此深地吸引过他。

的确，他要很努力才能让自己从艺术家的陶醉之中恢复到鉴赏家的品味中来。于是，他认出了那些博物馆和百万富翁们都会盼望获取的珍品：精致的珍珠蓝宋瓷、保存了上千年的水墨画和上面描绘着虚无缥缈的虚幻世界的漆器。那笔触细腻逼真、巧夺天工。加上那些无可比拟的精美的瓷器和釉彩，跌宕出一片令人陶醉的完美世界。没有夸耀，没有刻意的后续效果，也没有对观赏者的情感造成强烈的冲击。这些完美、精妙而典雅的珍品透出一种犹如从鲜花的叶瓣之间散发出的高雅气息，这些奇珍异宝肯定会让收藏家发狂，但康维不是个收藏家。他既没钱也缺乏渴望占有的天性。他对中国艺术的爱好纯属心灵向往之事。在这个不断变得喧嚣和复杂的世界里，他开始沉迷于那些温雅、精致而小巧玲珑的东西。当他经过一间间陈列室的时候，联想到卡拉卡尔山的广袤无垠和如此脆弱精巧的艺术品之间的对照，心灵深处袭上某种哀婉之感。

然而，这寺庙能够展示的岂止中国的艺术珍品。比如说吧，庙里有一个非常高雅、宽敞而又舒适的藏书馆，在定做的书架和壁龛上孤寂落寞地躺着成千上万卷藏书，透出一股智慧超乎学问，风度与气派超乎庄严的氛围。康维仅仅浏览了几个书架，便惊诧不已。这里竟有世界名著，还有许多他无力评价的高深莫测之作。

大部头的英文、法文、德文和俄文书籍堆积得小山一般，很多的书是用中文和其他东方文字写成的稿件。特别引起了康维兴趣的是专门写西藏的那一部分，应该说，他注意到几部罕见的作品，其中就有：《西藏沟渠灌溉系统的新发现》，安东尼奥·德·安德拉塔著（里斯本，1626 年），阿塔纳休斯·科切的《中国》（安特卫普，1625 年），特夫诺的《格鲁伯神父和德奥维尔先生的中国之旅》，以及巴里加蒂的《未曾披露过的西藏之旅报告》。当康维正仔细翻看着最后这本时，他注意到张正惊异而温和地盯着他。

“你也许是个学者吧？”他问道。

康维感到很不好回答。凭他在牛津当过学监的经历，他可以肯定地回答。他明白“学者”一词虽然是一个中国人给予他的最高评价，可是在英国人听来就会有些自命不凡了。而且，因为要顾及几个同伴的感觉，他不想接受这一称谓。他说：“当然，我喜欢读书，可在最近几年的工作中没有多少机会接触学术研究。”

“可你仍希望有这样的机会？”

“啊，这还真不好说，不过我当然知道其中自有乐趣。”

马林森抄起一本书说：“可有东西够你研究了，康维，这是一本中国地图。”

“我们收集的地图有好几百种，”张插话说，“你们尽可查阅。不过，我也可以告诉你不必查找它们，因为在任何一本中都找不到香格里拉。”

“有意思，”康维说，“这是为什么？”

“理由当然非常充足，但我不能再说更多的了。”

康维不过笑了笑，可马林森又不乐意了。“何必在那儿故弄玄虚。”他说，“到目前为止，我们完全看不出有任何人有任何必要去刻意隐瞒什么。”

这时，布林克罗小姐仿佛突然从沉思中醒悟过来，没头没脑地问道：“您是不是能让我们看看工作的僧人？”她咄咄逼人的要求让人吃了一惊，又让人觉得，她满脑子想的都是一大堆本地手工艺品的模糊画面，什么毛织跪毯啊，或者某种她回去之后可以大肆向人吹嘘的既别致又原始的东西。她有种很不一般的诀窍，总是能让自己显得处变不惊，然而，又总显得很有些愤世嫉俗，各种顽固的习惯汇集在她身上。

张不动声色地说：“对不起，这是不可能的。我们从来没有或很少让外来的人看僧侣工作。”

“看来我们没机会见见他们了，”巴纳德并不罢休，“但这真太可惜了。你根本不了解我多想与你们的领袖握握手。”

张宽厚而郑重地认可了他的愿望。可布林克罗仍在追问：“僧侣们干什么工作？”

“女士，他们一心一意打坐默想。”

“但这算不上在做什么。”

“对，女士，他们什么也不干。”

“我本来就这么认为。”她就势做总结似的说，“好了，张先生，我们非常愉快地参观了所有这些东西，这毫无疑问。可你还是没有充分的理由让我看到，这个地方到底在行的是什么善事。我倒更想看看更实际的东西。”

“或许你们想喝点茶？”

康维觉得这似乎有些滑稽，但很快就证明并非如此。下午很快就过去了，张虽说在饮食上很节俭，却有典型的中国人闲暇时饮茶的嗜好。布林克罗也坦白承认参观画廊、博物馆都是让她头痛的事情。

众人随张穿过几所庭院来到一个开阔的地方，突然之间仿佛进入到一幅无比美妙的风景图画之中。这里由一个柱廊的阶梯通向一座花园，园中有一池盛开的荷花。荷叶密密麻麻，望去像是铺着一层湿漉漉的绿瓦地板。四周岸上陈列着一组姿态各异的黄铜兽像：有狮子、龙、独角兽。这并未对周围祥和的气氛有丝毫破坏，反而更增添了几分宁静。整个景致布局完美，如画一般，令人目眩神迷，流连忘返；没有夸张和浮华的装饰，也没有刻意的争奇斗艳，就连高悬在蓝瓦屋顶上方的无与伦比的卡拉卡尔山顶峰似乎都服服帖帖地归顺于这幅精致典雅的天然画卷。

巴纳德惊叹道：“太美了，一个如此小巧玲珑而又神奇的地方！”他们跟张走进一个四方开空的亭子，这更让康维高兴。亭子里有一架拨弦古钢琴和一架现代钢琴。康维觉得这似乎是整个下午所见到的所有神奇之事之物中之最甚。而张也很坦诚地回答了他所有的问题，张对他们说，僧侣们极为敬重西方音乐，收有欧洲所有经典曲目的乐谱，可以用各种不同的乐器演奏其中的一些名曲，他们尤其喜欢莫扎特。

巴纳德一直操心着交通运输的问题。“这钢琴该不会也是从我们来的那条路上弄进来的吧！”

“确实别无他路。”

“是吗，这简直可以解释一切了！那么，看样子再加一台留声机，一台收音机，就一切齐全了，不过你们还不了解现代流行音乐吧？”

“噢，没错。我们已经把报告送上去了，不过有人认为大山里面无法接收无线电波。留声机嘛，也早就向上面建议过，可他们认为没有必要太着急。”

“你就是不说，我也相信。”巴纳德回道，“我猜，那句‘莫心急’，一定是你们这个社会组织的口号。”他一阵大笑，然后接着说：“好吧，咱们具体说吧，如果到时候，上面决定要一台留声机了，那需要通过哪些程序呢？自然，厂家是不会把货送到这里的。我敢打赌，你们一定在北京、上海或者别的什么地方有代理人，而到你们收到货时，肯定每件东西都得花不少钱。”

可惜张不再像之前那样直率了。“你确实精于推理，巴纳德先生，但恐怕我不能再谈论这些事了。”

康维发觉他们再次处在那似是而非、隐隐约约、神秘无形的线索的边缘。他想尽快开始在脑海中把这条线索理出来，但是新的离奇与神秘一再影响并拖延着真相的显露。

清香的盖碗茶已经端了进来。就在这几个灵敏的藏族仆人进出的时候，一位身着汉装的姑娘也在几乎无人觉察之中走了进来。她直接来到拨弦古钢琴前弹起拉莫的一支加伏特舞曲。令人陶醉的第一声弦音响起，便在康维心中激起一阵惊喜与快意。

这首法国十八世纪如银铃般悦耳的乐曲，又与典雅华贵的宋代瓷瓶和精美妙俏的漆器，还有仙境般的荷花池融为了一体。

同样，这消散不去的芳香轻柔地缠绕着他们每一个人，似乎把穿越时代的不朽注入他们毫不相容的精神世界。

康维把注意力集中到弹琴人身上。细长的鼻子，高高的颧骨，白皙的鹅蛋脸——一位完美娇小的有着满族人模样的姑娘。她乌黑的长发梳到脑后辫成辫髻；她看上去那么标致乖巧；她那双唇就像一朵粉红色的牵牛花；她是那样文静，纤纤细手行云流水般在琴弦上舞动。一曲加伏特舞曲刚奏完，她便略施小礼退了出去。

张笑着目送她出去，随后带着一丝得意，问康维："您喜欢吗？"

"她是谁？"没等康维做声，马林森抢先问道。

"她叫罗珍，擅长弹奏西洋键盘音乐。她同我一样还没有完全进入佛门。"

"我想也没有，"布林克罗小姐叫道，"她看上去还不过是个孩子。难道你们这里还有女僧吗？！"

"我们当中没有性别之分。"

"你们这个寺庙真了不起！"一阵停顿后，马林森傲气地插了这么一句。

大家继续静静饮茶，谁也没有说话。拨弦琴的回音仿佛凝留在空中，成了一个奇怪的符咒，让人难以忘怀。不久，张领着他们走出亭子，他希望这次游览愉快有趣。康维代大家表示了谢意，还不忘客套一番，张也恳切地表示，自己同样十分愉快，并且欢迎他们在逗留期间随意使用音乐间和图书室。康维一再答谢。"可那些僧人怎么办呢？"他又加了一句，"他们不也得使用吗？"

"他们会很乐意让给贵客们使用。"

"真慷慨啊！看来僧人们都知道我们了，无论如何，这更让我感到像在家一样亲切。张，我看你们这里的人员配备一定是一流的，刚才那位小姑娘真是弹得一手好琴，请问她芳龄几许？"

“怕是不便相告。”

巴纳德笑道：“你们不会也有为小姐女士们隐瞒年龄的习惯吧？”

“是的。”张答道，脸上露出一丝笑意。

晚餐过后，康维趁机甩开其他几位溜了出来，来到月光如水的静谧的小院中独自散步。

香格里拉如此可爱，那深深蕴含于它秀丽高雅的芯蕊之中的神秘让人怦然心动。空气清冷，仿佛已停止流动，卡拉卡尔山巨大的顶峰望之巍然，显得比在白天时近了许多。康维浑身轻松舒展，心情分外畅快，精神也相对安宁；而他的理智却同心境不能一致，他既有些激动，又有些困惑；他早已在心中揣测的那条解开秘密的线索渐渐清晰起来，但只足以解释那令人费解的背景。这么多令人惊异的事情，如此巧合地发生在他和几个素昧平生的同伴身上，现在仍是悬而未决，成了大伙焦虑的源泉。他依旧不清楚这些人用意何在，但他相信最终一切会真相大白的。

他沿走廊来到那块斜倚在峡谷上方的小露台。晚香玉的香气袭来，满载着美妙的诗意。在中国，这叫“月夜花香”。康维异想天开地幻想着，这月色要是也有声音，那就必当是他刚听过的拉莫的加伏特舞曲。他又联想到那个小巧的满族姑娘，他先前甚至从来没想到过香格里拉会有女性；因为人们怎么都不会把她们与一般的寺院修行活动联系起来。最终，他还是觉得，这并非一个令人无法接受的创举，说实话，正如张先生所言，一个女性古琴演奏家，在任何一个包容中庸的社会中，都会是不可多得的人才。

他的目光越过山谷，扫向露台边缘下方一片蓝黑色的空虚。落差幽邃，大概有一英里深。他想知道是否会被允许到下面去领略一番聊天中常提到的山谷的文明。

这深藏在众多不知名的群山之中的奇特文化的袖珍之地，它的理念为某种隐秘的神权政治所支配。他就像一个历史系的学生，对此产生了浓厚的兴趣，何况，这寺庙还有着不知多少稀奇古怪的秘密。

突然，一阵清风吹来，从下面很远的地方隐约传来一些声音。他仔细听去，依稀可以听出有锣鼓声、唢呐声，还有人群的呜咽哭泣声，也许只是幻听。这些声音随风向的转变又渐渐消失了，不久又随风飘来时隐时现，断断续续地反复了一阵。这来自山谷深处的生命与活力的信号更加烘托出香格里拉的朴实和静谧。夜幕下她孤寂的庭院和苍白的亭阁将在悠悠的宁静中安眠，所有生存的烦恼都悄然而逝，只留下连瞬间都不敢跨越的一片静寂。这时，他的目光被露台上方一扇映出玫瑰色灯光的窗户所吸引，是否僧人们正在那儿全身心地静坐冥想，追求智慧？现在是不是就在进行那样的修行呢？

似乎只要进到最后那扇门，然后透过廊道看一看，这问题便可明白了；但他也清楚这种机会是缥缈的，何况他的行动，实际上一直处于监视之下。

两名僧人脚步轻盈地从露台上走过，然后走到护墙旁边闲逛起来。两个家伙看上去很风趣，一扭身，把随意裹在裸露的肩膀上的彩色披袍脱了下来。又一次传来锣鼓和唢呐声。康维听见其中的一位僧人小声问另一位什么，那位回答说：“他们已经把塔坦埋葬了。”但康维对藏语一知半解，他希望他们继续讲下去，单凭一句他无法猜测出多少内容。隔了一会儿，刚才提问的那位僧人又开口了。另一位的回答康维只能听懂个大概：

“他死在外面了。”

“他是去执行香格里拉首领的命令。”

“他是坐着一只鸟儿飞过大山回来的。”

“来了不少陌生人。”

“塔坦不惧怕外面的风，也不惧怕外面的寒冷。”

“尽管他外出已经很久了，蓝月谷的人都还记得他。”

别的话康维就听不懂了。在那里等了一会儿，他就回到了自己的住处。

他听到的这些已经足以解开令他感到困惑的一些谜团了，而且是这样合乎情理，使他怀疑自己是不是作出了错误的推演。当然，他头脑中曾闪过这一念头，可是，一种原始而奇特的潜意识却总在否定这一切。现在他也认识到了这种不合理性，然而，离奇和荒谬又把它淹没。他明白了巴斯库尔的飞行并不是一个疯子毫无意义的轻举妄动，它是有计划、有准备，由香格里拉策划的一起事件。已死的飞行员有名有姓，从某种意义上讲，还是香格里拉的一员。现在正在悼念他。所有的一切都说明，那是一次有目的的而且非常高明的指令行动。连时间和距离都莫名其妙地按某种意图估算好了。那么，到底有什么意图呢？是什么理由让这四位偶然地坐上英国政府安排的飞机的乘客，突然被带进喜马拉雅东南面的深山峡谷里来呢？

康维不免被这一问题给惊呆了，但也绝没有对此感到恼火。现实已向他发起挑战，他也只有坦然面对，迎头而上，用理智的头脑去接受这一切，只是需要充分的耐心与努力。

他立即决定不向任何人——自己的伙伴或此地的居民——透露今晚他无意中听到的这令人毛骨悚然的发现，因为谁也帮不了他。更不能让这里的主人知道，毫无疑问，他们也无能为力。

第 六 章

“我想有些人注定得去忍受恶劣环境。”在香格里拉的第一个星期即将过去，巴纳德这样总结自己的感受，这无疑也是他吸取到的教训之一。

现在，大家渐渐习惯了每天的活动日程。由于张的安排，活动很充实，他们没有感到按部就班的烦闷；加上大伙都适应了这里的水土，只要活动量不大，还是蛮愉快的。

他们发现这里的天气是日间温暖，夜间较冷，而寺庙几乎可以说就是个避风港；卡拉卡尔山经常在中午时发生雪崩。山谷里还种植一种很好的烟叶，出产的食品和酒茶大都很可口，当然他们几个各有自己的口味和嗜好。实际上，他们就如同刚认识的小学新生一样不断发现彼此身上的特点，这些特点其他人都很莫名其妙地没有注意到。张总是那么有耐心，尽其所能地在粗陋之中营造一种轻松有趣的氛围，他带着大家游览，推荐活动，介绍书籍。无论何时，只要是饭桌上出现令人尴尬的停顿，或者在任何气氛宽松、需要随机应变的场合，张都用他和蔼、谦恭然而不失流畅的话语跟大伙调侃。但话题总是界线分明，有些他很乐意探讨，另一些事他则礼貌地谢绝，他不想因失言而惹得大伙不满，当然也就顾不得随时可能发作的马林森了。康维很想做一些笔记，以便给他不断积累中的资料再增加一些信息。巴纳德甚至拿西方那一套做法开起这位汉族人的玩笑：“瞧，张，这他妈的真是个够差劲的旅馆，你没派人送报纸来吗？我愿拿你们图书馆的所有书去换一份今天早上的《先驱论坛报》。”张回答时总是很严肃：“没有必要这么较真吧，我们有《时代》的合订本，巴纳德先生，是前两年的，但抱歉，是伦敦的《时代》——《泰晤士报》。”康维欣喜地发现，尽管下山十分困难，且绝无可能独自前往，但这山谷也并非无法接近。在张的陪同下，他们用了一整天参观了山崖边那一片翠绿的山谷，将那可爱而悦目的山谷秀色尽收眼底。对康维来说，这绝对是一次情趣盎然的旅行。

他们乘坐竹椅轿子，一路颠簸着翻过悬崖峭壁，而抬轿的却毫不费力地踏着崎岖山路直奔山谷。对于凡事总爱大惊小怪的人，这根本谈不上是路。然而当他们终于来到平缓的丛林密布的山麓丘陵地带时，这寺庙绝顶的地理位置就完全显示出来了。

这个峡谷是块群山环抱中的富饶乐土，几千英尺的垂直高度内竟包含了温带气候和热带气候。

这里旺盛而密集地生长着丰富多样的农作物，没有浪费一寸土地。整个耕作区延伸十多英里，宽度从一英里至五英里不等。虽然算不上很宽，却有幸能得到一天中最温热的阳光照射。即便是没有太阳直射，空气也已相当温暖舒适了，源自雪山的冰冷的溪流浇灌着这片土地。当康维抬头望向那巨大雄伟的雪峰时，他再一次感到这一旷世美景之中深藏着一种壮丽与险峻；鉴于那些天然的屏障，可以判断这整个山谷曾经是个湖泊，周围雪山高处的冰川曾不断地滋养补给过它。如今取而代之的是几条小河及淙淙溪流，它们穿过山谷注入水库，同时灌溉着农田和精耕细作的种植园，这套体系称得上十足的环保。整个设计规划不可思议的巧妙，更幸运的是，到目前为止，它的基本框架结构历经地震和山崩的考验却没有损坏和移位，完整地保留了下来。即使是如此对未来的隐隐担忧，也只能让人更加爱惜现在的一切。康维再一次被同样迷人而独特的魅力强烈地感染着，这甚至让他感到，在中国度过的那几年，他比别人过得更开心和充实。这片被群山环抱的广阔的断层山谷地带里，非常巧妙地点缀着玲珑的草甸和清爽的花园，溪水边立着漆过的茶馆和轻巧如玩具般的屋舍。居民们汉藏杂处，两种文化和谐相融。他们比一般的同种族人显得干净俊美一些，但似乎面临着在这个小小的社会里近亲繁衍的威胁。

当这几位陌生人乘坐轿子经过他们时，这些居民无不笑脸迎送，而且都友好地向张问候。他们和善可亲，性情幽默；好打听，但始终很有分寸；他们无忧无虑，虽然有数不清的活要做，但从不显得紧迫。总之，康维认定这是他所见过的最快乐的一个群体，就连那位总在窥探异教徒堕落迹象的布林克罗小姐都不得不承认，一切都还很不错，至少表面上如此。当看到当地人都穿戴整齐，就连妇女也穿着下摆紧束的中式长裤时，布林克罗小姐宽慰地松了一口气。而她肆意发挥想象，对一座佛教寺院详细观察之后的结果，也不过是有了一点点小发现：在某种程度上带有些许可疑的生殖器崇拜的色彩。

张介绍说这寺庙有自己的僧侣，但香格里拉对他们管得比较宽松自由，没有刻板地按同样的规定来管理。

除了寺庙外，峡谷深处还各有一个道观和儒家的祠。

"宝石是多面体的，"这汉族人说道，"而且许多宗教都可能含有自己适当的真理。"

"这我同意，"巴纳德热切地应和道，"我不信宗派攀比之说那一套。张，你真不愧是个哲人，我一定得记住你说的那句'许多宗教都可能含有自己适当的真理'。你们山上那些同道中也一定有很多贤明志士，也都对此明白了然。我能肯定你说得很有道理。"

"不过，"张像是梦呓似的说道，"我们对此也仅是予以适度的肯定。"

布林克罗小姐没有被这迷惑，在她看来这种氛围似乎太过懒散松垮。她还是坚持自己的看法。“等我回去了，”她抿着嘴说道，“我会请求教会派一个传教士到这里来。他们要是嫌开销太大，我会不停地施加压力迫使他们同意。”

这种心态再正常不过。就连对那些传教机构不太有好感的马林森都不禁感到钦佩。“他们就应该把你派来，”他说，“当然，那取决于你是否喜欢这个地方。”

“个人喜好不是问题，”布林克罗小姐驳道，“我自然不会喜欢这里——怎么会呢？这是一个自己应该去做什么的问题。”

“我觉得，”康维说，“如果我是传教士，我愿意放弃其他很多地方而选择这里。”

“要是那样，”布林克罗小姐急忙说，“显然也不会有什么成就。”

“可我根本没想过要有什么成就。”

“真是遗憾，看看这里的人吧，光凭自己喜好去做事可不对！”

“他们真是怡然自得啊！”康维赞叹不已。

“对！”布林克罗小姐激动地答道，“我看我真应当学习藏语了。张先生，借我一本入门书怎么样？”

张用优美的腔调回答说：“这不在话下，女士，我相当乐意。而且，我以为这个主意再好不过。”

傍晚，等他们回到山上的香格里拉寺，张马上就给她送去了书。

一开始，布林克罗小姐着实被这部由十九世纪一个德国人编写的大部头作品吓了一跳。她隐约猜到这属于不太严谨的“藏语速成”那类玩意儿。在那位汉族先生的帮助和康维的鼓励下，她很快上了路，而且，不久就尝到了甜头。同样，除了自己想象中那些千奇百怪的问题，康维也找到不少别的乐趣。在阳光灿烂、温暖宜人的日子里，他总会充分利用藏书馆和音乐室，也因此对僧人们良好的文化修养留下了更深的印象，他们对书籍的兴趣十分广泛，从古希腊语的柏拉图到英语的莪默[①]；从尼采的哲学到牛顿的理论，以及托马斯·莫尔、汉纳·莫尔、托马斯·穆尔、乔治·摩尔甚至有奥尔德·摩尔的著作，等等。康维估计其可能有两三万册之多，而他们究竟是用什么手段来选择并得到这些书籍的，同样耐人寻味。他也曾试图略施探究，看看近来是否有添加什么新书。但最终除了找到一本很便宜的复印本《西线无战事》以外他一无所获。在后来一次参观中，张告诉他，他们最新的藏书是二十世纪三十年代中期出版的，这些书确实已如期到达寺庙："您知道，我们总该让自己赶上时代的步伐啊。"

"也许有人未必同意。"康维笑着说道，"不过，你知道，去年以来，世界上发生了很多事情。"

"不过倒没什么大事，亲爱的先生。这在一九二〇年是无法预知的，即便到一九四〇年，也未必能很好地为世人所理解。"

"看样子你对眼下正在世界范围内蔓延的危机也不关心喽！"

"我会非常感兴趣的——不过现在还不是时候。"

"知道吗，张，我觉得我有点理解你们了。的确，你们的生活方式很不一般，比起大多数人，你们似乎不大关心时间。要是在伦敦，我连几天前的旧报纸都不愿意看；而在香格里拉，你们能看看一年前的旧报纸就满足了。两种情况在我看来也都合乎实际。顺便问问，你们上一次有访客是多久以前了？"

"这个……很遗憾，康维先生，我无可奉告。"

谈话往往以这样的回答结束，不过现在康维觉得这也并非那么让人难以接受。反倒是有时张滔滔不绝，讲个没完，让他更难受。随着相见次数的增多，康维越发喜欢张了，但一般的僧人不能与他接触令他颇感困惑，就算僧人们不可接近，难道没有别的神职

---

① 莪默·伽亚谟（1048—1122），古波斯哲学家兼诗人，信奉柏拉图学说，著有《鲁拜集》。——译者注

候选人了？

当然有，这就是那个小巧的满族姑娘。

他在音乐资料室中与之数次邂逅。可她不懂英语，而他还不想让她知道自己懂中国话。他不敢确定她仅仅是在弹着玩，还是在练习。她弹琴很正规，无论是指法还是姿势。她总是选些比较正统的乐曲，巴赫、科雷利、斯卡拉蒂，偶尔也弹弹莫扎特的。她似乎更喜欢弹拨弦古琴。而每次康维弹现代钢琴时，她总是静心倾听，会心地欣赏着。他无法知道她在想什么，也很难猜出她的芳龄。他一会儿怀疑她已三十好几，一会儿又觉得她不到十三。更离奇的是，他们谁都无法、也不可能断定一个人何以具有这种明显的、似乎不可能具有的面貌特征。

无所事事时，马林森偶尔也会来听听音乐，他发觉她对于他是个无法理解的命题。“我想不出她到底在这里干什么。”他还多次对康维说，“和尚这种行当，对张那样的老头也许还合适，可对一个小姑娘算什么？我想知道她来这儿多久了。”

“我也想知道，但估计没人会告诉我们。”

“我看她并不讨厌待在这里。”

“她看上去好像很麻木，与其说像人，倒更像个象牙玩偶。”

“这比喻可真够迷人了，不管怎么说。”

“这是实事求是。”康维笑道，“远不止于此，马林森，你要是再想想，这象牙娃娃毕竟颇有气质，穿着打扮也挺有味道，面貌姣好，琴艺更是一流，而且还不会像打冰球似的满屋乱窜，我看，在西欧缺乏这般德行的女性可不在少数。”

“你对女人也太苛刻了，康维。”

康维已经习惯这种指责。康维同女性的接触实在不多，偶尔到印度的山中避暑地休假期间，他好挑剔挖苦的名声就开始四处远扬。实际上，他曾和几个女人有过很好的关系，如果他主动的话，她们都会答应嫁给他。不过他从没开过口。有一回，他甚至准备去《早邮报》登一则结婚启事，只可惜那姑娘不愿意搬到北京来，而他又不愿去女孩所住的地方，彼此都很勉强，事实也证明两人谁都舍不得离开故乡。要说他对女性曾有过些许经验，那也不过是一种断断续续、没有结果的尝试。所以说，他并不是真正对女性有那么苛刻。

他笑着说道："我三十七——你二十四，我俩也就这岁数。"

隔了一会儿马林森突然问道："哦，那你说张会有多少岁呢？"

"任何年龄，"康维淡淡地答道，"四十九岁到一百四十九岁之间。"

康维这样的调侃，令几位初来乍到者对自己了解的情况也开始怀疑起来。几人的好奇和疑问经常得不到满意的答复，使得张一直想透露给他们的消息反而更加晦涩难解。这也没有什么好奇怪的。比如山谷里的各种风俗让康维兴趣浓厚，他认为这些谈话完全可以写成趣味盎然的学术论文。就像一个好钻研的学生，现在，康维特别感兴趣的是这里是怎样进行管理的。从观察到的情况看，他们显然实行一种松散同时也很灵活的专制制度，由寺庙漫不经心地负责着，可以说是十分人道的敷衍了事的管理。这一切当然得归功于长久的制度建设。

令康维不解的是，在这里，法律、秩序有何意义？这儿显然没有什么士兵或者警察，但肯定得有必要的规范和措施来约束那些害群之马？张说，寺区里犯罪极少。一部分原因是只有严重的事件才会被认为有罪，一部分原因是每个人的合理欲求都可以得到满足。寺区有权把冒犯者驱逐出山谷——这是不得已使用的最后手段，被视为最严重的惩罚。但主要的原因在于，蓝月谷的首领们一向注重培养人们的举止和风范，让他们认识到哪些事情是不应该做的，做了就会失去地位和尊严。"在你们英国不是也给人们灌输同样的观念吗？"张说，"不过在那些公立学校，恐怕就是另一回事了。比方说，我们的居民懂得，有些事不那样做就是对陌生人的不敬和怠慢，那样便会引起激烈的争执。而你们英国校长们倡导的什么模拟战争的游戏，在我们看来简直是野蛮的，那实在是对兽性的一种放纵。”

康维问这里是否从没有因为女人而起过争执。

“鲜有。因为夺人之爱被视作不道德的行为。”

“若有人非常强烈地想得到这个女人，管他道不道德呢？”

“好吧，亲爱的先生，如果另外那个男的把她让给他，这种举动是会受到赞赏的，而且，女方也得同样接受才行。康维，也许这让你吃惊，可大家多点谦让和礼貌确实有助于解决问题。”

当然，康维在参观当中发现处处有令他十分高兴的乐善行为和知足精神，他懂得所有政治和行政管理都无法达到这种理想境界。他对此大为赞赏，可张的反应却是：“您得明白，我们可是这样认为的：要想管理得十全十美，就不要管得太多太死。”

“他们还没有比如选举之类的民主制度吗？”

“啊，没有。我们的人民要是听到宣称有完全正确的政策或完全错误的政策这样的事，是会感到十分惊愕的。”

康维微微一笑。他感到这种想法十分古怪，不过令人同情。

这天午后，布林克罗小姐讲起学习藏文如何让她满意；马林森又开始发愁和抱怨；而巴纳德不知是真的还是故意做作，始终保持着一副自负镇静的神情。

“实话说吧，”马林森说，“这家伙那副得意相只会让我更加恼火。我知道他还是死不认账，关键是他说起瞎话就没完没了的，这真让我恶心。当心我们一不注意就会被他牵着鼻子走。”

有几次，康维也怀疑这美国人是否真能平静下来。他回答说：“他能把事情处理得这么妥当，这难道不是我们的运气？”

“我看这真他妈的够扯淡，你到底了解他多少？康维？比方说，他到底是什么人？”

“我并不比你更了解他多少，我只知道他是从波斯来的，估计搞过石油勘探。在上飞机之前，我还费了半天口舌，劝他跟我一路，他就是不肯，直到最后我告诉他，美国护照也没法帮他挡子弹，他才同意。”

“那你见过他的护照吗？”

“有可能，不过我记不得了。怎么了？”

马林森笑了一下，说：“也许你会认为我多管闲事，可我怎么会呢？如果在这里待上两个月，恐怕咱们每个人的秘密都会泄露出来了。就事论事地说，这事儿纯属意外。当然我没有告诉过任何人，我甚至认为连你也不能告诉，现在既然已经扯到这个话题上，也许我应该说上几句。”

“当然。可我不明白你指的是什么事情。”

“我指的是，那个巴纳德一直在用一张假护照旅行，但他根本不是巴纳德。”

“他是查莫斯·布赖恩特。”

“见鬼！果不其然！你怎么知道的？”

“今天上午他丢了一个袖珍笔记本，张拾到后以为是我的，就给了我。我翻看了一下，发现里面夹满了剪报。我一拿，有些就从里面掉了出来。我承认我无意中看了，反正是一些剪报，又不是个人隐私，或者说不会是个人隐私。想不到全是捉拿布赖恩特的布告，其中有一张剪报上还有逃犯的照片，除了小胡子不同外，绝对就是巴纳德。”

“你告诉巴纳德没有？”

“没有。我就是把东西还给他了，别的没说什么。”

“不过，那也只是一张报纸上的照片而已。”

“没错，是的。”

“我不想就由此断定一个人是罪犯，当然，你也可能是对的——我也不是说他完全不可能是布赖恩特。要真是他，至少可以解释他为何特别期望、特别喜欢待在这里——真是没有比这儿更好的藏身之处了。”

马林森颇为失望，他本认为他的重大发现会引起重视，谁知得到的却是如此漫不经心的对待。“那好，这事你打算怎么办？”他问道。

康维想了一小会儿，回答说：“我想不出什么主意，就当做没有这回事吧。谁又能做什么呢？”

“如果他真是布赖恩特，那真是活见鬼了。”

“亲爱的马林森，要是这人是尼禄，不知道他又会把我们怎么样！我说，管他是圣徒还是无赖，我们在这儿一天，就得尽量融洽相处。我觉得，我们不需要撕破脸皮，跟他摊牌，这解决不了问题。假如在巴斯库尔时我就怀疑他的身份的话，我当然会同德里联系，查询有关情况，这也是职责所在。不过，现在我觉得可以由他去。”

“你难道不觉得这太敷衍了事了吗？”

“管他敷不敷衍，我只看重是不是符合实际。”

“你的意思是，要我不去理睬我所发现的真相？”

“也许你办不到，但我们之间自然可以沟通，所以不要去纠缠他是巴纳德还是布赖恩特，还是别的什么人，重要的是要避免离开时碰到什么尴尬。”

“你的意思是咱们就放过他吗？”

“嗯，这不是我的原话，我的意思是我们可以把抓获他的乐趣留给别人。当你与一个人融洽相处了几个月，最后为他招来一副手铐，这似乎总有些不地道。”

“我可不这么认为，这家伙本来就是个大盗啊——我知道他害得很多人破了财。”

康维耸耸肩。他佩服马林森那种泾渭分明的态度。公立学校的道德水平也许粗俗，但至少也是不含糊的，一人犯法，谁都有义务把他送交司法机关。不过，康维对他犯的案子并没什么兴趣，他只有一种印象，觉得这是那类经济犯罪中比较恶劣的一种。他知道的是：纽约的大盗布赖恩特造成一亿美元的损失，把华尔街金融界搅得一塌糊涂。

某种意义上，可以说布赖恩特其实只是在华尔街瞎混混，如今却落了个被通缉追捕的下场。

康维最后说："好了，如果你听我的劝告，不要再扯这件事——不是为了他，而是为了咱们大家。自己留点神，当然，还得留个心眼，他也有可能不是那家伙。"

而这人确实是布赖恩特——那天刚刚吃完晚饭，事情就露了馅。当时张已经离开他们回去了，布林克罗小姐又开始读她的藏语语法了，剩下三位异乡人在咖啡的苦香和雪茄的烟雾中面面相觑。吃饭的时候，如果不是那个汉族人的随机应变，斡旋其中，谈话肯定会不断陷入僵局。现在他离开了，剩下的就是令人不自在的沉默。巴纳德头一回没有说笑话。康维明白要马林森若无其事地面对这个美国人也太勉为其难了，所以巴纳德敏锐地觉出了气氛有些不对头。

突然，他扔掉烟头，说："我想你们已经知道我是谁了。"

马林森的脸色一下变得局促不安，而康维却立即平静地回答他："对，我和马林森是这么认为。"

"都他妈的怪我不小心丢失了那些纸头纸片。"

"人人都有不小心的时候。"

"哦，你们竟对此如此平静，有意思。"

接着又是一阵沉默。最后还是布林克罗小姐打破了沉寂，尖声尖气地嚷嚷道："的确，我不知道你的真实身份，巴纳德先生。实际上，我一直认为你是在隐姓埋名地旅行。"他们几个都吃惊地望向她，布林克罗小姐接着说："我记得康维有一次建议大家把姓名写在信里，而你却说你无所谓，我当时就想，巴纳德兴许并不是你的真名。"

这位罪犯强颜欢笑着，又点上一支雪茄。“女士，”他最后还是开口了，“你不仅是位聪明的侦探，你还为我的处境找到了一个很婉转的说法——隐姓埋名地旅行。你说得对极了。至于你们两位，我知道你们已经发现我的真实身份了，从某种程度上讲，我并不感到遗憾。要是你们都没看出什么可疑之处，我还会想方设法继续掩饰。但考虑到我们现在的处境，似乎再跟你们隐瞒下去是行不通的了。你们对我都很好，我不想捣乱。今后的日子，我们还得齐心协力，不论情况更好还是更糟，我们只有互相帮助，才有可能走出困境。至于以后的事情，就听之任之吧。”

康维盯着巴纳德，觉得他的话很通情达理——这样坦诚的赏识在这样的时刻很不合适，甚至有些古怪。看他这肥胖的大块头和好脾气，怎么也不能把这个幽默的慈父一般的人和一个世界级大骗子联系到一起，想起来也不免荒唐。

他看起来完全不像那种人。他受过良好的教育，本该成为一个很受欢迎的私立学校校长。他轻松快活的表情背后，似乎始终隐约带着不久前产生的紧张和焦虑；但这并不是说那快活劲是强装出来的。粗略看来，他显然是表里如一的：就天性而言，是只羔羊，从职业上来说却像条鲨鱼。

康维说：“好吧，我看这是最好不过的办法了。”

巴纳德笑了，好像拥有一种只有此刻才能发挥得出的更深刻的幽默感。“老天，这可真够奇妙了。”他喊道，一面摊开四肢倒在椅子上，“本来整个儿一桩他妈的倒霉事，我是说，先是横穿欧洲，然后经土耳其和波斯最后摸到那个破破烂烂的小镇！警察一直跟着我，听着——在维也纳他们几乎逮住了我！被人追捕的感觉起初还很刺激，不过，很快就让你紧张不安，好不容易在巴斯库尔才得到了喘息的机会，我当然知道暴乱中会更安全些。”

“果不其然，”康维笑道，“除了子弹。”

“是啊，总算不用东逃西窜了吧，哪知道枪子儿又来捣乱。

跟你说吧，当时这可是个非常艰难的抉择——是留在巴斯库尔吃枪子儿呢，还是乘坐你们英国政府的飞机撤离，然后发现在终点有副手铐在等着我。不论怎样，我可都不甘心啊。”

“我记得，当时你确实如此。”

巴纳德又笑起来。“是啊，所以你们也能明白，当初的计划完全打乱，飞机把我们带到这里，而我并不感到多么担心。虽然目前这一切在我们看来还是个天大的秘密，不过，对我个人来说，这再好不过了。既然已心满意足,还发什么牢骚？我不是那种人。”

康维回以更诚挚的微笑，说道：“这再明智不过了。但我认为，你做得似乎过了点，你究竟为什么能如此无忧无虑，这反倒引起我们的怀疑。”

“那么，我确实是太过满足了吧。其实你一旦适应了，会觉得这个地方一点也不差嘛，虽然有些冷，但什么事都不可能完全称心如意的吧。要说换换环境，这可是个清静的好去处。每年秋季我都去棕榈滩疗养，可那种地方总是充满了一成不变的喧闹，而在这里我想我正好实践了医生的嘱托，而且这种感觉妙不可言。我吃着跟以前完全不同的东西，也没有电影看，我的经纪人也不会打电话找我。”

“我敢说他一直等着和你联系上呢。”

“当然。总有那么一点杂务还得要料理下，这我知道。”

见他说得如此轻松，康维忍不住回道：“我可不大了解人们说的什么高额融资。”

这美国人相当直率，他欣然承认道：“高额融资往往代表着一派胡言。”

“难怪我经常怀疑。”

“听着，康维，我给你打个比方。一个木材商人，他干了很多年，而且是其他很多商人也一直在做的行当。有一天，市场行情却突然对他不利，他束手无策，只有强打精神等待转机，可是这转机不知怎么，并没有像往常那样到来，而当他损失掉差不多一千万美元时，他在某张报上读到一个瑞典教授预言说世界末日就要降临。那么我问你，类似这种事能挽救市场吗？当然，这让他稍稍吃了一惊，可他还是无法摆脱困境。直到警察来了，他仍在那儿——如果他确实正在等着他们。不过我可没这么干。”

“你觉得这一切只能怪他时运不济，是吗？”

“唉，我确实有一大笔财富。”

“还包括别人的钱。”马林森愤愤地插了一句。

“是的，的确是这样，但这是为什么呢？这是因为他们都想不劳而获地捞一把，自己却没有本事。”

“我不同意。这是因为他们信得过你，并且相信他们的财产会安然无恙。”

“嗨，什么安全，哪里有安全？任何地方都没有安全可言。那些认为安全的人，就像一大群企图拿一把伞躲过台风的笨蛋。”

康维安慰说：“我们都觉得你也不可能对付台风。”

“我甚至不能假装去对付它，就像面对咱们离开巴斯库尔以后的这些事情你也无能为力一样。当时你在飞机上一直保持死一般的冷静，而马林森在那儿坐立不安，我知道你明白你对此毫无办法，也毫不在乎，正像我自己面临功亏一篑时一样的感觉。”

“胡说八道！”马林森大声地说，“任何人都不应搞诈骗，玩游戏就要守规则。”

“当整个游戏全都乱了时，还有什么规则！再说这个世界上谁懂得规则？哈佛、耶鲁大学的教授们也未必讲得清呢。”

马林森轻蔑地反驳道：“我指的是平常生活中那些简单的规律。”

“那么，你说的平常生活中应该不包括经营信托公司吧。”

康维马上打断了他们：“我们最好别争执。我并不反对你把你的事与我的情况相比。的确，我们不久前经历的那次被迫的飞行，确实违背了我们的初衷。但是现在我们都在这儿，这是最重要的。

我同意你说的发牢骚没有用，但想想这事这么奇怪，四个人偶然之中坐上飞机，却被绑架到这么远的地方，而其中的三位竟都在这儿找到了一些慰藉。这就好比你想做疗养，同时还得到一个藏身之处。布林克罗小姐觉得是主在召唤她给未开化的藏族人传播《圣经》。”

“那你所说的第三个人是谁呢？”马林森插嘴道，“千万别是我。”

“我所说的自然也包括我自己，”康维答道，“而我的理由也许再简单不过——我乐意待在这儿。”

不久，康维照常来到外面的露台和荷花池边散步，这渐渐成了他每晚的习惯。他的整个身心感到一阵说不出的舒坦与安逸，的确，他太喜欢香格里拉了。越是平静，她的神秘感就越撩人心魄，而且是那么惬意而愉快。这些天来他对寺庙及这里的居民逐渐有了一种新奇的看法，这看法越来越明晰。他一直在琢磨它，同时仍保持着镇定自若，俨然一个正在思索一道深奥的题目的数学家，一边为它焦虑，同时又显得十分平静而且坚毅。

至于那位布赖恩特，康维认为最好还是继续把他当做巴纳德。他的是非和身份的问题渐渐淡去，只有他那句“整场游戏全都乱了”还深深印在康维的脑海中，这句妙语比这个美国人可能想表达的更意味深长。他觉得这话远不仅仅适用于美国金融、信托公司，还适用于巴斯库尔、德里及伦敦，还有诸如司令部、帝国大厦、领事馆、贸易租界，还有政府大楼内的晚宴等这类场合，这个正在重组的世界中处处弥漫着死亡与毁灭的气息。巴纳德的惨败也许比康维的挫折更富有戏剧性，毫无疑问这正常游戏的确已经乱七八糟；还好玩游戏的人们没有像游戏规则本身一样，瘫倒在那些不可挽回的废墟之上。从这方面说，银行家们才是不幸的。

可是，在香格里拉，一切都处在一种深沉的静谧之中。没有月色的天空中，星星用力地闪烁着光芒，而卡拉卡尔的顶峰也透出一抹淡蓝色的光彩。后来康维得知，若计划有变，脚夫可能不久就会来。他不会因为这等待的间隙而狂喜，巴纳德也一样。他脸上露出了会心的微笑，这很有趣，因为他突然意识到自己仍然很喜欢巴纳德。或许，他还没有发现个中乐趣。从某种程度上讲，为了一亿美元的损失把一个人送上审判台完全算不上过分。如果他只是偷块手表什么的那倒好办多了。可话又说回来，谁会把一亿美元给丢了？

但这时候康维脑子里想的却是什么时候才能与送货的脚夫一起离开香格里拉。他想象着那艰辛的漫漫旅程，以及最终到达锡金或巴基斯坦的某个庄园主的廊房时的情景——那时他会多么地高兴啊。不过也可能会感到有那么点失落。接着就是：初次见面时礼节性的握手和自我介绍，搁在休息厅前的走廊上的第一批饮料美酒，然后被古铜色的面孔上那双毫不避讳的怀疑眼睛盯着看。在德里，会见总督和总司令是免不了的；还有戴头巾的仆人们的额手礼；没完没了地准备和递交各种报告，或许还要回一趟英国，去白厅走访走访；在豪华游轮上玩几局牌，政务次官松弛软弱的手掌同你握手；接受报社记者的采访；听那些娘儿们虚假而生硬的性饥渴式的叫喊——“这是真的吗，康维先生？当时在西藏你……”有一件事是确凿无疑的，那就是凭这些奇闻逸事他足以在外边混吃混喝一个季度。可他乐意这么干吗？他想起戈登在喀土穆的最后日子里写下的一句话——“我宁愿像一个苦行僧那样生活，与救世主玛赫迪一道，也不愿夜夜在伦敦街头混饭吃。”康维对此并不一定会完全讨厌，仅仅是一种预料：用过去时描绘他的经历将是一种折磨，说不定还会让他感到些许悲哀。

突然，正在沉思中的他发现张已来到他的跟前。“先生，”这个中国人有些急促地小声对他说，“我很骄傲地给您带来一个重大的消息。”康维首先想到的是那些脚夫提前来了。也奇怪，他最近几天老想着这事。

他突然感到一阵极度的悲哀，虽然他已有所准备。“啊？”他应道。

张看起来很是激动。“亲爱的先生，恭贺您。”张说，“我很高兴能承担几分功劳——在我的多次郑重推荐之下，活佛做了决定，他要立即亲自接见您。”

康维瞪大了眼睛。“你的话不像平常那么清楚流畅，张，出了什么事？”

“活佛派我来找你。”

“我想是吧，可怎么这么大惊小怪？”

“因为这是破例、没有先例的事情。连我都一直渴望有这种机会却未敢料想。而您来此还不到两个礼拜，就获此殊遇，以前可是从来没有过的呀！”

“我仍然有点迷糊，你知道，去见活佛——这不成问题，可是不是还有别的事？”

“这还不够吗？”

康维笑了。“绝对够了，请你放心吧——不要以为我不懂规矩。实际上，我脑子里有一个很奇特的想法。不过，现在可用不着关心。能见到这位绅士，我当然深感荣幸。什么时候呢？”

“现在，我就是被派来叫你的。”

“会不会太晚了？”

“这不打紧。亲爱的先生，您马上就会明白很多事了。但愿我可以略表我的高兴，毕竟这段一直挺让人尴尬的时间——终于快结束了。相信我，很多时候我不得不拒绝告知你们一些事情，这在我也是非常厌倦的，而现在我非常欣慰，再也没有必要那么扫兴地去搪塞了。”

“张，你真是个怪人啊。”康维答道，“不过，咱们走着瞧吧，请您不用再说什么。我有很好的思想准备，感谢你好言相荐，那么请带路吧。”

第 七 章

康维跟着张走过那空荡荡的庭院时，内心出奇的平静，然而他的身心还是被一种渐渐强烈的渴望支配着。如果说这个汉族人真有什么弦外之音，那么康维马上就要跨过通向内幕的门槛。很快他就会得知，他那并不成熟的假设是否真像所有迹象表明的那样并非毫无可能。

抛开这些不谈，仅仅这次会面也无疑将会是意义深远的。他曾见识过许多古怪的头人领袖、部落首领，对他们怀着一种超然的兴趣，而且能准确地对他们作出评价。他也有种实属不易的天赋，能用自己实际上只是一知半解的各种语言，潇洒地来上几句客套寒暄。不过，在即将面对的这个场合中，兴许他也就只有做听者的份了。他发觉张正领着他经过一些他之前还没机会见过的房舍，在灯笼的照射下，这些房子都显得很可爱。不一会儿，他们爬上一把梯子，然后来到一扇门前，汉族人在门上敲了敲。门“呼”的一下打开了，开门的是个藏族仆人。他的动作如此敏捷，让康维不由得猜想他是不是早就在门后等了。这里处在寺庙的最顶层，与其他地方一样，有着精致高雅的装饰，不过最大的区别是这里异常干燥，闷热得让人难受，好像所有的窗户都紧闭着，而同时似乎有某种蒸汽供暖设备正在以最大功率运作着，随着康维每走一步，空气也越加窒闷，直到最后张在另一扇门前停下。这时若还能以身体直觉作出判断的话，大概会认为这是一间土耳其式浴室。

张小声对康维说了句："活佛要单独见你。"然后打开门，让康维进去，然后又慢慢地关上门，径自悄悄离去了。

康维进到屋里，呼吸着闷热而幽暗昏黄的空气，迟疑了片刻，整整过了几秒钟眼睛才适应了室内的昏暗。随后他意识到这房间顶棚很低，只有一张桌子、几把椅子等简单的家具。

一位瘦小、面色白皙而满布皱纹的老者静坐在一张椅子上。在昏暗的背景下是一个静止不动的身影，此番情景极像一幅用明暗对比法绘制的褪了色的古典肖像画。如果真有这样一幅画投射到现实中来的话，那就是它了。整个画面流溢着一种古典式的庄严。眼前的情景让康维产生了一种强烈而奇妙的感受，他甚至怀疑这一切是不是真的，而非仅仅是自己在这华贵而朦胧的温馨氛围里产生的错觉而已。在那双古朴神秘的眼睛的注视下，他感到茫然无措，不由向前迈了几步，又突然停下。椅上那人的轮廓稍稍清晰了些，但仍看不出是不是个血肉之躯；这是个穿着汉服的身材瘦小的老人。衣服上宽松的皱褶和镶边，与这无精打采的身躯形成了鲜明的对比。

"你就是康维先生？"他用漂亮的英语低声问道。他的嗓音听起来很舒服，带着一丝忧郁，宛如一种奇异的福音，流入康维的耳中。不过，他内心深处的那丝怀疑却让他以为这些感觉都是因为闷热造成的。

"正是。"康维答道。

那嗓音接着说："见到你很高兴，康维先生。我派人叫你来就是想和你聊聊。请在我身边坐下，别害怕，我是个于人无害的老头。"

康维回答说："我觉得能够得到您的接见，这是非同一般的荣幸。"

"谢谢，我亲爱的康维——按你们英国人的方式，我应该这么称呼你。是的，于我而言，这同样是个愉快的时刻。我眼睛不好，但请相信，我的心能看见你，眼睛也还看得到一点。我想，到现在你在香格里拉过得还舒适吧。”

“非常舒适。”

“那我十分高兴。张为接待你们尽心尽力。当然，他也非常乐意这么做。他告诉我，你向他问了许多有关我们这个寺庙和其他一些相关的问题。”

“我当然对那些事很感兴趣。”

“那么，要是你能安排得过来，我非常愿意向你介绍一下我们这个机构的情况。”

“那我真是不胜感激。”

“我也早有此打算也这么希望，但是，在我们这次谈话之前……”

在康维毫无察觉的情况下，他轻轻做了个手势，唤来一个仆人为他们准备一套典雅的茶点。

涂了木漆的托盘被端了上来，上面搁着犹如小鸡蛋壳一般的茶杯，里面盛着几乎无色的液体。康维对这种礼仪很熟悉，但没有流露出一丝随便。这时，那嗓音又接着说：“你熟悉我们中国的上茶方式，是吧？”

康维在一种莫名的冲动下，脱口答道：“我在中国住过多年。”

“你可没对张说过啊。”

“没有。”

“那么，我怎么会有如此荣幸？”

康维一向善于利用恰当时机来道明自己的动机，可是这会儿他大脑一片空白。最后他说道：“坦率说，也没有什么特别的原因，只是觉得有必要告诉您。”

“这理由再好不过，何况我们就要成为朋友了……现在，请你告诉我，这茶的香味是不是很独特？中国茶品种繁多且各具香味，这茶是我们山谷的特产，不过我觉得完全能够与其他品种媲美。”

康维拾起茶杯，尝了一口。这滋味是如此微妙且难以形容，幽灵一般的香味缠绕在舌尖之上。他说:“很可口，也很特别。”

“对，跟我们山谷里的其他草药一样，这茶独特而珍贵，你确实该尝尝，不过，当然要慢慢来——这不单在礼仪和品鉴上是必要的，而且也是为最大限度地体味品茶的乐趣。这可是从中国晋代顾恺之那里学到的著名训诫。他当年吃甘蔗，总是慢慢地不肯立刻去啃那多汁的精髓部分，他解释说咱这吃法叫‘渐入佳境’。你有没有研究过中国伟大的古典名著？”

康维回答说只是略知一二。康维心想，这么不厌其烦地兜圈子，谈话将会持续到茶碗撤下为止，然而他发现这茶还远远不够，他心里急着要听香格里拉的故事，但表面上却平静得很。无疑，活佛身上有某些顾恺之那种慢条斯理的特征。

终了，直到又做了一个神秘的手势令仆人撤走茶餐，活佛之口才像决堤之川，滔滔不绝地说起来:

“亲爱的康维，可能你对藏族历史的大致情况并不陌生。张说你经常泡在我们的藏书馆里，我想你已经熟悉这些地区粗略却异常有趣的历史了。所以，你一定知道，基督教中的聂斯托利派中世纪时在全亚洲流行过，即使在其衰败很久以后仍然延续着它的影响。

“十七世纪时，一个受罗马排挤的基督教福音布道会，发起一场基督教复兴运动，一些勇敢的耶稣会传教士们，流散四方，通过他们的推动与促进，数年间在广袤的地域里建起许多教会。这是件了不起的事，可至今很多欧洲人仍然不了解的一个事实是，拉萨就有一所这样的基督教传教院，且已存在三十八年了。那是在一七一九年，有四个天主教方济各会的托钵修士从北京出发，发起了一次去内地寻找或许残存的聂斯托利派遗产的活动。

“他们朝西南方向，经过兰州、青海，跋涉了好几个月，历尽了您可以想象的千辛万苦，途中有三个修士命丧，第四个差不多也只剩半条命。他无意中绊了一跤，跌进那条至今仍是进入蓝月山谷唯一通道的岩石隘道之中。在那儿他惊喜地发现了一群友善可亲并且生活富裕的人们，他们都保持了最古老的传统——对陌生人的殷勤友好。他康复后，便开始传教。当地人虽然都信佛，却愿聆听他的说教，所以他取得了很了不起的成功。那时还有一座古老的寺庙在同一座山梁上，但已处于物质和精神的双重衰落之中，而随着这位修士收获的日益增多，他萌发了在这块风水宝地上建一座基督教修道院的设想，在他的督促下，老的建筑得到修缮，并进行了大范围的重建。实现他这一设想的那一年是一七三四年，当时他五十三岁，从此便定居在此。

“现在我来告诉你一些关于他的事情。他名叫佩劳尔特，生于卢森堡，在投身远东地区的传教事业之前曾就学于巴黎大学、博洛尼亚大学等几所大学。他是学者，但总是亲自参加劳动。关于他早年生平的记录却很少，但无论如何，就他当时的年龄和职业来说，这并不奇怪。他非常喜欢音乐和美术，在语言方面有很强的天赋，在确定自己的职业之前，他已经尝遍了凡间的种种乐趣。因为在青年时代经历过战争，他深切地知道战争和侵略的残酷、恐怖。他身强力壮，在来到山谷最初的几年里和别人一样凭自己的双手劳作，播种庄稼，植树养花，一面向当地居民学习，同时也教给他们一些知识。他发现峡谷里有金矿，却不为所动。他更感兴趣的是当地的植物和药材。他谦虚、和蔼，一点也不顽固，他不赞成一夫多妻或一妻多夫，不过也找不出任何理由去斥责这里的人们对坦加司果的偏爱，他们认为这种果子有治愈伤病的功效，但它这么受欢迎主要原因还是它有一种温和的麻醉效果。实际上，佩劳尔特自己也多多少少有些上瘾了；他就是这样接受和宽容当地生活的方方面面，他觉得这没什么不好，况且自己也很痛快，作为回报他把西方的宝藏献给这里。他不是禁欲主义者，他从世上一切美好的事物中寻求欢乐。他一丝不苟地向当地人传授他那套有关烹调以及宗教教义手册上的知识。我希望给你留下这样一个印象，他是个真诚、勤劳、学识渊博同时朴素热情的人，虽然他身兼传教之任，却毫不嫌弃地穿上泥瓦匠的工装裤，亲身协助人们建造了这些房舍。这自然是一项颇为艰巨的工程，只有以他的自信和毫不动摇的坚定信仰才能克服。说他自信，是因为一开始，这项工程就是一个宏大的非凡设想，正是他的骄傲和自信促使他下定决心，在香格里拉的周边地带建造一座修道院。因为他相信，既然释迦牟尼能给人以启示，罗马当然也可以。

"但是随时间流逝，这个设想自然而然会慢慢让位于一个更切实际的计划。毕竟，好强心属于年轻人，而佩劳尔特等到他的修道院竣工之时，已上了年纪。严格说来，他的行为举止并不太合常规。不过，身为修道院的主持，那份摆脱正常压制的自在，也唯有在远得以年来衡量，而无法用里来计算的地方，才有可能得到。而山谷里的乡民们和僧侣们自己却无忧无虑，他们爱戴他，对他言听计从。随着时间一年一年过去，他们甚至开始崇拜他。

"佩劳尔特每隔一段时间就派人去北京递交主教报告书，但没有收到一次回音。他们推想一定是信使于途中遇难。佩劳尔特不愿再牺牲人命，后来便完全放弃了与主教的联系，这时大约已是十八世纪中叶，不过原先的一些信件可以肯定是寄到了，由此而引起一场对他活动的误解。一七六九年，有个陌生人给他带来一封十二年前的信，召他去罗马。

"假如这一指令没有被耽搁的话，他收到时该是七十多岁；而这时的他已八十九岁，很难想象他还能在大山和高原上艰苦跋涉。他恐怕还从未忍受过外面荒郊野地里狂风的摧残和刺骨的严寒。于是，他回了一封信，婉转地说明了情况，不过，那封信最终是否翻过了那些重重大山的阻碍却不得而知了。

"这样，佩劳尔特留在了香格里拉，这并非对上级命令的违抗，而是因为根本就不存在执行命令的可能。何况他已是垂垂老矣，死神可能很快就会给他无拘无束的生活画上一个句号。而到那时，如果他一手创建的机构开始发生微妙的变化，那自然会很是可惜，虽然并不让人吃惊。因为一般人不会认为一个孤立无助的人的消逝，会带走一个时代的习俗和传统。他希望在自己无能为力之时，能有一个西方的同事给予有力的支持；在铭刻着如此截然不同的历史印记的地方，建造这样一座修道院也许是错了。他的希望也许确实有些过分，但是要求一位满头白发、饱经风霜，眼看就要满九十岁的老人，去认识自己曾经犯下的错误，难道不更过分？而佩劳尔特始终也没有认识这个错误。他毕竟太老了，而且度过了太过快乐的一生。甚至当他以前那些坚定的追随者都忘掉了他的教诲的时候，山谷里的人们仍然如此虔诚地爱戴他，因而对于他们又回复到原先的习俗中去，他也平和地予以宽恕了。但他仍然很活跃，仍然才思敏捷，他在九十八岁那年开始研究佛经，并且下了决心要投入自己的全部余生去完成一部抨击佛教故步自封的著作。他确实完成了它（我们保存着他的全部手稿），然而他的抨击其实非常温和，这是因为那时他已经达到一个圆满的年龄——在这个年纪甚至连最尖刻的锐气都会轻易消失。

“与此同时，你也可以想到，他早期的信徒一个个谢世了，而且也只有很少几位接班人。而老方济各会门下的人数便逐步递减，从曾经的八十多个，减少到后来的二十个，最后只剩十二个人，而且大部分都已很老了。此时，佩劳尔特的生活很平静，不过是在安静地等待那最后的时刻。因为太老，他不再有疾病或者不满足这样的困扰，他现在唯一需求的只有那永恒的长眠，而他并不害怕。山谷的人们都出于好心，给他送吃的送穿的。他不时去图书室活动活动筋骨，虽然已是虚弱不堪，但他仍坚持去完成他的例行公事。剩下的消闲日子，他就与书为伴，在回忆和自我陶醉中度过。

“他的神志仍旧异常清晰，甚至开始研究起神秘的印度‘瑜伽’。这功夫是基于各种特殊的方法进行呼吸的。对于一个如此年迈的人来说，这种运动似乎只会有害无益。果不其然，不久，在那个值得纪念的一七八九年，山谷民众得知了他已卧床不起的消息。

“当时他就躺在现在这间屋里，亲爱的康维，透过窗户，他那双孱弱、疲倦不堪的双眼可以看见一片模模糊糊的白色，那便是卡尔卡拉山；可他的心灵能更清晰地看到那无与伦比的轮廓。半世纪之前，初次望见它的时候就将它铭刻在脑海中了。接着，他一生所有那些沧桑经历都神奇地重新浮现在他眼前：多年在沙漠和高原的旅行，西方大城市里的人山人海。他的神志已经蜷缩成一片雪白的平静。他已经准备好没有遗憾地死去。他招呼朋友和侍从们到他身边，向他们做了最后告别，然后要求独自待一会儿。在一片孤寂中，他的身体慢慢往下沉，他的意识开始飘散……他希望自己的魂魄也能得以解脱……可一切并非如他所愿。他一动不动、沉静地躺了几周，竟慢慢开始康复，这年他已一百零八岁。”

这轻声独语停了下来。康维略微有些激动，在他看来，活佛是在缓缓地描述着一场遥远而神秘的梦。过了一会儿，活佛接着说：

“像在死神门槛徘徊过的任何人一样，佩劳尔特重返人世时也带回了某些意味深长的幻觉；至于是什么样的幻觉后面再讲。我想先谈谈他后来的一系列古怪的行为举止。他并没有好好休息，静养身体，相反，没人想到他竟然立刻开始了极为严酷的自我修行，还服用一些有麻醉作用的药物，吃一些药丸，进行深呼吸训练——这未免也太藐视死亡了。可事情就是这样，在一七九四年最后一个老僧侣去世之时，佩劳尔特仍然活着。

“当时，这几乎让香格里拉的每个人都发出一丝带着点反讽的微笑。这位干瘪的方济各教士停止了衰老，现在又搞起神秘的仪式，于是在峡谷人的眼中，佩劳尔特成了一位独居在巍峨峭崖上的具有神力的隐士，充满无限神秘。不过，他还通过一套过时的办法潜移默化地让人们以为爬上香格里拉，留下一点供品或者贡献点必要的劳动，便会带来好运。他给所有朝圣者赐福——这些人就像是离群的歧路羊羔——虽然他也许很容易就会忘掉。而现在，山谷的寺院中既可以听到‘赞美我主’①，也同样可以听到‘唵嘛呢叭咪吽’②。

“新的世纪到来，这传说竟慢慢演变成一个荒诞而神奇的民间故事——都说他已变成了一个创造奇迹之神，在一年的某天夜里，他会手持蜡烛飞到卡拉卡尔山的顶峰上烛照天空。因为在月朗星稀的夜晚，山顶上总能看见一团微白的光晕。我不用再向你说明，无论佩劳尔特还是别人，总之没有人曾登上过那山顶。不过，也许实际上我已经提到了，因为有一大堆模糊不清的证据说明佩劳尔特曾做过，而且有能力做出任何不可能之事。设想一下，比如说，也许他掌握了‘轻功’或者什么腾云驾雾的功夫，就像许多佛教的玄说妙想里描述的那样。然而，更确切的事实则是，他曾在这上面进行过许多次尝试，但均以失败告终。不过，他也有所收获，他发现了一般感知出现障碍可以在其他观念的发展上而得到弥补。他甚至练成了心灵感应术，这也许很了不起，可是他并没有强迫自己修成任何一种专用于治疗康复的功夫。不过，仅仅他的在场就能对周围的人们身上的某些病症产生一些积极作用。

“也许你很想知道他是怎样消磨这段前所未有的岁月的吧。我这么说吧，他没有在通常的年龄去世，所以，当他面对之后的未来时，开始感到无所适从。如今，一切最终证实了自己绝非凡人，那么可以相信这种反常可能会保持下去，但同样可以料想到也随时可能一命呜呼。正因此，他也就不再患得患失，现在他可以开始自己一直渴望但几乎不可能实现的那种生活了。他已饱经

---

① Te Deum Laudamus，早期基督教的拉丁文赞美颂。——译者注

② Om Mane Padme Hum，佛教六字真言，藏传佛教徒经常念诵此真言。——译者注

世事沧桑，人生浮沉，而内心却一直保持着学究式的宁静平和。他的记性好得惊人，似乎摆脱了生理的束缚，达到了一种极度清晰的超然境界，他几乎可以轻松地学好任何东西，甚至比学生时代那种‘无所不通’的状态还要更强。他抛弃了书本，除了极少几本从不离手的工具书。你听了肯定会感兴趣，他很快就靠一本《英语语法字典》阅读起弗洛里奥英译的《蒙田随笔》。他就是这样精深地掌握了你们英国人错综复杂的语言的。我们藏书馆里现在还存有一本他最早的习作手稿——把蒙田的散文《论虚荣》译成了藏文。它肯定是一个孤本。”

康维听到这儿笑道：“有机会的话，我倒要看一看呢。”

“非常乐意。想想看，这是个多么超乎寻常的成就，可再一想，佩劳尔特也达到了一个超乎寻常的年龄，要是没有这种事情可干，他该会有多苦闷。就这样，一直到了十九世纪的第四个年头，也就是这一年，在我们的历史上留下了一个重大的事件。那年，蓝月山又来了第二个欧洲人。这个人叫亨舍尔，是个年轻的奥地利人，在意大利当过兵，参加过反对拿破仑的战争。他是贵族出身，涵养颇高，且风度翩翩。可惜战争摧毁了他的大好前程，他带着一种模模糊糊的想要补偿自己的念头四处游荡，从俄国来到了亚洲。至于他是怎样奇怪而精准地来到这片高原山谷的，那肯定相当有趣，可连他自己都说不清楚。他的经历就是当年佩劳尔特经历的重演。他到达山谷时差不多已经半死。香格里拉又一次张开她热情温暖的怀抱，这位异乡人很快恢复了过来——而同时也就此打破了一项史无前例的纪录。佩劳尔特忙着布道传教并开始引导当地的居民皈依基督，可那位亨舍尔却立即迷上了金矿，他首先想到的是塞满自己的口袋，然后赶快回欧洲去。

“可是，他没能回去。发生了一件怪事。说怪也不怪，因为打那以后这类怪事就层出不穷。他对这个山谷，这片与世隔绝、和平安详的自由乐土流连忘返，一再拖延动身的日期。一天，他听到当地人的那个传说，便上了香格里拉，第一次拜见了佩劳尔特。

“说实在的，那真是一次历史性的会见。要是说佩劳尔特多少有那么一点不近人情，缺乏亲近感的话，他还是给予了这青年人一份宽容和仁慈，这带给了他一种如坐春风的感觉。我不想细说他俩之间达成了什么默契，一位显得敬佩不已，而另一位则乐于分享自己的知识，他们欣喜若狂，认为这是世间唯一属于他们自己的现实，那就是他们曾经那些疯狂的梦想。”

趁着这一时的停顿，康维平静地说道：“很抱歉打断你，不过我有点迷糊了。”

“我明白。”这柔和的回答声里充满了同情，“现在，要是你不介意，我们先来谈一些更简单的。这件事你会感兴趣的，除为藏书室收集图书和欧洲音乐资料外，亨舍尔开始收集中国的艺术品。他还历尽千辛万苦去了一趟北京，并于一八〇九年带回第一批货，以后就再没离开过峡谷。但是，足智多谋的他创造性地设计出了香格里拉从外界进货的复杂制度，使寺庙从此可以从外界获得任何需要的物品。”

“是不是你们发现用黄金来付货款很方便？”

“没错，我们十分幸运能拥有这么一种外界如此珍视的矿产资源。”

“如此珍视……你们还幸运地躲过了淘金热。”

活佛点了点头，明确地表示同意：“亲爱的康维，其实那一直是亨舍尔心头一患，他也十分谨慎，绝不让那些运送书籍和艺术品的脚夫们进入山谷太深。他让他们把货物留在离山谷一天路程的地方，然后由山谷里乡民们自己搬回来。他甚至设立了岗哨，坚持让人一刻不停地看守隘道。不过最后他想到了一种更简单也更彻底的保护措施。”

“是吗？”康维的声音里有一丝紧张。

“其实，你想想看，这里根本不用担心有什么军队入侵，因为鉴于这里特殊的自然环境和偏僻的地理位置，那是绝对不可能的。能来到这儿的只能是些走迷路的流浪汉。就是带有武器，等到达这里也很可能因为极度虚弱而不会带来丝毫危险。这样就决定了此后陌生人能够自由地进来——但除了带上重要的文书外什么也不能带。

“过了好些年，的确来了些这样的异乡人。一些汉族商人冒着重重危险，进入到高原的横断山区，然而那么多条可以走的路，他们却偏偏上了这条崎岖的山路。还有些游牧而生的藏族人，离开了部落四处漂泊，迷了路，最后像疲惫不堪的动物一样，流落到了这里。他们都受到欢迎，不过也有一些，他们到达这避风港般的山谷只不过是来死在这儿的。在滑铁卢战役那年[①]，两个英国传教士经陆路来到北京，然后通过一个不知名的峡谷越过群山到达山谷，他们运气格外好，整个行程顺利安稳得就好像是来进行一次访问。一八二〇年，一个希腊商人在他疾病缠身、饥不择食的仆人的陪伴下爬到山谷附近，在峡关最高的山岭上被发现时，他们已经半死。一八二二年，三个西班牙人偶然听得有关黄金的传言，想方设法到了这里，结果四处寻找无果，只得失望而归。再一次是在一八三〇年，来了一大伙人，包括两个德国人、一个俄国人、一个英国人和一个瑞典人。他们在当时正兴起的科学探险的动机驱使下，经过千难万险翻过天山山脉，之后继续往南进发，在眼看就要抵达时，香格里拉对客人的态度稍稍发生了一些变化——现在那些有幸找到通往山谷之路的来客不仅受到欢迎，而且，如果他们碰巧已到了一定距离之内，就会有人前去迎接，这已成了习俗。而这种态度的调整都只为一个缘故，这个我们后面再谈。不过，有一点很重要，那就是这说明寺庙对于客人不再是被动等候；目前，这里需要，而且热切等待着新客的到来。确实，之后的几年中，恰有不止一伙的探险者，在他们有幸首次眺望卡

① 即1815年。——译者注

拉卡尔山真容之时，就遇上带着热诚的邀请书的信使相遇——一封几乎不会被谢绝的邀请书。

“同时，寺庙开始形成一些新的特色。我必须强调的一个事实是，亨舍尔是个天才、而且非常能干，香格里拉的今天不仅要归功于那位创建者，也得归功于他。是的，我一直认为这是理所应当的。每个方面在其发展的每个时期都仰赖于他热心而有力的支持，然而，他自己的损失却是无法弥补的，他在他的事业完成之前就去世了。”

康维抬起头，喃喃地重复道：“他去世了！”

“是的，死得非常的突然，是被杀害的，就是在印第安人暴动的那年。一位汉族画家为他画过素描肖像，让我给你看看——那幅画就在这里。”

活佛再次轻轻做了个手势，随即进来一位仆人。恍惚中，只见这位仆人掀开屋子另一头的一小片帘布，然后用一盏摇曳着的灯笼照亮了黑暗。这时，康维听见那低沉的嗓音请他走过去，但奇怪的是，康维觉得费了好大劲才站起身来。

他脚趔趄了两下，径直走到这晃悠悠的光晕中。这幅素描很小，但丰满的笔调制造出蜡像般细腻的质感。画中人物非常俊美，造型近乎少女一般俊秀，康维感到这俊美之中奇妙地透出一种个性十足的魅力，几乎超越了时间、死亡和技巧的限制。但最不可思议的是，他在一番满怀景仰的屏气凝神之后，深深叹了一口气时，方才注意到这是一张年轻的脸。

他一面往回走，一面语无伦次地说：“可是……你说过……这幅画是在他生前所作的呀？”

“是的，惟妙惟肖。”

“那你是说，他就是在那一年死的？”

“是的。”

“而你告诉我他是一八〇三年来这里的，当时还是个小伙子？”

“是的。”

康维一时半会儿无言以对，他在一番冥思苦想后说：“他是被人杀害，你是这样对我说的吧？”

“是的。一个英国人开枪打死了他，是在这个英国人到香格里拉几个星期之后，他就是那伙探险者中的一员。”

“是怎么一回事？”

“他们为脚夫的事大吵了一架，而亨舍尔只不过是想向他说明那项关于接待外来客人的重要规矩。这执行起来确实有些难度。不是说我已经衰老不堪，但自那以后，每遇上要施行这一条例，我也会感觉不自在。”

活佛又停顿了很长一会儿，这沉默中透出些许试探和暗示。当他重新开口时，特意加了一句：“你也许想知道那个条例指的是什么，亲爱的康维？”

康维不慌不忙地用低沉的声音答道：“我想我已经能猜到了。”

“真的么，你能猜到？那么，你能否猜到我这新奇的长篇故事背后，还有什么吗？”

康维试图要回答，可脑子里却一片混乱。现在，屋子里到处铺满螺纹状的阴影，这位慈祥的老人就坐在阴影的中央。康维一直在全神贯注、一字不漏地倾听老人的叙述。也许他并没有弄明白老人所暗示的一切。此刻，他只是想找到一个有意义的表达，然而他已完全被惊讶和诧异淹没。他脑中那份不断聚集起来的肯定终于迸裂成话语。“也许这不可能，”他喃喃道，“不过我又禁不住往这方面想——这太令人震惊，太不可思议了——太难以置信了——但我也绝非完全不相信——”

“你是想说什么，我的孩子？”

一种莫名但震撼人心的激动在康维心中汹涌澎湃，但不知为什么，他也不去掩饰。他答道：“您老人家还活着，佩劳尔特老先生。”

第八章

康维和活佛同时沉默了。活佛要恢复一下精神，康维并不奇怪，谈了这么长时间，必定不是一般的劳神费力，稍休息片刻也不难理解。他觉得，不论是从谈话的技巧上来看，还是从其他角度来看，这段短暂的间隙都是合乎常理的，正如音乐里休止之前的婉转音符一样。这正印证了活佛心灵感应的功力，除此之外只能解释为巧合。他马上又谈起音乐。活佛说他很高兴康维对香格里拉的音乐收藏还算满意，康维适时作了礼貌的回应，说他自己也对这里收藏的欧洲作曲家的作品如此之完整感到吃惊。活佛对康维的赞赏表示感谢："啊，亲爱的康维，幸运的是，我们这里还有一位天才音乐家，他曾亲聆肖邦的指教。我们十分乐意让他全权掌管这里的音乐沙龙。你一定要见见他啊。"

"我十分乐意。说到音乐，张告诉我您最中意的作曲家是莫扎特。"

"这么说吧，莫扎特有一种既朴素又典雅的风格，非常舒服。另外，我们那位音乐家还建了一所房屋，里面的陈设相当独特。"

他们的交谈一直持续到茶具撤下为止。这时，康维突然十分平静地说："那么，让我们重新回到先前的话题，可以吗？哦，我想起来了，就是那个重要而固定的条件吗？"

"您猜得很对，我的孩子。"

"换言之，就是说您要我们永远留在这里，是吗？"

"我很想套用英语中一句很精到的成语，我们大家'在此永恒’。”

“但我一直想不通的是，世界上有那么多人，为何偏偏选中我们四个。”

活佛又恢复了刚才的神态，娓娓地谈下去：“说来话长，如果你愿意听的话，整个来龙去脉可谓异常错综复杂。首先你要明白，我们总是有目的地想办法让寺庙里的居民保持一定数量，只要有可能就不断补充新的成员——因为，先不说别的，我们很高兴有来自不同地区的不同年龄的人来此生活，他们是各个时代的代表。但近些年的欧洲战争和俄国革命使来西藏高原旅行或探险的人大大减少，几乎难得一遇。实际上，我们最后一位来访者是位日本人，他于一九一二年来到这里，不过说实话，这不是位有价值的人选。你知道，亲爱的康维，我不是江湖骗子，也不是什么赤脚游医，我们并不保证，也不能保证次次成功。有些来访者待在这里却没有任何收获，另一些也就仅仅是活到通常所谓的高龄，然后死于一些微不足道的小恙。我们发现，一般而言，藏族人因为习惯了高海拔这样的环境条件，不会像其他人种那样脆弱；而且他们心地善良，所以我们收留了不少藏族人，不过我想也没有多少人活过了一百岁。汉族人又稍好一点，但我们认为最好的人选是一些欧洲的拉丁人和日耳曼人，或者美国人也行。我认为我们非常幸运，因为终于在你的几个同伴中找到一位你这个国家的公民。不过还是让我继续回答你的问题吧。现在的情况是，正如我一直在说明的，我们已有近二十年没有进来新人了，同时却故去了好几个人，这就是问题。于是，几年前，我们峡谷里有一个青年想出了一个奇特的办法，这是个年轻的土著居民，绝对可靠，而且毫无保留地认同我们的目标，但是像所有这里的居民一样，因为自然的缘故而未能得到像有些远方来的人一样幸运的机会。他建议离开这里到周边的某一个国家带回来几个人，所用的方法也是前所未有的。从各个方面看，这都是一个具有革命性的计划，但是经过适当考虑后我们还是批准了，因为，你知道，我们香格里拉也要跟上时代的进展。”

“你是说，他是按照旨意被派遣出去，然后用飞机拉一些人回来？”

“哦，你瞧，他是个天赋异禀、足智多谋的青年，而且我们对他十分信任。那是他自己的主意，而我们也就放手让他去办。我们唯一了解的是他的计划的第一阶段，包括在美国的一所航校接受一段时期的训练。”

“可是之后的一切他又是怎么做得到的？这太偶然了，因为那架飞机刚巧在巴斯库尔……”

“没错，许多事要靠机会。机会终于来了，而这恰好是塔坦正在寻找的机会。就是没有这次机会，一两年之内也会有其他机会的——当然，也可能没有。我承认，当哨兵们告知他已经降落在高坝的消息时，我是相当吃惊的。纵然如今航空技术突飞猛进，可我以为，要造出能这样飞越群山的普及型飞机还需要很长时间。”

“那并不是一架普通的飞机，它是专门供山区飞行而制造的，很特别。”

“这也算是巧合吧？总之我们这位年轻朋友的运气格外的好。可惜我们无法同他谈这件事了，我们都为他的牺牲感到悲伤。你会喜欢他的，康维。”

康维轻轻点了点头，他觉得这是很有可能的。又一阵沉默后，他说道：“可这事的背后到底隐含着什么意图？”

“我的孩子，听你这样提出这个问题，我实在很高兴。在我如此漫长的一生中，还从未有人用这么平静的语气跟我说话。在我为人揭开事情真相的过程中，我见识了几乎所有想象得到的态度——愤怒、悲伤、狂暴、怀疑、歇斯底里——然而，除了今天晚上，我还从来没有见过任何人对这一切像你这样感兴趣。不过，我是真诚欢迎这种态度的。今天，你只是感兴趣；明天，你将深深关切；最终，也许我会要你献身于此。”

“这我恐怕不会答应。”

“对你的迟疑，我很满意——这是深刻的信仰的基础——不过，我们最好不要争论。你能感到有兴趣，已实属不易了。我有个附加条件，请先不要把我说的这些话告诉您那三位同伴。”

康维没有搭话。

“该他们知道的时候，他们自会知道的，就像你一样。若为他们着想，就不要操之过急。我深信你会很明智地处理这件事，所以我不需要你做出承诺，你会做得很好的。我知道，你我都考虑得很周全……现在，我要对你作一番速写，一定会让你满意的。你还年轻，按通常的标准，你的生活就像人们所说的，前程正好。在正常情况下你也许只有二三十年的时光，能够慢慢地度过，逐渐减少所从事的活动，这肯定不是惨淡的前程，我不希望你会和我有一样的看法——这会是一段贫乏、郁闷、发狂的插曲。然而，纵观人生，人的前二十五年毫无疑问是生活在懵懂的迷雾之中；后二十五年也很自然地要生活在暗淡而世故的阴影之下；夹在中间的只有二十五年，就剩这么狭小的一束阳光还有机会点亮人生的岁月啊！

“可是对你却不同，你很可能命中注定要幸运很多，按照香格里拉的标准，你的阳光还没有开始照射呢。这是可能的，今后几十年你将和现在一样，不会再衰老下去，像当年的亨舍尔那样青春永驻。但是，请相信，这还不过只是肤浅的起始阶段。等你到了其他人那样的年龄，会步入一个至高的境界，即使这一过程非常缓慢。到了八十岁，你依旧能像个年轻人一样爬到峡关里去，可是，到了这个岁数的两倍时，你就不要再指望这整个奇迹还会继续下去。我们不是奇迹的创造者，谁也征服不了死亡，甚至无法对抗衰老。我们已经做到的和我们有时能够做到的，只是延缓生命的节奏。在这儿，我们能够用非常简单的手段达到目的，而在别处这是绝无可能的。但绝不容许出差错，最后的终结恭候着我们所有的人。

“但即使如此，也是迷人的。我已经向你展示了一个非常诱人的未来——在长久的宁静中，你在悠然地观看云起日落。此时，外面世界里的人们正听着时钟的敲鸣，却没人在意此番美景。岁月来了又去了，你将从鱼水之乐中步入到一个节制、朴素然而同样惬意的境界，你会失去肉欲、食欲的热切渴望，可你得到的东西完全足以补偿它们，你将获得安宁，并有所领悟，变得成熟而睿智，还有清晰的记忆之美。所有这些好处当中，最宝贵的是你有了时间——那最珍贵而可爱的礼物——你们西方人越是追求却越是失去。你将会有充裕的时间来阅读——再不用为节省时间而走马观花或因唯恐太花时间而放弃某些研究。你也有相当好的音乐鉴赏力——那么，这儿有一大把可供你选择的乐谱乐器，平静而无限的时间将带给你最丰富的体会。此外，我们还觉得你很有人缘——难道这没有促使你去考虑建立一种明智而平淡如水的友情？一种长久而仁慈的心灵沟通以至于死神都不愿按惯例急着来召唤你。如果你喜欢独处，为什么不利用这里的亭榭使你的独自深思更有意义呢？”

声音停了下来，但康维并不想去填补这短暂的沉默。

“亲爱的康维，你一言不发。请原谅我说了这么多——我属于那种根本不在意油腔滑调和滔滔不绝是否不妥的年龄和民族……或许，你也正在想抛开处在另一世界里的妻儿老小？或是曾经的那些雄心壮志？相信我，尽管这份悲痛开始会很厉害，但那只是一时的。十年以后，连它的幽灵都不会再来缠你。不过，说实话，假如我没猜错的话，你本人并没有舍家之苦。”

这样准确地被他言中，康维大吃一惊。“您说对了，”他回答说，“我没结婚，没几个密友，也没有什么雄心壮志。”

“没有雄心？那你是怎样摆脱了那些无处不在的邪气的？”

康维第一次感到现在是实实在在的交谈。他说：“我总是有这样一种感觉，似乎在我的职业生涯里总是和成功擦身而过，让我相当苦恼，也许是因为还需要比我所料想的更多的努力。我只是在领事馆供职，这个职位很合我的脾性。”

“而你的心思并不在那上面？”

“别说心思，我连一半的精力都不肯花。我这个人很懒。”

那满满的皱纹加深变紧，过了很长一会儿康维才恍然意识到很可能是活佛在笑。接着，又传来那耳语似的低语：“干傻事时懒惰是一大美德啊。不管怎样，你都很难发现我们会强求谁去做什么事。我相信张一定给你解释过我们的中庸之道，其中一条就是我们要适度地行动。譬如我自己，曾有能力学好十门语言，如果我不节制，可以一口气学会二十种语言，但是我没有这样。其他方面，皆可以此类推。你将会发现，我们既不是纵欲者也不是苦行僧。在达到耳顺境地的年纪之前，我们与众同乐，而对年轻同僚们的欲求——峡谷里的妇女也乐意运用中庸之道来处理她们的贞操。我多方考虑以后，认为你不必费力就会习惯我们这里的这些做法。张也是这么认为的。所以经过这次见面以后，我得承认我在你身上发现了一种我在近一个世纪以来在其他来者身上从未发现的奇特的品质。不是那么玩世不恭，也不是疾恶如仇。也许有一部分的幻灭，但还有一副清醒的头脑。谁能料到在一个年纪小于一百岁的人身上找到这种品质？如果用一个词来表达，就是毫无激情。”

康维答道：“毫无疑问，真是一言以蔽之。我不知道您是否把所有外来者都要分门别类，如果是，您可以将我标注为‘一九一四至一九一八’的人，因为这四年的欧洲战争成就了我这个你们古董博物馆中独一无二的品种——同我一起来的另外三个不属同类。这几年中我耗尽了我的激情和能量。尽管我很少谈论此事，从那时以后，我只请求世人一件事：让我自由独处，别来打扰我。我到了这里后发现了吸引我的那种魅力、那份宁静。毫无疑问，正如你所说的，我会适应这一切。”

“说完了吧，我的孩子？”

“我希望我能恪守你们的节制的原则。”

“你很聪明——张也告诉过我——的确相当聪明。但是，你难道对我所勾勒出的前景没有什么更奇妙的想法吗？”

康维沉默片刻，回答道：“您讲到的那个已经发生的故事，我印象非常深刻，您对于未来前景的描述我也的确感兴趣，但老实说，我觉得它太过空洞和抽象，我看不到那么远。如果明天或下周，抑或明年就离开香格里拉，我肯定会很惋惜的。可我以为能否活到一百岁不是可以预言的。跟面对其他任何将要经历的未来一样，我可以面对它。但为了让我产生渴望，那就必须有些意义。我常常自问生命是否有意义，如果没有，活得再长可能更茫然罢了。”

“我的朋友，这座建筑既是属于佛教的又是属于基督教的，而它们的传统是绝对可靠的。”

“也许吧，但恐怕我还是搞不懂为何人们对百岁老人如此之羡慕。”

“至少有个原因是可以确定的，这也是他们愿意生活在世外桃源的唯一原因。我们不相信无用的尝试和纯粹的狂想。我们有一个梦境、一个幻象。这一幻象一七八九年佩劳尔特奄奄一息地躺在这间屋子里时第一次在他眼前出现。他回想着自己漫长的一生，就像我已经跟你讲过的，他感觉似乎所有最美好的事物都难以持久，转瞬消失，它们被战争、欲望、野蛮摧毁到一点儿不剩。他目睹过的景象一幕幕从他心中掠过，头脑中又浮现出许多其他情景；他看到一些国家强大起来，但不是表现在智慧上，而是表现在野蛮的狂妄上，这将带来毁灭；他看到它们的武器的威力在成倍成倍地增长，已到了一个人武装起来就足以与整个法王路易十四的军队相匹敌的地步。他设想把大地和海洋都堆满人类废墟后，他们就开始转向天空、宇宙……你能说这幻象不真实吗？”

“很真实。”

“但还不止这些，他还预卜到在将要来临的时代，人类为杀戮武器技术疯狂，而它马上就会在这世上猖獗横行，将会威胁到所有珍贵的东西，所有的书籍和艺术，一切和谐的、美好的事物，每一件保存了几千年的奇珍异宝，这些巧夺天工的精美物品将在毫无防备之中像李维的著作那样毁灭殆尽，或者像英国人洗劫北京圆明园那样被掠夺和焚毁。”

“在这方面，我完全赞同你。”

“可是，拥有理智的人类又拿出了什么合理的理由来反对机械文明呢？听我说，老佩劳尔特的想法是会变成现实的。我的孩子，这就是为什么我会待在这里，为什么我们会祈祷长命百岁以摆脱这场日日逼近的灾难的原因。”

“摆脱？”

“这就是机会。你用不着到我这般年纪，灾难就会过去。”

“您是说在香格里拉可躲过这场灾难？”

“也许吧。我们可以不指望上苍垂怜，但我们隐隐约约希望它会被外面的世界忘却。我们在这里读书、听音乐、冥想，去保存一个没落时代的脆弱光华，并寻求人在激情耗尽时所需要的那份智慧。有一份遗产需要我们去珍藏并让它永世流传，我们应该去尽力争取欢乐和幸福，直到那一刻到来。”

“然后呢？”

“然后，我的孩子，当强权者们同归于尽，基督教的伦理观念得以实现，温和柔顺的人们将会继承这个世界。”

这时，一缕明显的阴影笼罩了这位低声细语的老人，使康维不禁沉入一种美的陶醉之中。他再一次感到周围那滚滚的黑暗，仿佛外面的世界已处在暴雨将至的前夜，一场大风暴正在酝酿着。

康维看见这位香格里拉的活佛激动不已，突然从椅子上站起来，仿佛是神的化身。出于礼节，康维想要去扶他一把，可突然全身处于一种强大的冲动之下。活佛做出了一个他从未做过的动作，连他自己也没有意识到：他跪下了。

“我明白。”他说。

康维记不清自己是怎样离开的了。到次日下午还如在梦中，直到后来很长一段时间都沉迷其中。他只记得离开那些温热的房间之后，外面寒夜的空气格外的冰冷，张又出现在他跟前，悄无声息，陪他一起在月光朦胧的庭院中穿行。香格里拉还从来没把如此集中的魅力展现在他眼前，山谷如梦幻般静卧在山崖的边缘，仿佛就是一池静得凝固的水，切合他此刻平静的思绪。康维早已不会再感到惊奇。这漫长的谈话，涉及许多不同方面，给他留下一片空白，对他的理智和情感，还有他饥渴的灵魂方面都得到了安慰。甚至他的疑虑现在也已不再让他烦恼了，倒成了一种微妙的和谐。他跟张穿过院舍回去的一路上，两人都没有说话。他心平如镜，感到无限的平和、满意。所幸无人看见。这么晚了，所有的人都睡了。

第 九 章

第二天早上，他对他脑海里浮现的一切感到疑惑，分不清这到底是清醒的意识还是梦中的幻觉。

他很快让自己清醒过来。当他来到在餐桌旁时，三位伙伴便轰炸般地向他提出一大堆问题。“昨晚你和那个老头谈了很久吧，”那美国人问道，“我们本想等你回来，可后来太困了。他怎么样？”

“他有提到脚夫的事吗？”马林森急切地问道。

“我希望你向他提到了让一个传教士来此驻扎的事。”布林克罗小姐说。

面对这连珠炮似的问题，康维又像往常那样有所防范。“只怕又要让你们失望了，”他很快进入了这种防御状态，回答道，“我们没谈到传教的事，他也压根儿没向我提到什么脚夫，至于他的长相，我只能说他非常非常老，但他能说一口漂亮的英语，人也非常精明。”

马林森恼怒地打断了他：“对我们来说，重要的是他是否可靠。还有他有没有让我们离开的意思？”

“他给我的印象并不坏。”

“你怎么不向他催催脚夫的事？”

“我忘了。”

马林森怀疑地看着他。“我搞不懂，康维，看看你在巴斯库尔，干得他妈的多好，我不敢相信这还是你。我看你完全变成另一个人了。”

“我很抱歉。”

“没有什么好抱歉的，你应该振作起来，好歹像个样子。”

“你误解了，我是想说我很抱歉让你们失望了。”

康维的语气略显粗鲁，他想借此掩饰自己的感情。他心头很乱，旁人是很难理解的。不过，他竟能如此心安理得地搪塞，这让他自己也感到吃惊。显然，他想遵照活佛的建议，继续保守这个秘密；但他又很自然地感到为难。他这是在默认同伴们对他的批评。他们一定会认为他不够义气，就像马林森说的，难以将这样的家伙和英雄联系起来。康维不无惋惜地感到这个年轻人还是有他的可爱之处，接着他又冷酷地想到，那些崇拜英雄的人总归要面对幻灭的打击。在巴斯库尔，马林森还只是个毛头小子，对这位英俊的陆军上尉很是崇拜，可现在这上尉却正要从受人尊敬的位子上掉下来，如果说还没有倒下来的话。理想和希望的破灭总会让人有点悲哀，更何况虚假的理想；而马林森的崇拜，至少部分地缓解了他为掩饰自己而产生的不安。但无论如何，继续这样装下去是不可能的。香格里拉有一种纯洁的氛围——也许是因为海拔的原因——让人在这里很难掩饰自己的情感。

康维接着说：“你看，马林森，你这么翻来覆去地唠叨巴斯库尔的事，这没一点儿用。我确实跟原来不同了——咱们所处的环境也完全不同了啊。”

“在我看来，这倒是个文明程度更高的环境，至少我们知道要反抗什么。”

“谋杀？强奸？你就直说吧，如果你愿意这么说，那确实更加文明。”

这年轻人提起嗓子回敬道：“没错，我就是说这更文明——从某个角度讲。比起忍受这种神秘兮兮的故弄玄虚，我倒是更情愿面对这种事情。”突然他话头一转，说：“那么，那个家伙告诉你那个满族姑娘是怎么来到这里的了吗？”

“没有。他干吗要告诉我这个呢？”

“他干吗不告诉你？而你为什么没有问，如果你有那么一丁点在乎这事的话？一个年轻姑娘和那么多僧侣住在一起，这正常吗？”

康维此前还绝对没有想到，这小伙子会用这种眼光来看这件事。“这里可不是一般的寺院。”想来也没有更好的回答了。

“我的上帝，千真万确！”

接着是一阵可怕的沉默，他俩确实也争吵不下去了。对于康维而言，对满族姑娘的过去追根究底似乎毫无意义。在他的脑海里，这满族少女的形象是如此纯净，以至于他几乎感觉不到她就在这里。可正当他们提到满族姑娘，连吃早餐时都不忘钻研藏语语法的布林克罗小姐突然抬起头来（康维原本还以为她真的在拼命地钻研）。刚才关于女孩和活佛的谈话让她想起那些印度寺院中的风流故事，这些故事先是由僧侣们讲给他们的妻子，然后又由这些妻子传给她们那些未婚的女伴。“的确，”她抿着嘴唇说了句，“寺庙里的道德倒很难说呢。”她说着，一边像是求助一样转向巴纳德，可这美国人只是歪起嘴笑了笑。“我不认为你们这些人会把我的观点当做什么有价值的看法。”巴纳德干巴巴地说，“我想，既然我们来了这里，又已经待了一段时间，就应该审时度势，随遇而安才是。”

康维认为这是个很可取的建议，但马林森仍然心有不甘。“我很愿意相信，你会觉得这儿比达特莫尔更舒服。”他不怀好意地说。

“达特莫尔？啊，就是你们那个大牢房？——我懂你的意思。瞧，没错，我当然从来不忌妒别人的地方大。还有——你想拿它来挖苦我，这可不奏效，脸皮厚心肠软，这是我基本的综合素质。”

康维充满敬佩地看了他一眼，斥责地看了一眼马林森。然而他又猛然感到，这两人其实是在同一个舞台上表演，而那幕前幕后的一切只有他清楚。这个中缘由是如此难以说清，以至于他突然想一个人安静地待一会儿。他朝他们点了点头，便溜出来一个人到庭院去了。当他一望见卡拉卡尔山，所有的忧惧和疑虑便淡然消逝，三位同伴给他带来的烦恼和内疚感也在一种奇妙的对这个崭新世界的认知中消散。

有那么一会儿，他意识到，有时你越想弄清楚一件事，你就越一筹莫展，这种时候，你只得想当然地认为事情就该如此，因为那本该惊奇的事显得很无聊，而且惹人讨厌。因而，在香格里拉，他处变不惊的个性得到了更进一步的发展，以前战争岁月里练就的深沉镇定，现在也令他感到满足。他确实需要沉着，哪怕只是为了身不由已地去适应那种双重生活。之后一段日子，他与同伴们一道在等待脚夫的到达，期待着随他们返回印度。在别的场合，他脑海中多次浮现出一幅地平线的景象，仿佛一块大幕，时间延展而空间缩小。蓝月亮这个名称也带上了一种象征意义，就像未来的时光一样，如此美妙，让人充满期待，这是一种只有在那一弯蓝色的月亮中才能应验的梦幻。有时候让他自己也感到不解的是，他那双重生活到底哪一边更为真实，不过这并不要紧。他又会回忆起当年的战争场面，就算是在隆隆炮火之中，他也曾有过同样令人振奋的乐观，感到自己有很多条命，而死神只会带走一条。

此后，他经常和张谈论寺庙的规章制度和日常生活。张这时说话已经不再拘谨，康维从他口中了解到，张来到香格里拉的头五年生活平平，不修炼任何摄生方法。张说这里惯例的做法，是“使身体适应高原环境，也是给新来者时间消弭精神与感情上的伤痕”。

康维微笑道：“我想，你一定要说没有一种人类情感能够挨过五年的分离？”

“哦，当然能够，毫无疑问，”这汉族人答道，“但关键在于，它变成了我们能够承受的一丝淡淡的忧伤。”张接着解释道，五年的预备期过后，便开始延缓寿命的修炼，如果成功，人就会在年过半百之时看上去只有四十岁，像康维，就会永远停留在这个好年华上。

“那说说你自己吧？”康维问道，“你是如何达到现在这种境界的？”

“啊，亲爱的先生，我很幸运，能在很年轻——只有二十二岁的时候就到了这里。你可能想不到，当时我是个士兵，一八五五年参加剿匪，我指挥一支侦察小队在执行任务，本来应该回去向我的上级长官们报告情况，但我们迷失在大山中，一百来人只有七人在严酷的气候中活下来了。当我终于被救到香格里拉时，已经奄奄一息，要不是仗着年轻体壮，也许早就不在了。”

“二十二岁啊，”康维一面念叨着，一面掐着指头算，“那您现在已经九十七岁了？”

“不错，要是僧侣们认可，我很快就将功德圆满了。”

“我明白了，您在等待一个满数。”

“不，我们这里没有严格规定的寿数，但一般认为一个世纪是一个年寿。活过这个年寿，就不再有凡人的情感了。”

“的确，我也这么认为。那么此后又会怎样？估计需要等待多久呢？”

“我希望能加入到僧侣行列中去，而香格里拉使这愿望有了实现的可能。可能是许多年后，也可能是下个世纪，或者更久的未来。”

康维点点头道：“我不知道是否该祝贺你——在这世界上你似乎被赐予了两个最好的东西。你度过了一段悠长而愉快的青春岁月，而一段同样漫长而愉快的晚年就在眼前。你是什么时候开始显老的？”

“过了七十岁，通常如此，不过我想我仍可以说，我比实际年龄看上去更年轻。”

“显然如此。假设您现在离开这个峡谷，会怎么样呢？”

“会死，出去几天就会死。”

“有必要这么悲观吗？”

“世上只有一个蓝月谷，那些指望能找到第二个的人们，对自然也是太过苛求了。”

“嗯，但假如你在很早以前离开了山谷，那又会怎样？我是说，比如三十年之前，在你风华正茂时，那又会怎样？”

张告诉惊愕的康维：“不管你什么时候离开峡谷，你很快就会变成与你实际年纪相符的容貌。几年前就有过这样一个奇怪的事情，当然在此之前还有过几例。有一个实际年龄八十岁的俄国籍香格里拉人听说有一队旅人将从峡口经过，就径自跑出去寻找他们。他还是壮年时就来到这里了，对我们这一套修行方法掌握得相当好，以至于到了近八十岁高龄时，看上去却不到四十岁。如果不是出了那些岔子，他本该一个星期内就返回的，然而很不幸的是，他被一些游牧部落抓住，被囚禁起来，带到很远的地方。我们都以为他迷了路，可是三个月后他回来了，是从俘获他的土著人那里逃回来的。当年外貌不到四十岁的他这时已变成了另外一个人，一个老态龙钟的人，并且很快也就像一个老人一样寿终正寝了。”

康维陷入了良久的沉默。他们在图书室中交谈着，而在张讲述的大部分时间里，康维都在透过窗户眺望那条通向外界的隘道，只见一溜云彩横挂在山巅。“一个多么可怕的故事，张，”他最后说，“它让人感到时间好像一个恶魔，守候在峡谷外面随时扑向那些不愿待在谷里的懒汉。”

“懒汉？”张感到不解地问。他的英语水平极好，但有时对某些俚语也不甚了然。

“懒汉，”康维向他解释道，“是个俚语——slacker——就是无所事事者。当然，我并不是当真的。”

张点点头，表示感谢。他对语言非常感兴趣，喜欢用富有哲理的方式去琢磨一个词。“很有意思，”他顿了顿又接着说，“你们英国人把懒散当做一种恶习，而我们恰恰相反，懒散通常比忙碌更受欢迎。现在的世界太紧张了，多一些懒散者不是很好吗？”

“我倾向于你的看法。”康维答道，神情既严肃又像开玩笑。

在会见过活佛后的一个星期里，康维陆续认识了一些新面孔。这些新相识与康维相处得不即不离。张为他们互相引荐时，既不过分热情，也毫不勉强，而康维则感受到一种非常吸引他的氛围，在这新的氛围里没有紧张兮兮的喧嚷，也没有面对延宕的失望。张向他解释说：“有一些僧人很长一段时间都不会接见你——也许是好几年——但不用觉得奇怪。时候一到，他们便会准备好与你结识，他们不急于这么做并不表示他们不愿意这么做。”以前康维到外国使馆拜见新到任的官员时，也常有这种感觉，他认为这完全可以理解。

然而，他也确实见到了一些人，而且非常愉快，同这些年长于他三倍的人攀谈，一点都没有在伦敦和德里那种强人所难的尴尬。他认识的第一个人叫迈斯特，是个典型的德国人，是上个世纪八十年代一支探险队的幸存者。他英语讲得不错，尽管有口音。几天后，他又高兴地结识了活佛曾特意提到的那个音乐家阿尔丰斯·布里亚克。这位精瘦结实的小个子法国人看上去很年轻，却声称自己是肖邦的门生。康维觉得他和那个德国人都很好相处。他已经私下里对他们进行了分析，并经过几次更深入的会面之后，康维得出两个结论：这些人虽然外貌各异，但看起来年龄上无多大差别；再有就是，他们聪明睿智，但在发表自己的见解时全都四平八稳，很有分寸。在和他们的交往中，康维总能作出恰如其分的回应，他发觉他们都看出了这一点，自己也很是满意。他还发现，他们其实与其他任何有文化的群体一样易于相处，尽管他们在听他回忆那些遥远而不熟悉的往昔时常常表现出一种古怪和奇特的样子。比如，有一个鹤发童颜的老者，在交谈中问起康维是否对勃朗特姐妹感兴趣。康维说一般般，于是那老者说："你知道，四十年代我在约克郡西区当副牧师，我到过海沃斯并在牧师住宅区住过。在那里我对勃朗特姐妹作了一番全面的研究——真的，我正在写一本关于她们的书，也许你什么时候可以拿去读读？"康维热诚作了应答。

后来，他和张一起出来，一路谈论那些僧侣们各自入藏前的生动回忆。张告诉康维，所有到这里的人首先要回顾自己来此之前的生活，这是整个修炼过程的一部分。"在心中廓清前半生，全面审视自己的过去。这是达到清心寡欲境界的第一个步骤。就像任何对前景的展望，要力求精准和清楚。在这里待上足够久之后，你会发觉自己晚年的生活逐渐悄然转向一个新的焦点，就像透过一架调整了焦距的望远镜，一切事物将固定而清楚地突现出来，并按其正确的深刻含意恰当地均衡布置起来。譬如，你碰见的那位夏洛蒂研究者就认清了他生命中最重大的时刻是他年轻时拜访那所住着一位老牧师和他三个女儿的老宅子。"

"这么说，我首先得努力开始回忆我的重大时刻了？"

"不必费力，它们会自己涌上你的心头。"

"可我不知道该怎样去面对它们。"康维闷闷不乐地说道。

然而，不管过去会不会涌上心头，康维觉得眼下就很幸福。他或是在藏书楼读书，或是在音乐室里弹奏莫扎特。想到香格里拉具有抵抗时间与死亡的神秘力量，他心中隐隐感到一种感情在深深涌动，仿佛香格里拉就是生活的真谛，这真谛就存在于那能掌控年龄的魔力之中。此刻，他脑际中又生动地浮现出他与活佛谈话的情景，随着思绪的每一次转移，他都感受到一种深沉的理智轻柔地牵扯着心灵，仿佛千万种柔声细语在耳际回荡，消释着他的疑虑。

罗珍有时来弹奏一些高深而动人的赋格曲。他总是静静地在一旁聆听，在那一丝微弱而羞怯的微笑的牵动下，她的双唇像一朵盛开的鲜花。康维想知道这微笑背后隐藏着的是什么。她很少说话，虽然她已经知道康维会说中国话。马林森也喜欢来音乐室，那时，罗珍几乎像个哑巴。可康维却能感觉得出她从沉默中散发出来的一种动人的魅力。

不久，他从张那里知道了她的身世。她出身满洲皇族，与一个突厥王子订了婚。“在远跋沙漠与山岳前往喀什的送亲途中迷路，要不是遇上了我们的使者，所有人都将无路可走，必死无疑。”

“那是什么时候的事？”

“那年是一八八四年，她年方十八。”

“十八岁？”

张点头说道：“没错，她的修炼很成功，这点你自己也看得出，她进展得一直不错。”

“她刚来时，怎么能适应下来的？”

“说起来，她也许比一般人更不愿意接受这里的环境——她没有反抗，但我们看出来她经过了很长一段时间的痛苦。当然，在半道上拦下一位赴婚的年轻姑娘——这也够稀罕了……我们都特别急切地希望她能在这里开始愉快地生活。”张淡淡一笑，“只怕是爱的激情让她不轻易屈服。”

“她是不是很爱她要嫁的那个人？”

“并非如此，我亲爱的先生，因为她还从未见过那位王子。但你知道，这爱欲的蠢动是古已有之，人皆有之的啊。”

听到这里，康维点点头，心中升起一丝温情，他想象半世纪之前的罗珍姑娘，她庄重而优雅地坐在那顶装点得喜气洋洋的轿子里，轿夫们在高原上艰难地颠簸，她的双眸搜寻着狂风肆虐着的地平线。对于看惯了东方的花园和荷花池的她，眼前这一切该是多么粗糙。“可怜的姑娘！”他一面欷歔不已，一面想着如此凄美的一幕会让自己沉迷多少年月。对她过去的了解不仅让他有了更深的领悟，而且让他对她的深沉和宁静更觉满足。她就像一只冰凉可爱的花瓶，虽非精雕细琢，但也没有失去丝毫的光华。

不过，倾听布里亚克谈论肖邦，闲暇时弹奏那些熟稔的乐曲，却也弥补了他心中的这份惋惜之情，虽然没有那么心醉神迷。看来，这个法国人知道好几支肖邦从未发表过的作品。在他抄下这些曲子之后，康维用了好几个小时来记住它们。想到卡托特和帕克曼都没有如此运气，他心中不禁感到一阵痛快。布里亚克的回忆还没有结束，他不时回忆肖邦即兴写下又扔掉的曲子的片断，这些音符一旦被想起来，随即就被他记在纸上，其中有些片断很是明快动听，这几乎成了他的一项自娱活动。

张说道:“布里亚克还未入门道，所以如果他过多提到肖邦也别见怪，年轻一点的僧人自然比较热衷过去的历史，这是要达到能直面未来所必需的一步。”

“那什么才是老年僧侣的任务呢？”

“哦，比如活佛吧，他差不多是一心一意地练习心灵感应术，静坐修行。”

康维沉思片刻，说道:“顺便问问，你认为我什么时候能再见到他？”

“毫无疑问，那得等到五年预备期结束后，亲爱的先生。”

可是，张这次自信的预言错了。康维得到了殊荣中的殊荣:前次召见仅仅过去一个月，活佛又一次召见了他。张曾告诉他，活佛一步不离他的住所，那儿温热的空气对他的身体十分必要。因为事先有了思想准备，他没有像上次那样仓皇无措。确实，当他鞠完一躬，并得到那双深陷的炯炯有神的眼睛的回应时，他长松了一口气。

他感到，藏在这双眼睛背后的思想与他有一种默契，尽管他知道，第一次见面之后这么快就被再次召见是个特殊的，甚至是空前的荣耀，但那庄严的气氛一点也没有让他感到紧张和拘束；年龄大小对他而言并不像等级地位或肤色那样让他困惑，他喜不喜欢某个人从来都不会受年龄大小的影响。他对活佛抱着绝对虔诚的敬意，然而他始终不明白这里的人际关系为什么如此温文有礼。

照例互相寒暄后，康维对活佛谦逊有礼的提问一一作了回答。他说自己对这里的生活感到很满意，而且还结交了不少朋友。

“你没有把咱们的秘密透露给你的三位同伴吧？”

“直到现在也没有。虽然这时常陷我于尴尬之中，但要是告诉他们，我想那恐怕更难收拾。”

“正如我预料到的，你好似已经尽了力，而难堪和尴尬只是暂时的。张告诉我，说你的伙伴中的两位问题不大。”

“我也这样想。”

“第三位怎么样啦？”

康维敬答道：“马林森是个性急的青年，他老是急着要回去。”

“你喜欢他吗？”

“是的，很喜欢。”

这时，盖碗茶端了上来。饮茶之间，谈话也自然而然地轻松了许多。这是很好的礼仪，让言辞也沾染上丝丝淡淡的清香。当活佛问他香格里拉是否带给他某种独特的体验，是否在西方世界也能找到类似的东西时，他微笑着回答：“啊！正是如此，坦率说，香格里拉让我想起在牛津大学的时光，我曾在那里教过书。那里的风光自然比不上这儿，而且学术课题也常常不大实用，但是哪怕那些最老的讲师、教授们，看上去也并非那么老，那情形似乎跟这里有些类似。”

“你还真有幽默感，亲爱的康维。”活佛说，“这样我们以后的日子都会过得很愉快的。”

第　十　章

听说康维再次被活佛召见，张很是惊讶地说：“这很不寻常。”这话从一个难得使用夸赞之词的人口中说出来，其意味可想而知。张一再强调说，寺庙的规章制度自订立以来还从未有过例外；活佛从来不曾如此急切地连续召见一个新人，除非这人在五年内能修炼到相当境界。“你知道，这是因为，和新人谈话，活佛有很大的心理负担。那种凡夫俗子的无所顾忌的感情宣泄令人厌恶，这在他那种年纪的人更是令人难以忍受的不快经历。我相信这对我们将会很有启发——不管怎么说，这实在是相当不寻常。”

对于康维而言，自然也没有比这更非同寻常的了。但经过第三次、第四次与活佛会见之后，他也感到奇怪了。有些事似乎冥冥之中已经注定，要不然他们两人的思想怎么会如此默契。想到这，康维藏在心中的那份紧张似乎也轻松了许多。他带着异常平静的心情离开了活佛的房间。他不止一次为活佛那超凡的智慧所倾倒，那些小蓝瓷碗中的茶香让人的思维也变得生动而素雅，让康维意念中的理性因素仿佛也幻化成了一首优美的十四行诗。

他们已经无所不谈，谈起来也无所顾忌。谈话中处处闪耀着哲理之光。香格里拉这条悠长的历史隧道，让他们无法拒绝对自身灵魂的审视，新的可能展现在他们眼前。对康维来说，这是一次尝试的体验，但他并不刻意压制和掩饰自己对此所持的批评态度。他曾竭尽全力为自己的一个观点进行辩解。活佛称赞康维见多识广，同他的年龄太不相当了。“我看得出，你身上有着同你的年纪极不相称的成熟睿智，你一定经历过很不寻常的事。”

康维笑道：“与我的同辈相比，也并没有什么特别不同寻常的经历。”

“我无从得知你以前的模样。”

片刻之后，康维回答道：“也没有什么神秘之处，你觉得我显得老成，不过是由于我过早地拥有了一些强烈的体验使我有些疲惫。我从十九岁到二十二岁接受了高等教育，毫无疑问，这是极好的教育，但也让人很难忍受。”

“战争期间你有过很不幸的经历吧？”

“也说不上有多么不幸。我当时很激愤也很无奈，恨不得自杀。恐慌惊叹，见多了也就无所谓了。实际上，和常人一样，我有时也会大动肝火；有时也嗜酒买醉，然后去杀人，放纵情欲；这是一种自欺欺人的自虐。一个人，做过这一切之后，剩下的只有极端的空虚无聊和烦躁不安，以后的生活也必将永远处在阴影之中。请不要认为我是在自哀自怜，说起来我已经算是够幸运的了。不过，那也就像到了一所很糟的学校，你要有心，总能找到乐子，只是精神时不时会崩溃那么一次，所以，也并不真正开心。我以为，在这一点上我比大多数人更有自知之明。”

“那你还想继续你的学业吗？”

康维耸耸肩，答道：“或许，激情枯竭之时就意味着智慧的开端，要是你愿意让我这么篡改一下这句格言的话。”

“我的孩子，这也正是香格里拉的信条。”

“我很清楚，那也就是为什么在这里我感到如此的自在愉悦、无拘无束。”

他说得一点不差。随着时间的流逝，他开始感到一种灵与肉融合的满足的感觉。像佩劳尔特、亨舍尔以及别的僧人一样，他也被香格里拉赋有的魔力咒住了。蓝月山征服了他，使他不能自拔。

他环顾四周，发着微光的山脉是那样晶莹，纯洁无比，无法接近；而深谷的青翠则令他感到目眩。这是一道无与伦比的风景。从莲花池方向飘来的古式钢琴发出的音符与之交织，形成仙乐与美景的结合。

他知道，这是因为他爱上了那个弹琴的满族姑娘，但这种爱全无所求，连回报也不抱期望，仅仅是心仪罢了，这只能在他的情感世界里留下一些供回味的素材。他把她当做温柔与脆弱的象征，留在心中珍爱。她那秀雅的谦逊之风，她纤纤玉指在琴键上的触碰，都令他产生一种温馨而亲切的感觉。他和她谈天说地，用一种她能够接受的方式向她表达爱慕之情；可她绝不透露自己微妙的内心深处的秘密。某种意义上，康维自己也不希望捅破这层诱人的面纱。他忽然意识到，得到这渴望已久的珍宝唯一的条件只是时间。而时间他有的是，他的时间足够等待任何他希望发生的事。在这期间，一切渴望都会在必将得到满足的允诺中渐渐退却。一年后，哪怕十年后，他仍有的是时间。这样一种憧憬展现在他的脑海中，令他心满意足。

与此同时，他还有另一种生活——他要去面对焦躁不安的马林森；热心亲切的巴纳德；顽固不化的布林克罗小姐。他们在许多事情上都各执己见，争论不休。他觉得，要是他们都像他一样明白整件事情那该多好。和张一样，他也估计到，那个美国人和修女并不难说服。事情在渐渐发生变化，令康维吃惊的是，那个美国人某一天突然说他已经改变主意，愿意留下不走了。他自己的解释是“没有人不能习惯的地方”。

“我认为确实如此。”康维表示同意。

康维后来得知，原来张曾经带领巴纳德下到谷底享受了一次“夜间外出”生活。马林森听说后，对他更加鄙视了。“越来越不像话，”他从康维转向巴纳德，开始理论，“当然，这不关我的事，不过，要让自己的身体吃得消能适应回去的旅途的话，你应该好好想想。脚夫两星期之后就到，据我了解，回去的路可不会像开着汽车兜风那么好玩。”

巴纳德很平静地点了点头。“我想也是。”他说道，“至于保持体力嘛，我觉得自己现在已经比前些年健康多了。我每天坚持锻炼，所以并不担心这方面的问题。山谷里那些酒家也不需要你走太远。你难道不知道，中庸适度正是这个社会的信条啊。”

“可不是吗，我一点也不怀疑你一直在追求‘适度’的乐趣。”马林森尖刻地回敬他。

“没错，我确实是去寻欢作乐了。这里条件真不一般，可谓是迎合了各种口味啊，某些人不就爱上弹钢琴的那个小仙女了吗？人各有好，你不能因此责怪别人嘛。”

康维没有吭声，可马林森立马臊红了脸，像个小学生似的说道：“当某人的嗜好损害到别人财产权利的时候，我们是可以把他送到监狱中去的。”此时他高声叫道，整个人已是怒火中烧，失去了理智。

“当然，要你能抓到他的话。”美国人和蔼地一笑，“说到这儿，我有件事得马上告诉你们：我打算先不管那些脚夫。他们到这里是有规律的，我打算等到下次或者再下一次才离开。这个嘛，只要僧侣们同意，我的住宿费是不成问题的。”

“你是说你不跟我们一起走？”

“是的，我决定再待上一段时间。回去对于你们来说都挺好，你们回家时有乐队接风洗尘，可迎接我的只有警察，这事我越想越觉得不妙。”

“就是说，你只不过是害怕听到迎接我们的音乐？”

“啊，随你怎么说，反正我也从来没喜欢过音乐。”

马林森一脸冷漠和轻蔑，说道：“这是你自个儿的事，如果你愿意，你要一辈子留在这儿也没人会拦着你。”说完他朝四下里望望，脸上骤然露出一丝留恋，“反正人各有志，也不是每个人都得这么做，你说是不，康维？”

“没错，各人的确有各人的想法。”

而当布林克罗小姐突然放下手中的书，宣布她也打算留在这里的时候，三个男人几乎同时发出惊呼。

她粲然一笑，那笑容看上去很是生硬，说道：“我反复思索把咱们带到这里来的这个事件，只有一个结论，那就是这背后一定有一种冥冥中的力量在操纵，你说呢，康维先生？”

康维觉得无言以对，布林克罗小姐紧接着又说：“也许，这是上帝的安排。天意难违，主把我派到这里来自有他的目的，所以我该留下来。”

“你是说，你希望在这儿建一所修道院吗？”马林森问。

“不只是希望，而是迫切地想。我知道怎么同这些人打交道，我自会有我的办法，不必为我担心，这里没人是真正铁石心肠的。”

“所以你打算引进并倡导新的理念准则？”

“是的，我的确有此打算，马林森先生。我很反对天天听到的所谓的中庸之道，你可以把它当做某种‘宽宏大量’，但是在我看来，这会导致最恶劣的懒散品性。这里整个的问题就在于人们所谓的‘宽宏大量’，我将尽我所能来同它斗争。”

“而他们是如此的宽宏大量，会由着你这么干？”康维笑着说。

“也可以说是她这么雄心勃勃，他们无法阻拦她。”巴纳德讪笑着插话道，“我不是说过了吗，这里各种口味都能迎合。”

“很有可能，如果你恰巧喜欢监狱的话。”马林森讽刺道。

“啊，这问题倒是可以从两方面来看。谢天谢地，比起困在这样一个山沟里的人，世上那些倾其所有任由别人敲诈的人们才是真正无法自拔的人！你说说，被囚禁的是我们还是他们呢？”

“一只笼中鸟的自我安慰。”马林森反击道，他仍然怒火中烧。

后来，马林森独自同康维谈起心来。“那家伙还是那么让我厌烦，”他在院子里一边来回踱步，一边说道，“他不愿跟我们一道回去，这完全没什么值得遗憾的。也许你觉得我太暴躁，可是一听他数落起那个满族姑娘，我确实幽默不起来。”

康维挽住马林森的手。他越来越明显地感到他喜欢这孩子，几个星期相处下来，他更加深了这种感觉，尽管他们之间曾有过误会和争执。他安慰道：“我确实感到的是，一直为她担心的是我，而不是你。”

“不，我想他是在说我。他知道我对那姑娘有好感，而我也确实喜欢她，康维。我不明白她为什么会在这儿，还有她是不是真喜欢待在这里。上帝，要是我像你那样也能讲她的语言，我会马上向她问个明白。”

“我倒怀疑你是否真能做到，她对任何人都没有多余的话可讲，这你知道。”

“我不愿意打扰别人。”

康维本想多说几句，可心中忽然涌起一丝淡淡的同情和怜悯，让他欲言又止。这年轻人如此急切而冲动，会对事情太较真。“我要是你的话，我就不会为罗珍担忧。”他接着说，“她过得够幸福了。”

巴纳德和布林克罗愿意留下的决定对康维好像很有利，但这样却把他和执意要走的马林森放在了对立的位置上，这种处境很微妙，也很不同寻常。而他自己还不知道该如何去应对。

好在还没有必要明确地行动。接下来的两个月风平浪静。紧接着，决定性的时刻就要来临，康维也做好了充分的思想准备。然而，这注定不可避免的结果，却因为许多这样那样的原因，让他无暇担忧。不过他还是说：“你知道，张，我唯一担心的就是马林森这年轻人，我真怕他知道真相后会有什么过激的行为。”

张表示同情地点点头。“是啊，要说服他接受这种好运可不太容易。可这毕竟只是暂时的。二十年以后咱们这位朋友会信服的。”

但康维觉得这么看问题也太武断了。“我不知道该怎么跟他讲。他天天在数着日子等脚夫们来呢。可万一他们不来……”

“他们一定会来的。”

“噢？我还以为你讲的那些都是用来安慰我们的传说呢。”

“绝非如此。尽管我们在这问题上并不偏执，在香格里拉我们只是适度地实话实说，但我可以保证有关脚夫的事我没有半点隐瞒。总而言之，他们肯定会在我说的那个时间前后到来的。”

“那也就阻止不了马林森和他们一起走了。”

“但我们也犯不着去阻止他，毫无疑问，他想跟人家走，可人家不见得愿意带他走吧。”

“啊，我明白了。这也不失为一个好办法。然后他又会怎样呢？”

“然后，亲爱的先生，经过一段时间的失望过后，他又会寄希望于下一批脚夫，因为他年轻而且乐观。然而，再过九到十个月，他就会顺服的。所以，明智的做法是先不要泼他冷水。”

康维尖刻地说:“他未必会如此，我认为他更有可能自行其是，设法逃走。”

“逃走？非用这个词不可吗？何况，那条隘道随时向所有人开放着，没有人把守，也用不着，因为大自然已经设置好了天然的屏障。”

康维笑道:“是吗？得承认她是有作用的，但我并不认为任何情况都取决于她，她又把曾经到过这里的各支探险队怎么样了呢？他们离开时这山路不也是同样向他们敞开的吗？”

这回轮到张笑了。“亲爱的先生,具体情况,还得具体分析啊。”

“没错。就算知道有人蠢得打算逃走，你们还是允许的吧？那么，我想总会有人这么干。”

“这种事还是时有发生，但逃走的人在外边经过了孤苦伶仃的一夜后，都毫无例外乖乖地又回来了。”

“因为没有地方遮风避雨，衣服也不够？既然如此，我想我已对你们这种温和的方法能起到怎样严厉的效果有了清醒的认识。但那些极少数没有返回的人，又会怎样呢？”

“你自己已经回答了这个问题。”张答道，“他们没能返回。”他又紧接着补充道：“我可以肯定地告诉你，这样的不幸者没有几个，而且我相信你的朋友不会草率到想在这个数字上再加上一号。”

张的回答并没让康维放心，马林森的将来依旧让他感到担心。他希望这年轻人能回心转意返回这里，这在以前也不是没有过。最近的例子就是那个叫塔坦的飞行员。张也承认，这里的头领有权采取任何他们认为明智的措施。“可是，亲爱的先生，把我们自己的将来完全建立在你朋友的感激之情上，这能不能说是很明智呢？”

康维觉得这话说得很中肯，因为依马林森的态度，会容易让人怀疑他到了印度之后会做出什么样的行为。他总喜欢夸大其词，这是他最热衷的把戏。

然而，这一切世俗杂念自然而然地，逐渐被香格里拉所蕴含的超凡的理念所驱散。要不是担心马林森，他该感到多么满足；这全新的环境慢慢显露出来的所有特点如此合乎他的需要和口味，这让他歔欷不已。

有次他对张说：“随便问问，这里的人们怎样处理感情方面的问题呢？我想，刚来的人有时也会产生爱情的吧？”

“这是经常的。”张憨厚地笑了，答道，“和大多常人一样，僧侣们一旦达到成人的年龄，就是自由的，他们能够更理智、更有分寸地把握自己的行动。这倒恰好让我有机会向你说明，香格里拉是善解人意的，你的朋友巴纳德显然已经有所体会。”

康维以微笑作答。“谢谢。”他不太自然地说，“我也相信他已经体会过了。但我对自己的意愿却不能肯定。比起肉体的欲望，我更注重感情与心灵的交流。”

“你认为两者可以很轻易地分开吗？您不是爱上罗珍了吧？”

康维竭力掩饰。“为什么这么问呢？”

倒是张很大方地告诉他，他自己年轻时曾经爱上过罗珍。他有点儿动情地说：“亲爱的先生，如果你保持适度的话，这也是合乎情理的，她对别人的爱慕从来不做任何表示，好像是无动于衷，但绝不伤害对方，这也许会让你失望，然而这也不失为一种美好的经历。”

“真的吗？难道她一点表示都不会有吗？”

“是这样的，”张简单地说，“她总是让爱慕她的人徘徊在心灵感受的满足和完全达到目标之间。”

康维想起马林森多次对他提到那个满族姑娘，便笑着说：“对你这也很不错了，或许我也一样，可是，对马林森这样的热血青年她也会这样吗？”

“太好了！”张忽然抚掌叫好，“亲爱的先生，要是马林森也拜倒在她的石榴裙下，那是再好不过了！罗珍不止一次地这样挽留住了确信自己已经无望回去的沦落者了。”

“挽留？”

“对，没错，不过你肯定无法理解我为什么会用这个词。罗珍对别的一切全都无动于衷，除了那种能真正打动她心弦的伤心绝望。你们的莎士比亚是如何描述那位埃及艳后克娄巴特拉的？‘她满足了哪里，也就在哪里制造了渴望’，这在爱情的角逐中无疑是很普遍的，然而这样的女人，我保证，只存在于香格里拉之外的地方。而罗珍，如果套用同一句话，只能是‘她满足了哪里，也就在哪里赶走了渴望’。这可以更巧妙更长久地把马林森留下来。”

“那就是说，她很擅长于此了？”

“哦，当然啦，我们已有很多先例。她总能把那些饥渴的灵魂安抚得舒舒服服，这欢快只有自己去体会。”

“也就是说，你们把她当做了一台用于驯服的机器？”

“如果你非要这么看的话。”张一如往常，温文尔雅地回答道，“不过，把她比作玻璃上的彩虹或者花朵上的露珠，或许更文雅一些，真的。”

“我非常同意，张，那确实文雅多了。”康维对他那幽默、不失分寸的巧舌很是敬佩。

可当他再次单独跟那满族姑娘在一起时，他感到张确实没说错。这姑娘身上有一种芳香在悄悄地感染着他，让他深感温馨。那爱情的火苗在他心底隐隐闪动。他突然想到，香格里拉和罗珍是同样的那么完美，为了不惊扰这份宁静，他情愿不得到任何回报。多年来，处于这样一个乱世，使他一直很惧怕感情。如今他终于平静下来，不再为爱情烦恼。康维夜间只身走过莲花池畔的时候，几乎产生自己正挽着罗珍一同漫步的幻觉。在这种昙花一现的幻觉消失之后，是一份更深的眷恋。

他感到自己从来不曾如此幸福，即使在战争以前的岁月。他喜欢香格里拉独具宁静平和的环境，它那种深刻而奇异的理念抚慰了他的心灵；他也喜欢这里的人们所具有的深沉的情感世界和细腻婉转的表达方式。经历和感受的一切让康维明白，在这里，粗鲁无礼之人绝不会享有别人的忠诚和信任，拐弯抹角也绝不应该被当做虚伪的表现。他欣赏人们言谈之中那种风范以及轻松随意的气氛，这不仅仅是出于一种习惯，更是一种成就。他很高兴地认识到，随心所欲地消磨时光是最悠然自得的事，就像最松散的梦境是让人最心旷神怡的。香格里拉永远是那般宁静而安详，但也有干不完的活；仿佛那些僧人都拥有用不完的时间，时间对他们简直无足挂齿。虽然他没有再结识更多的僧人，但他知道在这个宁静的太平世界里，人们有无尽的时间各自耕耘着自己的一方沃土；除了所掌握的语言知识外，他们孜孜不倦的求学态度足以让西方世界吃惊。他们在学问的海洋中遨游：有的研究语言，有的研究纯理数学，有的研究欧洲文明史，还有撰写各种经书典籍的。他们沉溺于各种神秘莫测的行当，比如布里亚克专门收集古老的音乐片断，甚至别的更稀奇古怪、超乎寻常的东西。在一次会面中，康维曾对此发表了一番看法，可活佛却给他讲了公元前三世纪一个中国艺术家的故事作为回答。艺术家常年钻研石刻，雕一些龙呀，鸟呀，马呀，等等，献给皇太子，可这位太子一开始什么名堂都看不出来，以为不过是一些顽石。于是这艺术家让他砌了一堵墙，然后在上面开了一扇窗，把石雕放在里面，并嘱咐他在黎明的曙光中再透过窗子去观察这些石雕。太子照此办理，结果发现这些石头的确非常漂亮。“我亲爱的康维，这难道不是一个能让人得到很有益的启发的故事吗？”

的确如此，康维欣然认识到，香格里拉那静谧的氛围为人们提供了一个施展自我的无限空间，让他们能够自由地从事各种不起眼的古怪行当，而他自己感兴趣的也正是这些事情。回顾往昔，他脑海里浮现的那些繁重的任务因为似乎永远无法完成而显得如此缥缈；而现在，沉思也变得如此令人愉快，他甚至可以在悠闲自在当中做出某些成就。当巴纳德向他吐露说似乎自己对香格里拉的想象美好得过了头，他其实一点也不想取笑他。

看样子最近巴纳德越发频繁地出入山谷，似乎不只是为了美酒佳人。“知道吗，康维，我跟你说这个，是因为你和马林森不同，他老爱挑我的痛处，可你却能体谅我的处境。你们英国官员总是一副可笑的苦瓜脸，而你却是个相当可靠的人，无论说话做事都那么让人信赖。”

“那倒不一定，”康维笑道，“不论如何，我和马林森也没什么太大不同吧，毕竟都是英国官员啊。”

“这是不错，不过他确实还只是个孩子，有时不够理智。你我都已是成年人，懂得审时度势。我们同样搞不懂事情的来龙去脉：为什么飞机恰恰降落在这里？难道这里面没什么诡异之处吗？我们清楚我们到底来做什么吗？”

“也许我们中有些人确实不清楚，不过这又有什么关系呢？”

巴纳德神秘兮兮地对康维小声说：“金子，小伙子，金子。”他毫不掩饰心中的狂喜，“峡谷里有成千上万的金子。”看来，巴纳德近来不光是沉溺在女人和美酒中，好像他已多次勘察了峡谷。接着他告诉康维他已经把这个发现告诉了张。“因为我看你总是去见他，咱们三个人一起开采金矿，一定会引起轰动。我年轻时是个矿业工程师，当然会勘察矿脉。相信我，这里的黄金储量和南非差不多，而且开采起来要容易十倍。我想你肯定以为我每次坐着轿子去谷底都是花天酒地去了，其实不是，我知道自己在干什么，我猜出来了，他们从外界寄送进来这么多东西，不付高昂的代价是得不到的，他们除了用黄金、白银或宝石什么的来支付这些费用，还能用什么？这只是最初的逻辑推断，于是我开始四处找矿，没用多少工夫就发现了整个秘密。”

“你自己发现的？”康维问。

“噢，我可没这么说，但我猜到了就把这事告诉了张，直言不讳、面对面地说的，康维，相信我，那个中国人可不像我们想的那么坏。”

“我也不觉得他是坏人。”

“是的，我了解你们经常来往，所以我们会凑到一起你也不用感到奇怪。我们一起来开矿肯定会轰动的。张带我参观过这里所有的金矿，而且，我已经拿到当局的全面许可，可以随便开采。他们要我写一份全面的开矿报告交给寺庙当局。你怎么想，伙计？他们当然需要我这个专家，我会告诉他们怎样增加出矿产量。”

“我看你是要在这儿扎根了。”康维回答道。

“是的，不能不说我确实找到了一份工作。世界上的事真是不可预料。若是家乡的人知道我可以给他们指点通向新的金矿之路，谁还会急着抓我呢！只是不知道他们是否会相信我。”

“会的，这是人们更愿意相信的东西。”

巴纳德热情地点头道：“我很高兴你能理解这一点，若是如此，你我还可以做上一笔交易。当然，到时候咱们对半分。啊，对了，你现在要做的事就是给我的报告上写上你的大名——英国领事，这样更有分量。”

康维大笑起来，说：“这以后再说。还是先写你的报告去吧。”

他很高兴，这事来得太突然，现在已经有挽留巴纳德的东西了。

活佛也对此很满意。近来，活佛几乎每晚都要召见康维，通常都是在很晚的时候，且一待就是几小时，直到仆人们把茶碗撤走，康维方才离开。每次活佛都不忘问及他的三个伙伴的去留意向，有一回他还特意向康维表示，说他们一行来到香格里拉并找到各自的事业，都是早已注定的。

康维沉思片刻，回答说：“马林森精力旺盛，且胸怀抱负，他本该很出色的，而另外两位嘛——”他耸耸肩，接着说：“实际上，确实刚巧适合待在这里，哪怕只是一段时间而已。”

这时，他注意到挂着帘子的窗户外闪过一道雷电，当他穿过庭院来到这间此时他已是非常熟悉的屋子时，就听到了嗡嗡的闷雷。而现在却听不到任何声响，厚实的窗帘将闪电的光芒弱化为苍白的火花。

“确实，”活佛说，“我们已经尽可能让他们俩能够放松自在地在这里生活了。可布林克罗小姐却一心想改变我们的信仰，而巴纳德先生正在想法把我们改造成一个股份有限公司。这些倒都没什么，他们也可以以此愉快地消磨时间，但是，怎样才能留住你那位年轻的朋友，那位既不爱金子又不为宗教的马林森呢？”

“是的，他是一个问题。”

“我是担心他会成为你的问题。”

“为什么您说他会成为我的问题？”

活佛没有马上回答他，这时仆人们正好端着盖碗茶进来了，他们的出现使活佛显出一丝勉强的笑意。“每年这个时候，卡拉卡尔山就会给我们送来暴风雨，”他像是在做法事一般，神神秘秘地说道，“蓝月谷的人们相信，这是外面辽阔世界里的那些恶魔在发怒。相信你知道，他们所说的‘外面’，指的便是山谷外的整个世界。当然，他们并不知道法国、英国这些国家，甚至连印度也不知道。他们相信那令人胆寒的高原开阔地是没有尽头的。对他们来说，他们的山谷是个这样温馨、舒适而宁静祥和的空间，以至于他们认为如果有谁会想离开这里，那简直是不可理喻。实际上，他们确实以为，所有这些不幸的‘外来者’都梦寐以求能来到山谷中。当然，这不过是个观念问题，你说呢？”

康维记起巴纳德也曾说过类似的话，于是他把巴纳德的原话转述给活佛。“说得多深刻啊！”他说，“而且他还是这里第一个美国人，我们是真的很幸运啊。”

得到一个许多国家的警察正在全力追捕的逃犯，却成了这座寺庙的幸运，这让康维感到实在可笑。他本想同活佛分享这份滑稽，但又感到让巴纳德自己讲倒也不赖，于是他说：“他来这里，无疑是来对了，当今世界上还有不知多少人渴望能到这儿来呢。”

“确实太多，亲爱的康维，我们就是这场风暴中唯一的救生艇。可我们只能搭救一小部分幸存者，要是所有的遇难者都到我们这艘艇上来，那我们也会不堪重负而沉没的……咱们先不说这些。我听说你同我们那杰出的布里亚克很是交好。他和我是同乡，是个非常乐观的家伙，他认为肖邦是最杰出的作曲家，当然，你也知道，我更欣赏的是莫扎特。”

直到仆人撤走了茶碗并悉数退下，康维才再次冒昧地提出刚才没有得到回答的问题，说：“刚才说到马林森，你说他将成为我的麻烦，为何偏偏是我？”

活佛平静地说：“因为，我的孩子，我就要死了。”

这回答简单而惊人。听了这句出乎意料的话，康维半晌没能说出话来。最后，还是活佛开了口：“惊奇吗？可是，我的朋友，这是理所当然的呀。人都要死，香格里拉的人也不例外。我已经预见到我的大限已到。你的关切让我深感欣慰，我也不想装作没有一丝难过，毕竟也到了这把年纪，还是该走了。好在我没有什么牵挂，而且我们的信仰永远是乐观的，我已经很知足了，可是在这最后的时刻了，我一定要让自己适应这奇怪的感受，我明白我还有件事没有做完。你知道是什么事吗？”

康维沉默着。

“与你有关啊，我的孩子。”

“您太恭维我了。”

“我并不只是想恭维你而已啊。”

康维微微施礼，却不做声。

片刻之后，活佛接着说道：“也许你已经感觉到，我这么频繁地召你谈话，一定有什么不寻常的事。我们没有这种传统，但我也得说，我们也绝不是传统的奴隶。我们从不因循守旧，也没有什么准则是不可违抗的，只要是合乎情理，我们就会做，不会拘泥于过去的先例，而要运用我们现在的智慧，并着眼于未来。因此，我有信心和勇气办好这最后一件事。”

康维仍一言不发。

“我的孩子，我要把香格里拉的遗产和命运交到你的手中。”

这紧张的气氛终于还是被打破了。康维感到这话里暗含着一种温和但却无法抗拒的力量，在说服自己；而那声音仿佛还在沉寂中回荡。康维只听见自己的心跳声。突然，活佛的声音打乱了他心跳的节奏：“我等你多年了，我的孩子。我坐在这里接见过许多新来者，观察他们的眼神，倾听他们的声音，其实是一直在等待你。你终于来了。我的同伴们虽然睿智却都已年迈，可你年纪尚轻，智慧充足。我的朋友，我留给你的工作不算艰苦，因为我们有非常宽松的管理秩序。在风暴肆虐的时候，要温和，要会忍，关爱心灵，注重才智。它对你一定是轻松简单的，你无疑会从中感到巨大的幸福。”

康维想说点什么，却感到无从开口，突然，一道闪电擦亮了黑暗，他猛地惊觉了过来。他几乎是喊着说道：“您……您刚才说到风暴……”

“那将是一场史无前例的恐怖的风暴，孩子，那时已不可能指望用战争赢得和平，权力也不再会获得帮助，也无法再用科学寻找答案。每一朵文明之花都将被摧毁，一切人类文明都将一塌糊涂。当拿破仑还默默无闻的时候，我就预见到了这一切。现在，每过一分钟我都会看得更清晰。你是不是认为我说得不对？”

康维回答说：“不，我认为你是对的，过去也曾发生过这样的灾难，随之将是绵延百年的漫漫黑暗。”

“把这与将要来临的灾难相提并论，未免有些小巫见大巫。因为，曾经那些黑暗岁月实际上并不是完全的黑暗，文明之光还依旧在处处闪耀，即使整个欧洲的光明都湮灭了，还有别的光明，当然，这光明自然是来自中国，且一路照亮直至秘鲁。可即将来临的那个黑暗时代将会覆灭整个世界，无人可以逃脱或幸免，只有那些因太隐秘而无法找到，或太卑微而没有人注意的地方才可以逃脱此劫。香格里拉正是两者兼备。那些载负死亡飞向城市的飞机将不会经过我们这里，即便被飞行员偶然发现了，他也会认为这个山谷并不值得轰炸。”

“你认为这一切就将在我们这个时代发生？”

“我相信你是会顺利地度过那场风暴的。通过漫长的荒凉世纪，你仍会活下去，越老越睿智，越有忍性。你不仅会保持香格里拉的历史，并会为丰富它而献上你自己的一份心血。你迎接新人，教育他们长寿和智慧的秘诀。当你老去，也许能从中找到你的接班人。此外，我还看见一个更辉煌的新世界将从废墟中崛起，尽管艰难却充满希望，人类将寻找它所失去的传奇般的宝贵财富。我的孩子，这一切就在这里啊，就藏在这蓝月山峡谷的大山里啊——它们在等待又一个文艺复兴时代的到来！”

最后他终于说完了，康维看到眼前那张遥远的脸突然发出一种古朴的光芒，可这种光彩随即飘然而逝，只剩下一张灰暗的面具，像一块没有任何生气与活力的枯木。康维抬头发现那双平静的眼睛已经紧闭。他呆望了半天……仿佛做梦一般，然后他才意识到，原来活佛已经圆寂。

这一切如此离奇，如此难以置信，需要静下心来好好审视一下自己的处境。康维下意识看了看表，已是零点一刻。走到门口，他才意识到，自己并不知道要去哪儿，或者怎么去寻求帮助。那些藏族人都已睡去，他也不知道去哪儿找张和别的人。他呆站在黑暗的走廊上，不知所措。透过窗户，他望见清朗的天边那银屏一般的雪山依然闪烁着夺目的光芒，仍处在梦境中一般的他猛然意识到，自己已经是香格里拉的主人。

他所爱的一切就在他身边，心灵深处的那一片天地也从此远离了尘世的烦扰。他迷离的双眼在黑暗中搜寻，不时被华丽的漆器上的点点金光所捕获。玉兰花微微的芳香轻轻弥漫着，引着他经过一间间房舍，终于，他跌跌撞撞地走进庭院中，来到荷花池边。卡拉卡尔山后，一轮明月正冉冉升起，此时已是凌晨两点差二十分。后来，他发现马林森出现在他的身边，抓着他的手臂，急匆匆地把他拽走。他脑子里一片空白，耳中只听见马林森在激动地说着什么。

第十一章

马林森差不多是拽着康维把他拉进他们平时用膳的那间房子。“快，康维，咱们天亮前必须打点好行装，准备离开。好消息，伙计——不知巴纳德这老头和布林克罗小姐明天一早发现咱俩已经走了会作何感想……反正他俩是自愿留在这里的，没有他们我们倒更省事……脚夫们就驻扎在离隘道大概五里路的地方，他们是昨天到的，送来一批书籍和其他物品……明早就动身返回……看来那帮家伙真是想让我们留在这里——他们根本就没有告诉我们脚夫的事——要是错过了，天知道我们还得在这里困多久……我说你这是怎么了？病了吗？”

康维皱着眉，躺在椅子里，手臂搁在桌上，身子前倾，一边揉着眼睛。“不，我没病，我……就是太累了。”

“可能是因为那场暴风雨，你那会儿到哪儿去了？我等了你好几个钟头。”

“我……在会见活佛。”

“活佛！谢天谢地，这么说，这是最后一次了。”

“不错，马林森，是最后一次了。”

康维的声音显得有些异样，接下来的沉默更是让马林森着急不已。“哎，我希望你不要这么吞吞吐吐，扭扭捏捏了……你该明白我们得马上动身才是。”

一种强烈的意识让康维一下变得十分迟钝。“对不起，”他边说边点上一支烟想稳定一下情绪，以好好审视一下自己现在的处境。他感到不知所措，嘴巴仿佛也不听使唤了。“我没太听明白你说的……那些脚夫……”

“对，脚夫，伙计……振作点啊。”

“你真想去找他们？”

“想去？当然，我保证……快呀，那些脚夫就在山脊那边等着呢。咱们得立即赶到那儿。”

“立即？”

“没错，为什么不？”

康维再次试图从那个恍惚的世界完全回到现实中来，点燃香烟的手都在发抖，隔了很长时间说：“我以为事情不会像你说得这么简单，说走就能走的。”

马林森往脚上套上一双长至膝盖的藏靴，一面催促道：“一切我都考虑周全了，只是我们必须这么做，只要不再耽搁，我们一定能顺利离开。”

“我不明白你打算怎么做……”

“哎呀，我的天，你有什么话快说嘛，别吞吞吐吐的啦！难道你这么点胆量都没有？”

经过这番冷嘲热讽的激将，康维这才感到恢复了过来：“这不关胆量的事，但如果你想听听我的看法，让我告诉你吧，这可是个具体复杂的问题。你就是翻过山脊过了峡口，找到那些脚夫，你怎么知道他会带你走？你打算怎么说服他们？你难道没有设想一下，万一他们不像你希望的那样愿意带你走，怎么办？你不能独个儿跑到那儿去，然后要求别人把你捎上，你需要先同他们谈好，做些必要的安排。”

“任何情况都会引起耽搁。”马林森不耐烦地打断他说，“上帝，你是个什么家伙！这件事幸亏没有让你办，告诉你吧，衣物、用品等都已安排好了，已预付了脚夫们工钱，他们同意带咱们走了。所以你不要再找什么借口。好了，咱们走吧。”

“可是……我还是不明白……”

“我也知道你不会明白，但没关系。”

“是谁安排的？”

马林森干脆地说：“是罗珍，要是你想知道的话。她现在正和脚夫们一起等着咱们呢。”

“等着呢？”

“对，她要和咱们一块儿走。我想你不会有什么意见吧？”

一听到“罗珍”，康维心中的两个世界合二为一了。他几乎轻蔑地喊着说：“胡说，不可能！”

马林森也毫不示弱。“怎么不可能？”

“因为……嗯，就是不可能的。这有许多原因——相信我，这是不可能的事。她要离开这里真的让人难以置信——你所说的这些事让我非常惊讶——让她远离这里的想法是多么可笑。”

“我觉得一点也不可笑。在我的眼里，她想离开这里是十分自然的。”

“但是她不想离开这里。你的问题就出在这里。”

马林森局促地笑着。“我猜想你认为你对她的了解比我多，”他说道，“尽管这样，但是你也许并不了解她。”

“你这是什么意思？”

“语言不通的话，还可以用其他的方式来与人沟通。”

“看在上天的分上,你到底是什么意思呢？”康维更加的平静，继续说道，“太可笑了，我们不用争吵了，告诉我，马林森，这到底是怎么回事？我仍然不明白。”

“你为什么要那么的大惊小怪呢？”

“告诉我真相，请你告诉我真相吧。”

“好吧，这其实很简单。一个像她这样年轻的姑娘，却和一群古怪的老头们关在这里——很自然，只要有机会，她就会逃走的。直到今天，她才有这个机会。”

“你不认为你是站在自己的角度去想象她的处境吗？就像我一直告诉你的一样，她在这里相当的快乐。”

“那么，她为什么会说她想离开呢？”

“她是那样说的吗？她是怎么说的呢？她是不会讲英语的啊。”

“我问过她——我说的是藏语——布林克罗小姐给我拼凑的几句话。尽管说得不是很流利，但是那已经足够了——她可以明白我的意思。”马林森有些脸红，“该死的，康维，不要那样盯着我看——别人会以为我偷了你的宝贝似的。”

康维回答道：“没有人会那么想的，我想。不过，你的话暗示我比你想要告诉我的要多。我只能说非常遗憾。”

“这到底是为什么呢？”

康维任凭烟从指间滑落。他感到劳累而烦心，内心充满矛盾。此时，他宁愿这种感觉从来没有被激起过。他轻声地说道：“我希望我们之间不要老是那么的话不投机。罗珍是非常的迷人，这我知道，但是我们为什么要为此争吵呢？”

“迷人？”马林森讥讽地重复这个词，“不仅仅是迷人，不要以为人人都像你一样是冷血动物。你是把她当做博物馆里的一件展品那样欣赏的，可我就实际多了：我试着去接近她，我爱上什么人就会采取实际行动，并且真正地了解了她的实际情况。”

“但是，这样做是不是有些太冲动了？你认为她会去哪里，如果她要离开这里的话？”

“我猜想她在其他地方肯定会有朋友，不管怎样，总比待在这里好。”

“你对此怎么那么有信心？”

“好了，如果没有其他人照顾她的话，我会照顾她的。终归是，只要你要把某人从地狱般的地方解救出来，你通常就不会停下来去问是否有其他地方可去。”

“你认为香格里拉像地狱吗？”

“毫无疑问，我是那么认为的。这里有某种黑暗而邪恶的东西。整个事情从开始就像那样——我们被某个人毫无理由地带到这里——从那以后，我们被种种借口拘禁在这里。但是最恐怖的是——对我来说——就是在你身上发生的变化。”

“在我的身上？”

“是的，是你。你就像中邪了一样，似乎是什么事都感觉无关紧要，心满意足地永远待在这里。为什么呢，你甚至坦言你喜欢这个地方……康维，你到底是怎么了？难道你就不想找回你真实的自我？在巴斯库尔我们是相处得多么的好啊——那时的你和现在完全两样。”

“我亲爱的小伙子！”

康维把手伸向马林森，马林森激动而热烈地紧紧握住他的手。马林森继续说道：“我想你并没有意识到，但是我这几周以来一直感到十分的孤独。该死的，似乎没有人去关心这唯一真正重要的事——巴纳德和布林克罗小姐倒是情有可原，但是当我发现你反对我的时候，真是糟透了。”

“我很抱歉。”

“你总是说抱歉，但是那没有用的。”

康维心中升起一股突如其来的冲动，情不自禁地说：“让我来帮助你，如果可以的话，我会把有些事告诉你，我希望，你听了之后能够明白很多现在看来是多么的古怪和难解的事。至少，你会理解为什么罗珍不可能和你一起回去。”

“我想不管你说什么都不能让我明白的。你最好简要地说说，因为我们没有时间可以用来浪费了。”

然后，康维尽可能简要地把整个香格里拉的故事和盘托出，就像活佛告诉他的那样，并加上一些他与活佛和张之间的谈话。这是他最不愿意做的事，但是他以为在这样的情形下这样做是正当的，也是必要的。的确，马林森是他的一个难题。他只能按照他认为是合理的方式去解决它。他快速简洁地讲述着，再次沉浸在那个陌生而永恒的世界中。他讲着的时候被香格里拉的美所迷倒，他不止一次地觉得自己是在读一篇诗一样的回忆录，思路清晰，用语准确。只有一事没有提到——那是他的情感到现在都无法接受的——那晚活佛的圆寂及自己继位这一事实。

当这故事要结束的时候，他感到了一丝快意。他高兴自己支撑过来了，这终归是唯一的解决之道。讲完之后他平静地抬起头，自信自己做得不错。

马林森沉默了良久拍着桌子说："我真听不懂你在说什么，康维，莫非你已经疯了……"

两人相对无言，这沉默仿佛持续好久好久。然而，毕竟两人的心境确实太不相谐——康维困惑而失望，马林森却是狂躁不安。"你觉得我疯了吗？"最后康维终于开了口。

马林森突然神经质的一笑似乎是一锤定音："算了，算了，你讲了个故事……我看……是完完全全的妄谈……我是说……哎，真的……那绝对是胡扯……我觉得已没有必要争论下去了。"

康维惊呆了。"你真以为我在胡扯吗？"

"哎，那我还能怎么着？真抱歉，康维，你讲得确实惟妙惟肖——可不知怎么，我就是看不出哪一个神智正常的人会相信你说的那些。"

"看样子，你仍旧认为我们只是因为一次偶然的意外事故流落到这里来的？——难道说真有这么个疯子，制定了一套周详的计划，然后开着飞机溜出来，飞上几千里，就为来搞点恶作剧吗？"

康维说着，一边递了支烟给马林森，他俩都巴不得马上停下来，不再争执。过了会，马林森说："我看，咱们老在这上面争执毫无意义。实际上，你所讲的有人被稀里糊涂派到外面去设下圈套，劫走一些陌生人，那家伙还特意去学习了飞行技术，然后等待时机，直到碰上一架就要离开巴斯库尔的飞机，而机上正好有这么四个乘客……哎，我不是说这绝无可能，只是觉得也太荒唐了，而且非常牵强。就算确实如此，那也只是值得予以考虑，而你，硬要把这跟别的荒唐至极的怪事扯到一块儿——什么百岁老和尚找到某种永葆青春、长生不老的灵丹妙药……我倒觉得是你吃错了药，就是这么回事儿。”

康维笑道：“没错，说了你也不会相信。当初就是我也不敢相信——我差不多已经忘了当时的情景。确实，这是个很不寻常的故事，可我以为，你自己亲眼所见的也足以表明，这本就是个非同寻常的地方。想想我们所看到的一切——隐藏在群山深处的山谷，拥有收藏了欧洲文化经典著作的图书室的寺庙……”

“可不是，没错，还有中央供暖设备，现代化的抽水马桶，可口的午餐，等等，一切的一切——全都不可思议。”

“那么，告诉我，你对此感不感兴趣？”

“真见鬼，一点兴趣没有。我承认这是个谜，可我根本看不出有什么理由去相信那些没有可能性的奇闻。你相信有供热水的浴室，因为那是你亲自使用过的。但是，仅听别人说说，就相信有这么个活了几百岁的人，完全是另一回事。”马林森再一次露出一副古怪的笑容，“看来，这地方确实把你的魂给勾走了，这并不让我奇怪。赶紧收拾收拾你的东西，出发吧。一两个月之后，我们就可以在梅登餐馆里痛痛快快饱餐一顿，想必那时咱俩不会再这么争吵不休了。”

康维冷漠地说：“我根本就对回到那种生活不抱期许。”

“哪种生活？”

“你正在幻想的那种生活……丰盛的晚宴……舞会……马球……一切的一切……”

“可我根本就没提到什么跳舞、马球啊，何况，那又有什么不好的？你是说，你不想跟我回去？你要像他俩一样留在这儿？

那么你起码不要阻拦我啊！”马林森猛地把烟头往地上一摔，随即“轰”的一声蹿起来往门口冲去，双目怒瞪道：“你真是昏了头！”他蛮横地大叫大嚷：“要不就是疯了。康维，你真是出了毛病！我知道，你永远一副冷静姿态，而我老是急躁不堪，但至少我神志还是清醒的，可是上帝，你神经不正常！跟你从巴斯库尔出来之前，就有人告诫过我，我当时觉得他们是错的，现在我明白了，他们都没错……”

“他们又告诫你什么了？”

“领事馆的人曾经说你战时挨过炸弹，自那以后你就完全变了。我不是在诋毁你，我知道这事儿你也没有办法，天知道我讨厌这么讲话……哎，那我只好走了，不管路途多么危险，多么让人厌倦，我都得走，我说到做到。”

“把你的决定告诉罗珍？”

“是的，如果你想知道的话——”

康维站起来，然后抬了抬手。“再见，马林森！”

“最后一次，你真不走了吗？”

“我不能走！”

“那么，后会有期！”

两位好友于是握手告别，马林森匆匆转身离去。

康维落寞地坐在灯笼昏黄的光晕里。他想起一句深深地铭刻在他记忆中的妙语：一切最美好的事物都将如过眼云烟般消逝，而两个世界最终无法和谐共存，一上一下地仅由一根细线维系在半空中，永远不可两者兼得。他陷入了良久的沉思，这时是凌晨三点差十分。

他仍坐在桌旁，点上最后一支烟。然而，不出一小时，马林森又回来了。这小子心急火燎地走进来，一见到康维，便一声不响地站到后面的阴影里，似乎是在调整自己的情绪。隔了片刻，康维先开了口：“喂，怎么回事，这么快就回来了？”

这亲切自然的问话让马林森靠了过来，他脱掉厚重的羊皮，坐了下来。他面无人色，浑身颤抖着告诉康维，他不敢越过他们当初来时用绳索系腰经过的那个险隘。“我没这胆量，”他仿佛呜咽似的说道，“我都已经走到那儿了……可我毫无办法，爬山我根本摸不着门路,而且月光下那地方看上去可真恐怖。我太蠢了！不是吗？”他显得失魂落魄，而又歇斯底里，康维也只能安慰他。一会儿，他又说：“其实根本用不着担心这些家伙能怎么着。也许世上没有人能威胁到他们，不过，我的上帝，我真想哪天用飞机运一堆炸弹把这里给炸了！”

“你怎么会想这么干，马林森？”

“因为这个地方就该被毁掉，管它是个什么东西！因为它既不文明又不纯净！要是你那些怪谈是真的话，那就更让我恨之入骨！一伙干瘪的老家伙躲在这儿，像蜘蛛一样随时准备捕捉任何一个靠近的人……真是无耻至极……更何况，有谁想活到那种岁数？比如你那位高贵的活佛，假如他有你说的一半的年纪，早该有人送他上西天。哦，康维，你为什么不跟我一块儿离开这里？我原本不想求你，可他妈的这一切，我还年轻，而且我们一直都是好朋友——比起那些讨厌的老怪物，我的生命对你来说就一文不值吗？还有罗珍，难道你就不可惜那么年轻的罗珍吗？”

“罗珍并不年轻。”康维说道。

马林森抬起头，开始歇斯底里地哼笑着：“噢，不……当然不年轻……一点都不，她看起来也就十七岁上下，可我知道你会说她实实在在有九十岁了。”

“马林森，她是一八八四年就到的这里。”

“伙计，你这不是在说梦话吧。”

“她的美，和这世上所有的美一样，就在于那些不懂得如何尊重保护它的人的怜悯之下。这是一种脆弱的美，也只能存在于有人怜爱呵护的地方。一旦离开这个峡谷，她就会像空谷回音一样骤然凋残的。”

马林森压着性子，发出刺耳的笑声，似乎对自己的看法很有把握。“我不怕。你要说她是个回声的话，那我要说，在这里她永远也只能是个回声。”他顿了顿，接着说道，“这样说下去，我们哪儿也去不了。咱们最好少一点诗人气质，现实一些。康维，我想帮你一把，我知道这纯粹是一派胡言。可是跟你辩个明明白白，也许对你会有些帮助。我愿假装相信你说的那些事儿都是真的，可也需要验证之后才清楚得了。现在正经告诉我，你愿不愿意证明一下你说的故事？”

康维没讲话。

“那只不过是有人对你编造的一个稀奇古怪的故事罢了，就算讲故事的人是可靠的，而且你也非常了解他，但也不能未经证实就相信他呀。就说这桩事，你有什么证据呢？据我所知，什么证据都没有。罗珍可跟你谈起过她的过去？”

“没有……”

“那么，你怎么能完全相信那些人的话？就说那长生不老之法吧——你能找出什么实例来证明吗？”

康维想了一会儿，举出布里亚克弹过未曾公布的肖邦的乐曲为证。

“噢，这对我没有意义——我不懂音乐，但就算确实是肖邦的作品吧，难道就没有可能它们的来源与他说的不是一回事？”

“当然，有可能。”

马林森接着发挥道：“还有你说的那种保持青春的方法，何以证明？那是种什么药？你见过吗？唔，我倒想知道那是种什么药。你见过或者试过吗？他们所说的东西一点儿实据都没有吗？”

“没有真正见过，我承认。”

“为什么不问问细节？难道你没有想到，这样一个故事需要证实和确认吗？你只是一味相信，也不问问青红皂白？”现在马林森占了上风，他继续道，“除了那些道听途说的东西，你对这地方到底了解多少？你确实是见了几个老头，仅仅是这样吧，除此之外，我们只能说这地方布局还算合理，井然有序，而且似乎文化气息浓厚，管理得也不错，而这是怎么形成、为什么存在，我们完全无从知晓。还有，他们为什么想把我们留在这里？如果这是事实，那同样是个谜，但所有这一切也远不足以让人去相信那个古老传说！何况，兄弟，你也是个有批判性思维的人，竟优柔寡断到对这些胡说八道都深信不疑，我真不明白你为什么对任何事都匆忙下结论，仅仅因为你是在西藏？！”

康维微微点了点头，就算他自己心里一清二楚，他也无法拒绝一个论证充分的观点。“这是非常敏锐的看法，马林森。我认为最显而易见的是，当我们不加怀疑地去相信某件事的时候，会觉得所发现的东西是最吸引人的。”

“算了，如果你到了只剩半条命时，还能看到生活中有什么让人可喜的东西，算我见鬼了。要我选，我只求一次短暂而快乐的人生。那些关于将来的战争的胡扯，在我听来都是毫无意义的。谁又能知道下次战争会在猴年马月，又会是什么样子的呢？对上次那场战争的那些预言，不都全错了吗？”

见康维不作答，马林森继续说：“无论如何，我绝不会光凭道听途说就去相信这种宿命论调。即使真的不可避免，也没有必要惊慌。天知道，如果真得去打仗，我会不会吓得僵直，但与其在这儿埋没一生，我情愿去面对战争的恐怖。”

康维笑道：“马林森，曲解起我的意思来，你可真有一套。在巴斯库尔，你拿我当英雄，而现在，你认为我是懦夫。坦白说，我二者都不是，不过这没有关系。如果你愿意，回到印度之后你尽可以告诉人们，由于我害怕将再次发生战争，决定留在一个藏传佛教寺院里。这当然不是我的理由，不过这无疑能让那些以为我疯了的人信以为真。”

马林森万分伤感地说道："我这样说，你知道，是很傻。不管发生什么事，我决不会说你半句坏话，对此你可以绝对放心。我承认我不理解你，可是我是真希望我能懂。我真这么希望。康维，难道我一点都帮不上你吗？还有什么事要我说要我做吗？"

接下来两人久久无言，最后是康维打破了沉默："只有一个问题想问你——如果你能原谅我涉及你个人隐私的话。"

"问吧。"

"你爱上罗珍了？"

小伙子苍白的脸"刷"一下红了。"我肯定我爱上了她。我知道你会说这很荒唐，也许确实如此，可我完全无法抑制自己的感情啊！"

"我一点不觉得荒唐。"

两人喋喋不休的争论经过许多波折后，这才从风暴中驶进了平静的港湾，娓娓地谈起了罗珍。康维接着说："我也是情不自禁啊。而你们俩，正是让我最牵肠挂肚的两个人，我想，也许你认为我有些怪异。"他突然站起身，在房间里来回踱步，"我们已经，已经是无话不谈了，对吧？"

"是，我想是的。"但马林森又突然急切地说道，"唉，这是多么愚蠢的胡言乱语，你说她已不年轻！这真是可怕的胡说八道。康维，你不能相信这种废话，太荒唐可笑了！这话用意何在呢？"

"你又怎么知道她确实年轻呢？"

马林森扭过身子，脸上露出一丝窘态。"因为我确实知道……可能我不会考虑那么多……可我真的知道……恐怕你根本就没有实实在在地了解过她，康维，她表面上冷漠，可那是生活在这里的原因，所有的热情都被冻结了。可热情终归还在。"

"解冻了？"

"对，可以这么说。"

"她真的那么年轻？你真的肯定？"

马林森温和地说道：“上帝，是的，她完全就是个小姑娘。我真诚地为她感到惋惜。我想我们俩都是情不自禁地为对方所吸引。我并不认为这有什么可耻的。在这样一个地方，我倒认为那是最正常不过的事情……”

康维走向阳台，望着茫茫夜空下的卡拉卡尔山，月亮高悬，好似在一片风平浪静的汪洋里徐徐飘摇。他猛然觉得一个梦正在醒来，像一切太可爱的事物一样，一旦触到现实这张让人无奈的巨网，整个世界的未来较之以青春和爱情，都将轻若云烟。而他心里也清楚，自己心灵深处的那个世界已经浓缩成为香格里拉，而且，这个世界也正受到威胁。

即使他努力让自己振作起来，可他发觉自己的思绪已被冲击得扭曲，那些亭台楼阁即将颠覆，一切将坍塌成废墟。他感到很难受，但更感到无尽的伤感和困惑。他此时并不清楚自己是疯了还是清醒的，或者本来是清醒而现在却变得失常。

当他转身回到屋里的时候，他有了截然不同的感觉；他的声音突然变得尖厉起来，甚至可以说有些粗鲁；他看上去远远胜过那个曾经的巴斯库尔的英雄康维。他咬紧牙关，立即振作起来，他直视着马林森，刹那间仿佛突然警醒起来。“如果我跟你一起走，能不能设法弄根绳索来？”他问道。

马林森高兴得跳了起来。“康维！”他几乎失声，“你是说，你要走了？你终于下决心走了？”

一等康维备好行装，两人立即出发了。离开寺区出奇的轻松，与其说逃跑还不如说辞别。他们神不知鬼不觉地穿过明暗交错的院落。康维觉得这简直是在出入于无人之境。可随即，这种空荡荡的感觉，却化为他自己心中的空白。一路上，马林森一直絮叨这旅途的事，尽管他几乎没听进什么。这可真是稀奇啊，他俩久久不肯罢休的争执如今终于停歇，而那座神秘的圣殿——香格里拉，却要被那如此幸运地发现它的人所抛弃！事实上，不到一个小时，他俩已气喘吁吁地来到隘道的拐弯处，他们从那儿向香格里拉投去了最后的一瞥。只见下面那条深邃的山谷像一片静止的浮云，康维透过微微湿润的双眼，仿佛看见那鳞次栉比的蓝瓦屋顶透过蒙蒙轻烟在跟随他飘摇。这是最后的离别的时刻了！这时，马林森被千仞陡壁所震慑，气喘吁吁地说道："好啦，伙计，咱们干得不赖，走吧！"

康维一阵苦笑，什么也没说。他已经开始为翻过刀削一般的断崖准备绳索。这个小伙子说的没错，他确实已作出了决定，然而这仅仅是出于他心灵中最后剩下的那一部分，脑海里那微小而活跃的想法现在占据了支配地位，而余下的却是难以忍受的空虚和失落。他是一个徘徊于两个世界的漂泊者，将永远漂泊下去。而眼下，他内心深处只有渐渐沉重的失落感；而他唯一意识到的就是他喜欢马林森，所以必须得帮助他，像芸芸众生一样，他命中注定要远离智慧，而去充当所谓的英雄。

爬上悬崖，马林森万分紧张，而康维却从容地用熟练的登山技术帮他翻越了重重障碍，闯过了最艰难的一段。他们斜靠在山崖边的岩石上，点上烟，歇口气。"康维，我要说你真他妈是个好人！你也许能想象得到我的感觉，我说不出有多高兴……"

"我要是你的话，就不会像你这么干的。"

等了很长一会儿，他们准备重新上路，马林森接着说："我之所以感到高兴，不是仅为我自己，也是为你，现在你能意识到所有那些全是胡扯，这太好了，你能重新正视自己，真的很了不起！"

"根本不是这么回事。"他这无谓的回答完全是在自我安慰。

拂晓时分，他俩已翻过山岭，出其不意地通过了无人把守的关口。不过康维又想，说实在的把守这条路的人也不过是睁一只眼闭一只眼的。他们不久便进入平缓的高原地带，轻松得仿佛御风而行，最后，在走下了一个缓坡后，脚夫们的营地出现在视野之中。正如马林森所说，那些人已经为他们做好了准备，这些蜷缩在寒风之中彪悍健壮的家伙都迫不及待要动身赶往东面一千一百英里之外的稻城府。

“她同我们一起走！”一见到罗珍，马林森就激动地叫了起来。他忘了她听不懂英语，还是康维给她翻译成藏语的。

在他印象里，这满族姑娘从未曾表现得这么高兴过。她向他投来迷人的一笑，可她的眼神却总徘徊在马林森那小伙子身上。

尾　声

我再次见到卢瑟福是在德里。我们是作为总督府一次晚餐会上的客人重逢的。由于座位离得较远以及各种礼仪的缘故，直到侍从把礼帽递到手里时我们才凑到一块。他向我邀请道："跟我回宾馆喝一杯。"

我们搭上一辆出租车从犹如油画般的鲁登斯镇出发，来到老德里城区温馨而让人心悸的涌动着的风景画中。我从报上得知卢瑟福刚从喀什回来，他属于那种把所有事都安排得周到细致的人；每次非比寻常的度假总带着点调查探险的意思，而这位调查者根本就没有真正在度假，公众不知道他别有用意。他充分利用人们对他仓促匆忙的印象做掩护而自行其是。譬如卢瑟福的这次旅行，依我看肯定不是报纸上说的那样，是一次什么有划时代意义的对一座古城废墟的考察。埋没在地下的和阗古城早已是人皆熟知的旧事了，如果还记得斯坦和西文·赫丁的话。我相当了解卢瑟福，于是故意拿这事跟他打趣。他大笑道："没错，事实真相足可以编一个更精彩的故事了。"他说得含糊隐晦。

我们在他的房间喝着威士忌。待了一会儿，我抓住一个合适的时机，说："那么您真是去追踪康维？"

"'追踪'这词夸张了点吧，"他答道，"在半个欧洲那么大的地方怎么去找到一个人？只能说我访遍了我认为他会去的地方，或能打听他的行踪的地方——你或许还记得，他给我的最后那封信上说他要离开曼谷去西北方向。有迹象表明他已去往内陆地区。

我认为他不会去缅甸，很可能是设法到了中国边疆的少数民族地区，在那里他还偶然碰上了些英国官员。总之他最后很明显就消失在泰国北部的某个地方了。当然，我是绝不会想跑到那地方去找他的，太遥远了。”

“或许你认为蓝月谷更容易找到？”

“可是，我终于觉出他是在有意躲避熟人，便放弃了再见他的打算，决定从侧面探听消息。”

“嗯，这比较像是一个确切的地点。我想你已经看过我的稿子了。”

“不止看了，本来早打算寄给你，可你没有给我留下任何地址。”

卢瑟福点了点头。“我想听听你的看法。”

“我觉得确实很不同寻常，但似乎有些夸张，真的。当然，我知道那完全是根据康维给你讲的那些东西写的。”

“说实在的，我确确实实没有任何虚构。而且连我自己的话都比你想象的少得多，我的记性不错，况且康维讲故事总有自己的一套。别忘了，我们实实在在地谈过一天一夜。”

“我觉得，这稿子真的非同凡响。”

他靠在椅子上笑了笑。“如果这就是你的全部看法，那我还得为自己再补充几句。我想，也许你以为我是个容易轻信的人，可我自己并不这样认为。生活中，往往是人们相信太多而犯错，但相信太少又觉得生活缺乏趣味。我自然对康维的故事深信不疑，而且是经过从不同的角度的考量之后的，这就是为什么我会对此如此热心，尽可能详尽地把这故事写下来的原因，且不管是否还有机会再与他相逢。”

他点了支烟，接着说：“也就是说，我为此经过了许多奇特而艰辛的旅程，但我喜欢这种生活。我的出版商偶尔也会接受出本游记什么的。说起来，我已经走过了好几千英里，到过巴斯库尔、曼谷、重庆、喀什等地方，而那个谜一般的神秘所在就在这个大范围内的某个地方。你也知道，这范围实在太大，因而我连个大概也没调查出来，或者说连那个谜的边都没沾着。至于康维那次冒险经历的第一手资料，目前为止我所查证出的情况不过这么一些：去年五月二十日，他离开巴斯库尔，十月五日到了重庆，而他最后的消息是；他于今年二月三日再次离开曼谷。剩下的都是些模棱两可的猜测，神话似的传说，随你怎么说都行。”

“也就是说你在西藏没有任何发现？”我问。

“谈何容易！我根本就没有到达西藏。当地政府官员对我的请求置之不理，简直跟要他们批准攀登珠穆朗玛峰一样难。当我告知他们要一个人到昆仑山地区转转时，他们吃惊得仿佛我是要去刺杀甘地似的。事实上，他们可比我在行多了，要在西藏旅行，一个人是绝对行不通的，必须得有一支装备精良的队伍，还得有个懂一两门当地土语的向导才行。记得当时康维给我讲的时候，我就在纳闷，他们干吗非得等那些脚夫，而不直接走？不久我就明白了。那些官员说得对，即使有世界上所有的护照，也不可能让我进入昆仑山。实际上我已经到了可以远远看到这些山脉的范围内。记得那天晴空万里，这些山脉可能就在距离我五十英里远的地方。多少欧洲人能有这样的机会？”

“那些山峰果真如此险恶而神秘吗？”

“看上去，其实就像地平线上耸起的一撮白色绒毛罢了。实际上，我在探访途中，向每一个我遇见的人打听香格里拉，可半点线索也没打听出来，我想这必定是世界上人烟最稀少的区域。一次我有幸碰到一个曾试图翻越这些山脉的美国旅行家，可他自己也是迷了路，他说山上倒是有路，但都很是陡峭危险，地图上也找不到它们。我问他有无可能存在康维所描述的那样一个山谷。他说不能说没有可能，但又认为从这里的地质构造来看似乎又不太可能。我又问他有没有听说过一座高度和珠穆朗玛峰相当的锥形山峰，他也是含糊其辞。他倒是听说有那么个传说，但他认为缺乏根据；甚至有一些谣传说有座山实际上已经超过珠穆朗玛峰，但他自己并不相信。对昆仑山脉中是否会有任何超过二千五百英尺的山峰，他表示怀疑。但他也承认从来没人准确测量过这些山峰。

“之后我问他是否了解藏族寺庙，他已不是第一次到这一带旅行，可他给我说的全是书本上读来的那套陈词滥调。他不停向我说明那些寺庙其实没什么可取之处。‘他们都很长寿吗？’我问他。他说若不是死于什么顽疾和绝症，一般来说都比较长寿。随后，我斗胆问到有没有听说过和尚长生不老的传说。‘是听说过，’他答道，‘不过这种传说遍地都是，而根本无法去核实。一个腐烂发臭的老家伙被封装在一个什么密室里，然后他们告诉你，这人活了一百年，还挺像那么回事，只是你根本无从知晓他的出生年月。’我问他是否认为有什么秘诀或者秘方能让人长生不老或青春永驻的，他说据说那些和尚是有很多秘诀，但他怀疑只不过是印度人那套骗人的把戏，其实可能没什么稀罕的，然而，他又说这些僧人似乎确实有一种控制自己身体的奇特能力。他亲眼见过一些僧人赤身裸体坐在结冰的湖边，当时气温在零度以下，寒风刺骨。他们让几个仆人把冰破开，然后将浸透冰水的被单裹在身上，这样反反复复，最后竟用自己的身体把被单烘干，很可能他们便是用意念来保持体温的。不过这解释也很牵强。”

卢瑟福呷了一口酒。“当然，我这位美国朋友也承认这与长寿并没有多少关系，只是证明了僧侣在修炼时爱搞些奇特的花招……讲了这么多，或许你也会同意，这些迹象还远不足以说明问题。”

我说这确实还远远不够，然后问他那个美国人对“卡拉卡尔”和“香格里拉”这两个名称有什么想法没有。

“毫无想法——两个我都问过，我甚至就这个问题一再纠缠他。这美国人说他对寺庙僧院之类从来不感兴趣，还曾对一个在西藏碰到的家伙说，那些寺庙只要能避开，他就尽量避开。纯属偶然，我突发奇想地问他那是什么时候的事。他回答说大概在战前，1911 年。我要他说细节，于是他把他能记起来的都告诉了我，他那时好像带着一些助手和脚夫为美国地理学会进行考察旅行——那确实是一次历时较长的探险。在接近昆仑山的一个地方碰见过一个中国人，坐在众人抬着的一顶轿子上，而且居然说一口漂亮的英语，并极力推荐他们去附近的一个寺庙，并且愿意当他的向导。但那个美国人以没时间也没兴趣为由推辞了。就是这样。”卢瑟福停了一下，解释说，“我不是说这能说明什么问题。一个人竭力回忆二十年前的一桩琐事，你不可能过分联想引申，但这到底还是有些耐人寻味的东西。”

“没错，不过假如一个装备精良的探险队接受了邀请的话，我想象不出他们会怎样被迫地滞留在那个寺庙中。”

“没错。不过，也许那根本并不是香格里拉。”

我们苦苦思索，可仍觉得模模糊糊，争执现在是没有用的。我接着问他在巴斯库尔有何收获。卢瑟福说和在白沙瓦一样，一无所获。虽然那里的人承认确实有过一件劫持飞机的事件，但没有人能说什么，他们甚至不想提这件不怎么光彩的事。

“后来也再没有那架飞机的消息了吗？”

“半点消息都没有，连同那四名乘客，连个谣传都没有。不过，我查证到，那飞机确实能飞越那些高山，我还调查过巴纳德，看他是不是像康维说的，是个真名叫布赖恩特的诈骗犯。可惜无从查找，他的过去非常神秘，如果真是，我也一点不会奇怪。更何况，在一片将他捉拿归案的叫嚣声中消失得无影无踪，也确实不可思议。”

“你有没有了解到那个劫机犯的什么情况呢？”

“我了解过，也是毫无结果。至于那个被打昏的飞行员，他最后死了，这条原本有戏的线索也就断了。对了，我还写信给我一个在美国办航校的朋友打听是否收过一个西藏人当学员。令人失望的是，他很快给我回信，说他有五十来个中国学员，但他根本分不清藏人和汉人。而且那五十个中国学员，都是为抗击日本人的侵略而在那里培训的，那儿也没有什么机会了。幸运的是，我在伦敦无意中找到了另一条很离奇的线索，发现大约在一八八七年有个叫迈斯特的德国教授去了西藏，一去未归。有传闻说他在蹚水过河时淹死了。”

“老天，康维提到过这个名字？！”

“是的，不过可能是同名，所以不能完全证实整个故事。更何况，那个德国人生于一八四五年，所以也没什么值得兴奋的。”

“可是，这事儿也很奇怪。”我说。

“是啊，没错，是很奇怪。”

“你还调查过其他的人吗？”

“至于其他人嘛，很可惜我没有更多的人可以了解。”卢瑟福歇了一下说，“像肖邦的那个学生布里亚克，我找不到关于他的任何记录。康维也只简单提到这么几个人的名字，你好好想想看，五十多个僧侣之中他只说出一两个——佩劳尔特、亨舍尔，全都不可能打听他们的真伪虚实了。”

我这时忍不住问：“那马林森呢？你了解到他后来怎么样了没？还有那姑娘，那个满族姑娘呢？”

“亲爱的伙计，这，我当然要打听了。遗憾的是，你可能在书稿中也看到了，康维的故事到他们跟那些送货脚夫们离开山谷那一刻就结束了，那之后，他不能，也不想告诉我后来到底发生了些什么——要是当时时间再多一点，或许他会一并讲给我的。我们只好推测马林森的结局不妙。何况，旅程的一路艰险也是骇人听闻的，不是途中遭土匪袭击，就是护送他们的那些人可能失信了。或者，也许根本就无法再确切地弄清最后到底出了什么事。但是还是有一点是可以证实的，那就是，马林森根本没有去到中国内地。你知道，我是使劲了浑身解数，做了各种各样的寻访调查，我查阅了尽可能多的资料，还寄了很多委托信到西藏和内地所有可望得到回复的地方，比如上海啊，北京啊，然而毫无音讯。当然那也说不上有什么用，因为毫无疑问，那些僧人很清楚，他们运入物品的渠道必须绝对保密。后来。我试着去了一趟稻城府。那可真是个古怪的地方，仿佛世界上最偏远的一个集镇，到达那里真的是太难了。来自云南的贩夫在那里把他们的茶叶在这里转手交给藏族人。你可以从我即将出版的另一本新书上读到这方面的情况。欧洲人很少来到如此遥远的地界。可我发现，那里的人都十分儒雅，但这里绝对没有康维他们一伙曾在此逗留的迹象。”

“那么康维最后来到重庆该怎么解释呢？”

“只能解释他是四处游荡，游荡到那里侥幸生还的。总之，到了重庆，我们又被种种蹊跷之事纠缠不清。关于这事，教会医院的那些修女倒是很坦率。那么，西夫金听到康维弹起肖邦的练习曲何以如此激动，”卢瑟福停了停，饶有意味地接着说，“这倒真的是一个可以对各种可能性作出考量的线索。当然如果你不接受康维的故事，那就是说你怀疑他神智是否正常，但另一方面，他也有可能是完全坦诚的。”

见他中断了叙述，似乎想让我谈谈看法，于是我说：“你也知道，战后我就没再见过他，但有人说战争让他变了许多，正像多多少少改变了所有的人一样。”

卢瑟福点头。“没错，他确实变了不少，这无可否认，你不能强求一个小伙子在经受三年身体和精神的磨难之后还能同原来一样。我知道有人会说，他连皮都没伤着就过来了，可他的创伤……其实是在心里啊。”

我们接着谈论了一会儿战争及其对不同人造成的各种影响，

最后他忽然说："对了，有一件事我必须提一提。从某种角度说，这可是最叫人感到奇怪的一点。

"那是我在重庆那个教会医院调查时，修女们尽量帮我收集康维的情况。但她们也不记得多少了，尤其是，她们那会儿正忙着抢救一位高烧传染病人。我问她们康维是怎么到这家医院来的，是一个人来的还是什么人发现他病了把他送来的。然而，她们无法确切地回忆起来，毕竟已间隔很长一段时间了。就在我要放弃调查时，一个修女突然不经意地说：'我想起来了，医生好像说他是由一个女人带来的。'可是这个修女又说那个医生已经离开教会医院到上海去了。这样，我又追访到上海，想方设法弄到他的地址，好不容易才见到了那个医生。日军的空袭刚过，到处是惨不忍睹的场面。说实话，德军对伦敦的空袭比起日本人对上海的狂轰滥炸就是小巫见大巫了。他正在忙于救护伤员。因为在第一次到重庆时就见过面，他还是很客气地接见了我，明白我的来意后，立马说他记得那个丧失了记忆力的英国病人。我问当时是不是一个女人带他去的医院？他肯定地回答说是一个中国女人。后来我又问他是否记得这个女人任何可提及的特点。他回答有，他说那个女人当时自己也得了伤寒，并且几乎是一到医院就死了，其他就都不清楚了……就在那时，抬进来一大批伤员，我们的谈话中断了，他们被放到排满过道的担架上。话已说得差不多了，我也不想再占用那位医生的时间，外面枪声响成一片，催促着他有很多的事要做。而当他又回到我身边时，就是在这样恐怖的时候，他看上去却十分振奋。我壮着胆子提了最后一个问题：那个中国女人，您记得吗？她年轻吗？"

说到这儿，卢瑟福轻轻弹了一下烟头，仿佛这叙述也使他兴奋不已，就像他所希望的我感动的程度一样，说："那个医生严肃地望了我片刻，然后十分礼貌地用那种滑稽但流利的中国腔英语回答说——'啊，不、不，她很老、很老，我从来没见过那么老的女人。’”

我俩坐下，相对无言，沉默良久。……后来，我又开始谈起我记忆中的康维，那个一脸天真，然而天赋异常，充满韧劲的年轻小伙；说起那场改变了他的战争，以及许许多多关于时间、岁月和心灵的秘密；说起那位已经很老很老了的满族姑娘，还有那神奇的遥不可及的蓝色月亮般的梦幻。

“你认为，他会找到香格里拉吗？”我问。

德格林

1933年4月

双语译林　壹力文库
丛书书目

第一辑

动物庄园〔英国〕乔治·奥威尔

一九八四〔英国〕乔治·奥威尔

雾都孤儿〔英国〕查尔斯·狄更斯

傲慢与偏见〔英国〕简·奥斯汀

简·爱〔英国〕夏洛蒂·勃朗特

呼啸山庄〔英国〕艾米莉·勃朗特

包法利夫人〔法国〕古斯塔夫·福楼拜

茶花女〔法国〕小仲马

红字〔美国〕纳撒尼尔·霍桑

嘉莉妹妹〔美国〕西奥多·德莱塞

小妇人〔美国〕路易莎·梅·奥尔柯特

契诃夫中短篇小说选〔俄罗斯〕安东·契诃夫

莫泊桑中短篇小说选〔法国〕居伊·德·莫泊桑

马克·吐温中短篇小说选〔美国〕马克·吐温

欧·亨利中短篇小说选〔美国〕欧·亨利

泰戈尔诗选〔印度〕罗宾德拉纳特·泰戈尔

勃朗宁夫人十四行诗〔英国〕伊丽莎白·勃朗宁

莎士比亚十四行诗〔英国〕威廉·莎士比亚

莎士比亚四大悲剧〔英国〕威廉·莎士比亚

莎士比亚四大喜剧〔英国〕威廉·莎士比亚

沉思录〔古罗马〕马可·奥勒留

世界简史〔英国〕H. G. 威尔斯

君主论〔意大利〕尼可罗·马基雅弗利

瓦尔登湖〔美国〕亨利·戴维·梭罗

社会契约论〔法国〕让–雅克·卢梭

假如给我三天光明〔美国〕海伦·凯勒

人性的弱点〔美国〕戴尔·卡耐基

人性的优点〔美国〕戴尔·卡耐基

致加西亚的信〔美国〕埃尔伯特·哈伯德

教子书〔英国〕查斯特菲尔德

安徒生童话〔丹麦〕汉斯·克里斯蒂安·安徒生

爱的教育〔意大利〕埃得蒙多·德·亚米契斯

原来如此〔英国〕鲁德亚德·吉卜林

爱丽丝漫游奇境记〔英国〕刘易斯·卡罗尔

小王子〔法国〕圣埃克苏佩里

第二辑

白夜〔俄罗斯〕菲奥多尔·陀思妥耶夫斯基

鲁滨孙漂流记〔英国〕丹尼尔·笛福

格列佛游记〔英国〕乔纳森·斯威夫特

红与黑〔法国〕司汤达

都柏林人〔爱尔兰〕詹姆斯·乔伊斯

理智与情感〔英国〕简·奥斯汀

双城记〔英国〕查尔斯·狄更斯

儿子与情人〔英国〕D. H. 劳伦斯

野性的呼唤〔美国〕杰克·伦敦

海狼〔美国〕杰克·伦敦

消失的地平线〔英国〕詹姆斯·希尔顿

蝴蝶梦〔英国〕达芙妮·杜穆里埃

了不起的盖茨比〔美国〕F. 司各特·菲茨杰拉德

小人物日记〔英国〕乔治·格罗史密斯 威登·格罗史密斯

最后一课〔法国〕阿尔丰斯·都德

爱伦·坡短篇小说选〔美国〕爱伦·坡

里柯克幽默小品选〔加拿大〕斯蒂芬·里柯克

一个已婚男人的自述〔新西兰〕凯瑟琳·曼斯菲尔德

忏悔录（精华本）〔法国〕让-雅克·卢梭

罗马十二帝王传〔古罗马〕苏维托尼乌斯

培根论说文集〔英国〕弗朗西斯·培根

文化和价值〔英国〕路德维希·维特根斯坦

菊与刀〔美国〕露丝·本尼迪克特

中国人的气质〔美国〕明恩溥

富兰克林自传〔美国〕本杰明·富兰克林

金银岛〔英国〕罗伯特·路易斯·史蒂文森

八十天环游地球〔法国〕儒勒·凡尔纳

时间机器〔英国〕H. G. 威尔斯

克雷洛夫寓言选〔俄罗斯〕伊万·克雷洛夫

伊索寓言〔古希腊〕伊索

永别了，武器〔美国〕欧内斯特·米勒·海明威

太阳照常升起〔美国〕欧内斯特·米勒·海明威

海底两万里〔法国〕儒勒·凡尔纳

神秘岛〔法国〕儒勒·凡尔纳

恋爱中的女人〔英国〕D. H. 劳伦斯

夜莺与玫瑰〔英国〕奥斯卡·王尔德

LOST HORIZON

James Hilton

CONTENTS

PROLOGUE

Cigars had burned low, and we were beginning to sample the disillusionment that usually afflicts old school friends who have met again as men and found themselves with less in common than they had believed they had. Rutherford wrote novels; Wyland was one of the Embassy secretaries; he had just given us dinner at Tempelhof—not very cheerfully, I fancied, but with the equanimity which a diplomat must always keep on tap for such occasions. It seemed likely that nothing but the fact of being three celibate Englishmen in a foreign capital could have brought us together, and I had already reached the conclusion that the slight touch of priggishness which I remembered in Wyland Tertius had not diminished with years and an M.V.O. Rutherford I liked more; he had ripened well out of the skinny, precocious infant whom I had once alternately bullied and patronized. The probability that he was making much more money and having a more interesting life than either of us, gave Wyland and me our one mutual emotion—a touch of envy.

The evening, however, was far from dull. We had a good view of the big Luft-Hansa machines as they arrived at the aerodrome from all parts of Central Europe, and towards dusk, when arc-flares were lighted, the scene took on a rich, theatrical brilliance. One of the planes was English, and its pilot, in full flying-kit, strolled past our table and saluted Wyland, who did not at first recognize him. When he did so there were introductions all around, and the stranger was invited to join us. He was a pleasant, jolly youth named Sanders. Wyland made some apologetic remark about the difficulty of identifying people when they were all dressed up in Sibleys and flying-helmets; at which Sanders laughed and answered: "Oh, rather, I know that well enough. Don't forget I was at Baskul." Wyland laughed also, but less spontaneously, and the conversation then took other directions.

Sanders made an attractive addition to our small company, and we all drank a great deal of beer together. About ten o'clock Wyland left us for a moment to speak to someone at a table nearby, and Rutherford, into the sudden hiatus of talk, remarked: "Oh, by the way, you mentioned Baskul just now. I know the place slightly. What was it you were referring to that happened there?"

Sanders smiled rather shyly. "Oh, just a bit of excitement we had once when I was in the Service. " But he was a youth who could not long refrain from being confidential. "Fact is, an Afghan or an Afridi or somebody ran off with one of our buses, and there was the very devil to pay afterwards, as you can imagine. Most impudent thing I ever heard of. The blighter waylaid the pilot, knocked him out, pinched his kit, and climbed into the cockpit without a soul spotting him. Gave the mechanics the proper signals, too, and was up and away in fine style. The trouble was, he never came back."

Rutherford looked interested. "When did this happen?"

"Oh—must have been about a year ago. May, thirty-one. We were evacuating civilians from Baskul to Peshawar owing to the revolution—perhaps you remember the business. The place was in a bit of an upset, or I don't suppose the thing could have happened. Still, it *did* happen—and it goes some way to show that clothes make the man, doesn't it?"

Rutherford was still interested. "I should have thought you'd have had more than one fellow in charge of a plane on an occasion like that?"

"We did, on all the ordinary troop-carriers, but this machine was a special one, built for some maharajah originally—quite a stunt kind of outfit. The Indian Survey people had been using it for high-altitude flights in Kashmir."

"And you say it never reached Peshawar?"

"Never reached there, and never came down anywhere else, so far as we could discover. That was the queer part about it. Of course, if the fellow was a tribesman he might have made for the hills, thinking to hold the passengers for ransom. I suppose they all got killed, somehow. There are heaps of places on the frontier where you might crash and not be heard of afterwards. "

"Yes, I know the sort of country. How many passengers were there?"

"Four, I think. Three men and some woman missionary. "

"Was one of the men, by any chance, named Conway?"

Sanders looked surprised. "Why, yes, as a matter of fact. 'Glory' Conway—did you know him?"

"He and I were at the same school," said Rutherford a little self-consciously, for it was true enough, yet a remark which he was aware did not suit him.

"He was a jolly fine chap, by all accounts of what he did at Baskul," went on Sanders.

Rutherford nodded. "Yes, undoubtedly...but how extraordinary...extraordinary..." He appeared to collect himself after a spell of mind-wandering, Then he said: "It was never in the papers, or I think I should have read about it. How was that?"

Sanders looked suddenly rather uncomfortable, and even, I imagined, was on the point of blushing. "To tell you the truth," he replied, "I seem to have let out more than I should have. Or perhaps it doesn't matter now—it must be stale news in every mess, let alone in the bazaars. It was hushed up, you see—I mean, about the way the thing happened. Wouldn't have sounded well. The government people merely gave out that one of their machines was missing, and mentioned the names. Sort of thing that didn t attract an awful lot of attention among outsiders. "

At this point Wyland rejoined us, and Sanders turned to him half-apologetically. "I say, Wyland, these chaps have been talking about 'Glory' Conway. I'm afraid I spilled the Baskul yarn—I hope you don't think it matters?"

Wyland was severely silent for a moment. It was plain that he was reconciling the claims of compatriot courtesy and official rectitude. "I can't help feeling," he said at length, "that it's a pity to make a mere anecdote of it. I always thought you air fellows were put on your honor not to tell tales out of school." Having thus snubbed the youth, he turned, rather more graciously, to Rutherford. "Of course, it's all right in your case, but I'm sure you realize that it's sometimes necessary for events up on the frontier to be shrouded in a little mystery."

"On the other hand," replied Rutherford dryly, "one has a curious itch to know the truth."

"It was never concealed from anyone who had any real reason for wanting to know it. I was at Peshawar at the time, and I can assure you of that. Did you know Conway well—since school days, I mean?"

"Just a little at Oxford, and a few chance meetings since. Did *you* come across him much?"

"At Angora, when I was stationed there, we met once or twice."

"Did you like him?"

"I thought he was clever, but rather slack."

Rutherford smiled. "He was certainly clever. He had a most exciting university career—until war broke out. Rowing Blue and a leading light at the Union and prizeman for this, that, and the other—also I reckon him the best amateur pianist I ever heard. Amazingly many-sided fellow, the kind, one feels, that Jowett would have tipped for a future premier. Yet, in point of fact, one never heard much about him after those Oxford days. Of course the war cut into his career. He was very young and I gather he went through most of it."

"He was blown up or something," responded Wyland, "but nothing very serious. Didn't do at all badly, got a D.S.O. in France. Then I believe he went back to Oxford for a spell as a sort of don. I know he went east in twenty-one. His Oriental languages got him the job without any of the usual preliminaries. He had several posts."

Rutherford smiled more broadly. "Then, of course, that accounts for everything. History will never disclose the amount of sheer brilliance wasted in the routine of decoding F.O. chits and handing round tea at legation bun-fights."

"He was in the Consular Service, not the Diplomatic, " said Wyland loftily. It was evident that he did not care for the chaff, and he made no protest when, after a little more badinage of a similar kind, Rutherford rose to go. In any case it was getting late, and I said I would go, too. Wyland's attitude as we made our farewells was still one of offcial propriety suffering in silence, but Sanders was very cordial and he said he hoped to meet us again sometime.

I was catching a transcontinental train at a very dismal hour of the early morning, and, as we waited for a taxi, Rutherford asked me if I would care to spend the interval at his hotel. He had a sitting room, he said, and we could talk. I said it would suit me excellently, and he answered: "Good. We can talk about Conway, if you like, unless you're completely bored with his affairs. "

I said that I wasn't, at all, though I had scarcely known him. "He left at the end of my first term, and I never met him afterwards. But he was extraordinarily kind to me on one occasion. I was a new boy and there was no earthly reason why he should have done what he did. It was only a trivial thing, but I've always remembered it."

Rutherford assented. "Yes, I liked him a good deal too, though I also saw surprisingly little of him, if you measure it in time."

And then there was a somewhat odd silence, during which it was evident that we were both thinking of someone who had mattered to us far more than might have been judged from such casual contacts. I have often found since then that others who met Conway, even quite formally and for a moment, remembered him afterwards with great vividness. He was certainly remarkable as a youth, and to me, who had known him at the hero-worshipping age, his memory is still quite romantically distinct. He was tall and extremely good-looking, and not only excelled at games but walked off with every conceivable kind of school prize. A rather sentimental headmaster once referred to his exploits as "glorious", and from that arose his nickname. Perhaps only he could have survived it. He gave a Speech Day oration in Greek, I recollect, and was outstandingly first-rate in school theatricals. There was something rather Elizabethan about him—his casual versatility, his good looks, that effervescent combination of mental with physical activities. Something a bit Philip-Sidneyish. Our civilization doesn't often breed people like that nowadays. I made a remark of this kind to Rutherford, and he replied: "Yes, that's true, and we have a special word of disparagement for them—we call them dilettanti. I suppose some people must have called Conway that, people like Wyland, for instance. I don't much care for Wyland. I can't stand his type—all that primness and mountainous self-importance. And the complete head-prefectorial mind, did you notice it? Little phrases about 'putting people on their honor' and 'telling tales out of school'—as though the bally Empire were the Fifth Form at St. Dominic's! But, then I always fall foul of these sahib diplomats."

We drove a few blocks in silence, and then he continued: "Still, I wouldn't have missed this evening. It was a peculiar experience for me, hearing Sanders tell that story about the affair at Baskul. You see, I'd heard it before, and hadn't properly believed it. It was part of a much more fantastic story, which I saw no reason to believe at all, or well, only one very slight reason, anyway. Now there are two very slight reasons. I dare say you can guess that I'm not a particularly gullible person. I've spent a good deal of my life traveling about, and I know there are queer things in the world—if you see them yourself, that is, but not so often if you hear of them second hand. And yet..."

He seemed suddenly to realize that what he was saying could not mean very much to me, and broke off with a laugh. "Well, there's one thing certain—I'm not likely to take Wyland into my confidence. It would be like trying to sell an epic poem to Tit-Bits. I'd rather try my luck with you."

"Perhaps you flatter me," I suggested.

"Your book doesn't lead me to think so."

I had not mentioned my authorship of that rather technical work (after all, a neurologist's is not everybody's "shop"), and I was agreeably surprised that Rutherford had even heard of it. I said as much, and he answered: "Well, you see, I was interested, because amnesia was Conway's trouble at one time."

We had reached the hotel and he had to get his key at the bureau. As we went up to the fifth floor he said: "All this is mere beating about the bush. The fact is, Conway isn't dead. At least he wasn't a few months ago."

This seemed beyond comment in the narrow space and time of an elevator ascent. In the corridor a few seconds later I responded: "Are you sure of that? How do you know?"

And he answered, unlocking his door: "Because I traveled with him from Shanghai to Honolulu in a Jap liner last November." He did not speak again till we were settled in armchairs and had fixed ourselves with drinks and cigars. "You see, I was in China in the autumn on a holiday. I'm always wandering about. I hadn't seen Conway for years. We never corresponded, and I can't say he was often in my thoughts, though his was one of the few faces that have always come to me quite effortlessly if I tried to picture it. I had been visiting a friend in Hankow and was returning by the Pekin express. On the train I chanced to get into conversation with a very charming Mother Superior of some French sisters of charity. She was traveling to Chung-Kiang, where her convent was, and, because I knew a little French, she seemed to enjoy chattering to me about her work and affairs in general. As a matter of fact, I haven't much sympathy with ordinary missionary enterprise, but I'm prepared to admit, as many people are nowadays, that the Romans stand in a class by themselves, since at least they work hard and don't pose as commissioned officers in a world full of other ranks. Still, that's by the by. The point is that this lady, talking to me about the mission hospital at Chung-Kiang, mentioned a fever case that had been brought in some weeks back, a man who they thought must be a European, though he could give no account of himself and had no papers. His clothes were native, and of the poorest kind, and when taken in by the nuns he had been very ill indeed. He spoke fluent Chinese, as well as pretty good French, and my train companion assured me that before he realized the nationality of the nuns, he had also addressed them in English with a refined accent. I said I couldn't imagine such a phenomenon, and chaffed her gently about being able to detect a refined accent in a language she didn't know. We joked about these and other matters, and it ended by her inviting me to visit the mission if ever I happened to be thereabouts. This, of course, seemed then as unlikely as that I should climb Everest, and when the train reached Chung-Kiang I shook hands with genuine regret that our chance contact had come to an end. As it happened, though, I was back in Chung-Kiang within a few hours. The train broke down a mile or two further on, and with much difficulty pushed us back to the station, where we learned that a relief engine could not possibly arrive for twelve hours. That's the sort of thing that often happens on Chinese railways. So there was half a day to be lived through in Chung-Kiang—which made me decide to take the good lady at her word and call at the mission.

"I did so, and received a cordial, though naturally a somewhat astonished, welcome. I suppose one of the hardest things for a non-Catholic to realize is how easily a Catholic can combine official rigidity with non-official broad-mindedness. Is that too complicated? Anyhow, never mind, those mission people made quite delightful company. Before I'd been there an hour I found that a meal had been prepared, and a young Chinese Christian doctor sat down with me to it and kept up a conversation in a jolly mixture of French and English. Afterwards, he and the Mother Superior took me to see the hospital, of which they were very proud. I had told them I was a writer, and they were simple-minded enough to be a-flutter at the thought that I might put them all into a book. We walked past the beds while the doctor explained the cases. The place was spotlessly clean and looked to be very competently run. I had forgotten all about the mysterious patient with the refined English accent till the Mother Superior reminded me that we were just coming to him. All I could see was the back of the man's head; he was apparently asleep. It was suggested that I should address him in English, so I said 'Good afternoon', which was the first and not very original thing I could think of. The man looked up suddenly and said 'Good afternoon' in answer. It was true; his accent was educated. But I hadn't time to be surprised at that, for I had already recognized him, despite his beard and altogether changed appearance and the fact that we hadn't met for so long. He was Conway. I was certain he was, and yet, if I'd paused to think about it, I might well have come to the conclusion that he couldn't possibly be. Fortunately I acted on the impulse of the moment. I called out his name and my own, and though he looked at me without any definite sign of recognition, I was positive I hadn't made any mistake. There was an odd little twitching of the facial muscles that I had noticed in him before, and he had the same eyes that at Balliol we used to say were so much more of a Cambridge blue than an Oxford. But besides all that, he was a man one simply didn't make mistakes about—to see him once was to know him always. Of course the doctor and the Mother Superior were greatly excited. I told them that I knew the man, that he was English, and a friend of mine, and that if he didn't recognize me, it could only be because he had completely lost his memory. They agreed, in a rather amazed way, and we had a long consultation about the case. They weren't able to make any suggestions as to how Conway could possibly have arrived at Chung-Kiang in his condition.

"To make the story brief, I stayed there over a fortnight, hoping that somehow or other I might induce him to remember things. I didn't succeed, but he regained his physical health, and we talked a good deal. When I told him quite frankly who I was and who he was, he was docile enough not to argue about it. He was quite cheerful, even, in a vague sort of way, and seemed glad enough to have my company. To my suggestion that I should take him home, he simply said that he didn't mind. It was a little unnerving, that apparent lack of any personal desire. As soon as I could I arranged for our departure. I made a confidant of an acquaintance in the consular office at Hankow, and thus the necessary passport and so on were made out without the fuss there might otherwise have been-*Indeed*, it seemed to me that for Conway's sake the whole business had better be kept free from publicity and newspaper headlines, and I'm glad to say I succeeded in that. It could have been jam, of course, for the press.

"Well, we made our exit from China in quite a normal way. We sailed down the Yang-tze to Nanking, and then took a train for Shanghai. There was a Jap liner leaving for 'Frisco that same night, so we made a great rush and got on board."

"You did a tremendous lot for him," I said .

Rutherford did not deny it. "I don't think I should have done quite as much for anyone else," he answered. "But there was something about the fellow, and always had been—it's hard to explain, but it made one enjoy doing what one could."

"Yes," I agreed. "He had a peculiar charm, a sort of winsomeness that's pleasant to remember even now when I picture it, though, of course, I think of him still as a schoolboy in cricket flannels."

"A pity you didn't know him at Oxford. He was just brilliant there's no other word. After the war people said he was different. I, myself, think he was. But I can't help feeling that with all his gifts he ought to have been doing bigger work. All that Britannic Majesty stuff isn't my idea of a great man's career. And Conway was—or should have been—*great*. You and I have both known him, and I don't think I'm exaggerating when I say it's an experience we shan't ever forget. And even when he and I met in the middle of China, with his mind a blank and his past a mystery, there was still that queer core of attractiveness in him."

Rutherford paused reminiscently and then continued: "As you can imagine, we renewed our old friendship on the ship. I told him as much as I knew about himself, and he listened with an attention that might almost have seemed a little absurd. He remembered everything quite clearly since his arrival at Chung-Kiang, and another point that may interest you is that he hadn't forgotten languages. He told me, for instance, that he knew he must have had something to do with India, because he could speak Hindostani.

"At Yokohama the ship filled up, and among the new passengers was Sieveking, the pianist, *en route* for a concert tour in the States. He was at our dining table and sometimes talked with Conway in German. That will show you how outwardly normal Conway was. Apart from his loss of memory, which didn't show in ordinary intercourse, there couldn't have seemed much wrong with him.

"A few nights after leaving Japan, Sieveking was prevailed upon to give a piano recital on board, and Conway and I went to hear him. He played well, of course, some Brahms and Scarlatti, and a lot of Chopin. Once or twice I glanced at Conway and judged that he was enjoying it all, which appeared very natural, in view of his own musical past. At the end of the program the show lengthened out into an informal series of encores which Sieveking bestowed, very amiably, I thought, upon a few enthusiasts grouped round the piano. Again he played mostly Chopin, he rather specializes in it, you know. At last he left the piano and moved towards the door, still followed by admirers, but evidently feeling that he had done enough for them. In the meantime a rather odd thing was beginning to happen. Conway had sat down at the keyboard and was playing some rapid, lively piece that I didn't recognize, but which drew Sieveking back in great excitement to ask what it was. Conway, after a long and rather strange silence, could only reply that he didn't know. Sieveking exclaimed that it was incredible, and grew more excited still. Conway then made what appeared to be a tremendous physical and mental effort to remember, and said at last that the thing was a Chopin study. I didn't think myself it could be, and I wasn't surprised when Sieveking denied it absolutely. Conway, however, grew suddenly quite indignant about the matter—which startled me, because up to then he had shown so little emotion about anything. 'My dear fellow,' Sieveking remonstrated, 'I know everything of Chopin's that exists, and I can assure you that he never wrote what you have just played. He might well have done so, because it's utterly his style, but he just didn't. I challenge you to show me the score in any of the editions.' To which Conway replied at length: 'Oh, yes, I remember now, it was never printed. I only know it myself from meeting a man who used to be one of Chopin's pupils.... Here's another unpublished thing I learned from him.'"

Rutherford studied me with his eyes as he went on: "I don't know if you're a musician, but even if you're not, I dare say you'll be able to imagine something of Sieveking's excitement, and mine, too, as Conway continued to play. To me, of course, it was a sudden and quite mystifying glimpse into his past, the first clew of any kind that had escaped. Sieveking was naturally engrossed in the musical problem, which was perplexing enough, as you'll realize when I remind you that Chopin died in 1849.

"The whole incident was so unfathomable, in a sense, that perhaps I should add that there were at least a dozen witnesses of it, including a Californian university professor of some repute. Of course, it was easy to say that Conway's explanation was chronologically impossible, or almost so; but there was still the music itself to be explained. If it wasn't what Conway said it was, then what was it? Sieveking assured me that if those two pieces were published, they would be in every virtuoso's repertoire within six months. Even if this is an exaggeration, it shows Sieveking's opinion of them. After much argument at the time, we weren't able to settle anything, for Conway stuck to his story, and as he was beginning to look fatigued, I was anxious to get him away from the crowd and off to bed. The last episode was about making some phonograph records. Sieveking said he would fix up all arrangements as soon as he reached America, and Conway gave his promise to play before the microphone. I often feel it was a great pity, from every point of view, that he wasn't able to keep his word."

Rutherford glanced at his watch and impressed on me that I should have plenty of time to catch my train, since his story was practically finished. "Because that night—the night after the recital—he got back his memory. We had both gone to bed and I was lying awake, when he came into my cabin and told me. His face had stiffened into what I can only describe as an expression of overwhelming sadness—a sort of universal sadness, if you know what I mean—something remote or impersonal, a Wehmut or Weltschmerz, or whatever the Germans call it. He said he could call to mind everything, that it had begun to come back to him during Sieveking's playing, though only in patches at first. He sat for a long while on the edge of my bed, and I let him take his own time and make his own method of telling me. I said that I was glad his memory had returned, but sorry if he already wished that it hadn't. He looked up then and paid me what I shall always regard as a marvelously high compliment. 'Thank God, Rutherford,' he said, 'you are capable of imagining things.' After a while I dressed, and persuaded him to do the same, and we walked up and down the boat deck. It was a calm night, starry and very warm, and the sea had a pale, sticky look, like condensed milk. Except for the vibration of the engines, we might have been pacing an esplanade. I let Conway go on in his own way, without questions at first. Somewhere about dawn he began to talk consecutively, and it was breakfast-time and hot sunshine when he had finished. When I say 'finished' I don't mean that there was nothing more to tell me after that first confession. He filled in a good many important gaps during the next twenty-four hours. He was very unhappy, and couldn't have slept, so we talked almost constantly. About the middle of the following night the ship was due to reach Honolulu. We had drinks in my cabin the evening before; he left me about ten o'clock, and I never saw him again."

"You don't mean—" I had a picture in mind of a very calm, deliberate suicide I once saw on the mail boat from Holyhead to Kingstown.

Rutherford laughed. "Oh, Lord, no—he wasn't that sort. He just gave me the slip. It was easy enough to get ashore, but he must have found it hard to avoid being traced when I set people searching for him, as of course I did. Afterwards I learned that he'd managed to join the crew of a banana boat going south to Fiji."

"How did you get to know that?"

"Quite straightforwardly. He wrote to me, three months later, from Bangkok, enclosing a draft to pay the expenses I'd been put to on his account. He thanked me and said he was very fit. He also said he was about to set out on a long journey—to the northwest. That was all."

"Where did he mean?"

"Yes, it's pretty vague, isn't it? A good many places must lie to the northwest of Bangkok. Even Berlin does, for that matter."

Rutherford paused and filled up my glass and his own. It had been a queer story—or else he had made it seem so; I hardly knew which. The music part of it, though puzzling, did not interest me so much as the mystery of Conway's arrival at that Chinese mission hospital, and I made this comment. Rutherford answered that in point of fact they were both parts of the same problem. "Well, how did he get to Chung-Kiang?" I asked. "I suppose he told you all about it that night on the ship?"

"He told me something about it, and it would be absurd for me, after letting you know so much, to be secretive about the rest. Only, to begin with, it's a longish sort of tale, and there wouldn't be time even to outline it before you'd have to be off for your train. And besides, as it happens, there's a more convenient way. I'm a little diffident about revealing the tricks of my dishonorable calling, but the truth is, Conway's story, as I pondered over it afterwards, appealed to me enormously. I had begun by making simple notes after our various conversations on the ship, so that I shouldn't forget details; later, as certain aspects of the thing began to grip me, I had the urge to do more, to fashion the written and recollected fragments into a single narrative. By that I don't mean that I invented or altered anything. There was quite enough material in what he told me: he was a fluent talker and had a natural gift for communicating an atmosphere. Also, I suppose, I felt I was beginning to understand the man himself." He went to an attaché-case, and took out a bundle of typed manuscript. "Well, here it is, anyhow, and you can make what you like of it."

"By which I suppose you mean that I'm not expected to believe it?"

"Oh, hardly so definite a warning as that. But mind, if you *do* believe, it will be for Tertullian's famous reason—you remember? *quia impossibile est.* Not a bad argument, maybe. Let me know what you think, at all events."

I took the manuscript away with me and read most of it on the Ostend express. I intended returning it with a long letter when I reached England, but there were delays, and before I could post it I got a short note from Rutherford to say that he was off on his wanderings again and would have no settled address for some months. He was going to Kashmir, he wrote, and thence "east". I was not surprised.

CHAPTER ONE

During that third week of May the situation in Baskul had become much worse and, on the 20th, Air Force machines arrived by arrangement from Peshawar to evacuate the white residents. These numbered about eighty, and most were safely transported across the mountains in troop-carriers. A few miscellaneous aircraft were also employed, among them being a cabin machine lent by the Maharajah of Chandapore. In this, about 10 A.M., four passengers embarked: Miss Roberta Brinklow, of the Eastern Mission; Henry D. Barnard, an American; Hugh Conway, H.M. Consul; and Captain Charles Mallinson, H.M. Vice-Consul.

These names are as they appeared later in Indian and British newspapers.

Conway was thirty-seven. He had been at Baskul for two years, in a job which now, in the light of events, could be regarded as a persistent backing of the wrong horse. A stage of his life was finished, in a few weeks' time, or perhaps after a few months' leave in England, he would be sent somewhere else. Tokyo or Teheran, Manila or Muscat; people in his profession never knew what was coming. He had been ten years in the Consular Service, long enough to assess his own chances as shrewdly as he was apt to do those of others. He knew that the plums were not for him; but it was genuinely consoling, and not merely sour grapes, to reflect that he had no taste for plums. He preferred the less formal and more picturesque jobs that were on offer, and as these were often not good ones, it had doubtless seemed to others that he was playing his cards rather badly. Actually, he felt he had played them rather well; he had had a varied and moderately enjoyable decade.

He was tall, deeply bronzed, with brown, short cropped hair and slate-blue eyes. He was inclined to look severe and brooding until he laughed, and then (but it happened not so very often) he looked boyish. There was a slight nervous twitch near the left eye which was usually noticeable when he worked too hard or drank too much, and as he had been packing and destroying documents throughout the whole of the day and night preceding the evacuation, the twitch was very conspicuous when he climbed into the aeroplane. He was tired out, and over whelmingly glad that he had contrived to be sent in the maharajah's luxurious air liner instead of in one of the crowded troop-carriers. He spread himself indulgently in the basket seat as the plane soared aloft. He was the sort of man who, being used to major hardships, expected minor comforts by way of compensation. Cheerfully he might endure the rigors of the road to Samarkand, but from London to Paris he would spend his last tenner on the Golden Arrow.

It was after the flight had lasted more than an hour that Mallinson said he thought the pilot wasn't keeping a straight course. Mallinson sat immediately in front. He was a youngster in his middle twenties, pink-cheeked, intelligent without being intellectual, beset with public school limitations, but also with their excellences. Failure to pass an examination was the chief cause of his being sent to Baskul, where Conway had had six months of his company and had grown to like him.

But Conway did not want to make the effort that an aeroplane conversation demands. He opened his eyes drowsily and replied that whatever the course taken, the pilot presumably knew best.

Half an hour later, when weariness and the drone of the engine had lulled him nearly to sleep, Mallinson disturbed him again. "I say, Conway, I thought Fenner was piloting us. "

"Well, isn't he?"

"The chap turned his head just now and I'll swear it wasn't he."

"It's hard to tell, through that glass panel."

"I'd know Fenner's face anywhere."

"Well, then, it must be someone else. I don't see that it matters."

"But Fenner told me definitely that he was taking this machine."

"They must have changed their minds and given him one of the others."

"Well, who is this man, then?"

"My dear boy, how should I know? You don't suppose I've memorized the face of every flight-lieutenant in the Air Force, do you?"

"I know a good many of them, anyway, but I don't recognize this fellow."

"Then he must belong to the minority whom you don't know." Conway smiled and added: "When we arrive in Peshawar very soon you can make his acquaintance and ask him all about himself."

"At this rate we shan't get to Peshawar at all. The man's right off his course. And I'm not surprised, either—flying so damned high he can't see where he is."

Conway was not bothering. He was used to air travel, and took things for granted. Besides, there was nothing particular he was eager to do when he got to Peshawar, and no one particular he was eager to see; so it was a matter of complete indifference to him whether the journey took four hours or six. He was unmarried; there would be no tender greetings on arrival. He had friends, and a few of them would probably take him to the club and stand him drinks; it was a pleasant prospect, but not one to sigh for in anticipation.

Nor did he sigh retrospectively, when he viewed the equally pleasant, but not wholly satisfying vista of the past decade. Changeable, fair intervals, becoming rather unsettled; it had been his own meteorological summary during that time, as well as the world's. He thought of Baskul, Pekin, Macao, and other places—he had moved about pretty often. Remotest of all was Oxford, where he had had a couple of years of donhood after the war, lecturing on Oriental History, breathing dust in sunny libraries, cruising down the High on a push-bicycle. The vision attracted, but did not stir him; there was a sense in which he felt that he was still a part of all that he might have been.

A familiar gastric lurch informed him that the plane was beginning to descend. He felt tempted to rag Mallinson about his fidgets, and would perhaps have done so had not the youth risen abruptly, bumping his head against the roof, and waking Barnard, the American, who had been dozing in his seat at the other side of the narrow gangway. "My God!" Mallinson cried, peering through the window. "Look down there! "

Conway looked. The view was certainly not what he had expected, if, indeed, he had expected anything, Instead of the trim, geometrically laid-out cantonments and the larger oblongs of the hangars, nothing was visible but an opaque mist veiling an immense, sun-brown desolation. The plane, though descending rapidly, was still at a height unusual for ordinary flying. Long, corrugated mountain-ridges could be picked out, perhaps a mile or so closer than the cloudier smudge of the valleys. It was typical Frontier scenery, though Conway had never viewed it before from such an altitude. It was also, which struck him as odd, nowhere that he could imagine near Peshawar. "I don't recognize this part of the world," he commented. Then, more privately, for he did not wish to alarm the others, he added into Mallinson's ear: "Looks as if you're right. The man's lost his way. "

The plane was swooping down at a tremendous speed, and as it did so, the air grew hotter; the scorched earth below was like an oven with the door suddenly opened. One mountaintop after another lifted itself above the horizon in craggy silhouette; now the flight was along a curving valley, the base of which was strewn with rocks and the debris of dried-up water-courses. It looked like a floor littered with nut-shells. The plane bumped and tossed in air pockets as uncomfortably as a rowboat in a swell. All four passengers had to hold onto their seats.

"Looks like he wants to land! " shouted the American hoarsely.

"He can't! " Mallinson retorted. "He'd be simply mad if he tried to! He'll crash and then—"

But the pilot did land. A small cleared space opened by the side of a gully, and with considerable skill the machine was jolted and heaved to a standstill. What happened after that, however, was more puzzling and less reassuring. A swarm of bearded and turbaned tribesmen came forward from all directions, surrounding the machine and effectively preventing anyone from getting out of it except the pilot. The latter clambered to earth and held excited colloquy with them, during which proceeding it became clear that, so far from being Fenner, he was not an Englishman at all, and possibly not even a European. Meanwhile cans of gasoline were fetched from a dump close by, and emptied into the exceptionally capacious tanks. Grins and disregarding silence met the shouts of the four imprisoned passengers, while the slightest attempt to alight provoked a menacing movement from a score of rifles. Conway, who knew a little Pushtu, harangued the tribesmen as well as he could in that language, but without effect; while the pilot's sole retort to remarks addressed to him in any language was a significant flourish of his revolver. Midday sunlight, blazing on the roof of the cabin, grilled the air inside till the occupants were almost fainting with the heat and with the exertion of their protests. They were quite powerless; it had been a condition of the evacuation that they should carry no arms.

When the tanks were at last screwed up, a gasoline can filled with tepid water was handed through one of the cabin windows. No questions were answered, though it did not appear that the men were personally hostile. After a further parley the pilot climbed back into the cockpit, a Pathan clumsily swung the propeller, and the flight was resumed. The take-off, in that confined space and with the extra gasoline load, was even more skillful than the landing. The plane rose high into the hazy vapors; then turned east, as if setting a course. It was mid-afternoon.

A most extraordinary and bewildering business! As the cooler air refreshed them, the passengers could hardly believe that it had really happened; it was an outrage to which none could recall any parallel, or suggest any precedent, in all the turbulent records of the Frontier. It would have been incredible, indeed, had they not been victims of it themselves.

It was quite natural that high indignation should follow incredulity, and anxious speculation only when indignation had worn itself out. Mallinson then developed the theory which, in the absence of any other, they found easiest to accept. They were being kidnaped for ransom. The trick was by no means new in itself, though this particular technique must be regarded as original. It was a little more comforting to feel that they were not making entirely virgin history; after all, there had been kidnapings before, and a good many of them had ended up all right. The tribesmen kept you in some lair in the mountains till the Government paid up and you were released. You were treated quite decently, and as the money that had to be paid wasn't your own, the whole business was only unpleasant while it lasted. Afterwards, of course, the Air people sent a bombing squadron, and you were left with one good story to tell for the rest of your life. Mallinson enunciated the proposition a shade nervously; but Barnard, the American, chose to be heavily facetious. "Well, gentlemen, I dare say this is a cute idea on somebody's part, but I can't exactly see that your Air Force has covered itself with glory. You Britishers make jokes about the hold-ups in Chicago and all that, but I don't recollect any instance of a gunman running off with one of Uncle Sam's aeroplanes. And I should like to know, by the way, what this fellow did with the real pilot. Sandbagged him, I bet." He yawned. He was a large, fleshy man, with a hard-bitten face in which good-humored wrinkles were not quite offset by pessimistic pouches. Nobody in Baskul had known much about him except that he had arrived from Persia, where it was presumed he had something to do with oil.

Conway meanwhile was busying himself with a very practical task. He had collected every scrap of paper that they all had, and was composing messages in various native languages to be dropped to earth at intervals. It was a slender chance, in such sparsely populated country, but worth taking.

The fourth occupant, Miss Brinklow, sat tight-lipped and straight-backed, with few comments and no complaints. She was a small, rather leathery woman, with an air of having been compelled to attend a party at which there were goings-on that she could not wholly approve.

Conway had talked less than the two other men, for translating SOS messages into dialects was a mental exercise requiring concentration. He had, however, answered questions when asked, and had agreed, tentatively, with Mallinson's kidnaping theory. He had also agreed, to some extent, with Barnard's strictures on the Air Force. "Though one can see, of course, how it may have happened. With the place in commotion as it was, one man in flying-kit would look very much like another. No one would think of doubting the *bona fides* of any man in the proper clothes who looked as if he knew his job. And this fellow *must* have known it—the signals, and so forth. Pretty obvious, too, that he knows how to fly... still, I agree with you that it's the sort of thing that someone ought to get into hot water about. And somebody will, you may be sure, though I suspect he won't deserve it."

"Well, sir," responded Barnard, "I certainly do admire the way you manage to see both sides of the question. It's the right spirit to have, no doubt, even when you're being taken for a ride."

Americans, Conway reflected, had the knack of being able to say patronizing things without being offensive. He smiled tolerantly, but did not continue the conversation. His tiredness was of a kind that no amount of possible peril could stave off. Towards late afternoon, when Barnard and Mallinson, who had been arguing, appealed to him on some point, it appeared that he had fallen asleep.

"Dead beat," Mallinson commented. "And I don't wonder at it, after these last few weeks."

"You're his friend?" queried Barnard.

"I've worked with him at the Consulate. I happen to know that he hasn't been in bed for the last four nights. As a matter of fact, we're damned lucky in having him with us in a tight corner like this. Apart from knowing the languages, he's got a sort of way with him in dealing with people. If anyone can get us out of the mess, he'll do it. He's pretty cool about most things."

"Well, let him have his sleep, then," agreed Barnard.

Miss Brinklow made one of her rare remarks. "I think he *looks* like a very brave man," she said.

Conway was far less certain that he *was* a very brave man. He had closed his eyes in sheer physical fatigue, but without actually sleeping. He could hear and feel every movement of the plane, and he heard also, with mixed feelings, Mallinson's eulogy of himself. It was then that he had his doubts, recognizing a tight sensation in his stomach which was his own bodily reaction to a disquieting mental survey. He was not, as he knew well from experience, one of those persons who love danger for its own sake. There was an aspect of it which he sometimes enjoyed, an excitement, a purgative effect upon sluggish emotions, but he was far from fond of risking his life. Twelve years earlier he had grown to hate the perils of trench warfare in France, and had several times avoided death by declining to attempt valorous impossibilities. Even his D.S.O. had been won, not so much by physical courage, as by a certain hardly developed technique of endurance. And since the War, whenever there had been danger again, he had faced it with increasing lack of relish unless it promised extravagant dividends in thrills.

He still kept his eyes closed. He was touched, and a little dismayed, by what he had heard Mallinson say. It was his fate in life to have his equanimity always mistaken for pluck, whereas it was actually something much more dispassionate and much less virile. They were all in a damnably awkward situation, it seemed to him, and so far from being full of bravery about it, he felt chiefly an enormous distaste for whatever trouble might be in store. There was Miss Brinklow, for instance. He foresaw that in certain circumstances he would have to act on the supposition that because she was a woman she mattered far more than the rest of them put together, and he shrank from a situation in which such disproportionate behavior might be unavoidable.

Nevertheless, when he showed signs of wakefulness, it was to Miss Brinklow that he spoke first. He realized that she was neither young nor pretty—negative virtues, but immensely helpful ones in such difficulties as those in which they might soon find themselves. He was also rather sorry for her, because he suspected that neither Mallinson nor the American liked missionaries, especially female ones. He himself was unprejudiced, but he was afraid she would find his open mind a less familiar and therefore an even more disconcerting phenomenon. "We seem to be in a queer fix," he said, leaning forward to her ear, "but I'm glad you're taking it calmly. I don't really think anything dreadful is going to happen to us."

"I'm certain it won't if you can prevent it," she answered; which did not console him.

"You must let me know if there is anything we can do to make you more comfortable."

Barnard caught the word. "Comfortable?" he echoed raucously. "Why, of course we're comfortable. We're just enjoying the trip. Pity we haven't a pack of cards—we could play a rubber of bridge."

Conway welcomed the spirit of the remark, though he disliked bridge. "I don't suppose Miss Brinklow plays," he said, smiling.

But the missionary turned round briskly to retort: "Indeed I do, and I could never see any harm in cards at all. There's nothing against them in the Bible."

They all laughed, and seemed obliged to her for providing an excuse. At any rate, Conway thought, she wasn't hysterical.

All afternoon the plane had soared through the thin mists of the upper atmosphere, far too high to give clear sight of what lay beneath. Sometimes, at longish intervals, the veil was torn for a moment, to display the jagged outline of a peak, or the glint of some unknown stream. The direction could be determined roughly from the sun; it was still east, with occasional twists to the north; but where it had led depended on the speed of travel, which Conway could not judge with any accuracy. It seemed likely, though, that the flight must already have exhausted a good deal of the gasoline; though that again depended on uncertain factors. Conway had no technical knowledge of aircraft, but he was sure that the pilot, whoever he might be, was altogether an expert. That halt in the rock-strewn valley had demonstrated it, and also other incidents since. And Conway could not repress a feeling that was always his in the presence of any superb and indisputable competence. He was so used to being appealed to for help that mere awareness of someone who would neither ask nor need it was slightly tranquilizing, even amidst the greater perplexities of the future. But he did not expect his companions to share such a tenuous emotion. He recognized that they were likely to have far more personal reasons for anxiety than he had himself. Mallinson, for instance, was engaged to a girl in England; Barnard might be married; Miss Brinklow had her work, vocation, or however she might regard it. Mallinson, incidentally, was by far the least composed; as the hours passed he showed himself increasingly excitable—apt, also, to resent to Conway's face the very coolness which he had praised behind his back. Once, above the roar of the engine, a sharp storm of argument arose. "Look here," Mallinson shouted angrily, "are we bound to sit here twiddling our thumbs while this maniac does everything he damn well wants? What's to prevent us from Smashing that panel and having it out with him?"

"Nothing at all," replied Conway, "except that he's armed and we're not, and that in any case, none of us would know how to bring the machine to earth afterwards."

"It can't be very hard, surely. I dare say you could do it."

"My dear Mallinson, why is it always *me* you expect to perform these miracles?"

"Well, anyway, this business is getting hellishly on my nerves. Can't we *make* the fellow come down?"

"How do you suggest it should be done?"

Mallinson was becoming more and more agitated. "Well, he's *there*, isn't he? About six feet away from us, and we're three men to one! Have we got to stare at his damned back all the time? At least we might force him to tell us what the game is."

"Very well, we'll see." Conway took a few paces forward to the partition between the cabin and the pilot's cockpit, which was situated in front and somewhat above. There was a pane of glass, about six inches square and made to slide open, through which the pilot, by turning his head and stooping slightly, could communicate with his passengers. Conway tapped on this with his knuckles. The response was almost comically as he had expected. The glass panel slid sideways and the barrel of a revolver obtruded. Not a word; just that. Conway retreated without arguing the point, and the panel slid back again.

Mallinson, who had watched the incident, was only partly satisfied. "I don't suppose he'd have dared to shoot," he commented. "It's probably bluff."

"Quite," agreed Conway, "but I'd rather leave you to make sure."

"Well, I do feel we ought to put up some sort of a fight before giving in tamely like this."

Conway was sympathetic. He recognized the convention, with all its associations of red-coated soldiers and school history books, that Englishmen fear nothing, never surrender, and are never defeated. He said: "Putting up a fight without a decent chance of winning is a poor game, and I'm not that sort of hero."

"Good for you, sir," interposed Barnard heartily. "When somebody's got you by the short hairs you may as well give in pleasantly and admit it. For my part I'm going to enjoy life while it lasts and have a cigar. I hope you don't think a little bit of extra danger matters to us?"

"Not so far as I'm concerned, but it might bother Miss Brinklow."

Barnard was quick to make amends. "Pardon me, madam, but do you mind if I smoke?"

"Not at all," she answered graciously. "I don't do so myself, but I just love the smell of a cigar."

Conway felt that of all the women who could possibly have made such a remark, she was easily the most typical. Anyhow, Mallinson's excitement had calmed a little, and to show friendliness he offered him a cigarette, though he did not light one himself. "I know how you feel," he said gently. "It's a bad outlook, and it's all the worse, in some ways, because there isn't much we can do about it."

"And all the better, too, in other ways," he could not help adding to himself. For he was still immensely fatigued. There was also in his nature a trait which some people might have called laziness, though it was not quite that. No one was capable of harder work, when it had to be done, and few could better shoulder responsibility; but the facts remained that he was not passionately fond of activity, and did not enjoy responsibility at all. Both were included in his job, and he made the best of them, but he was always ready to give way to anyone else who could function as well or better. It was partly this, no doubt, that had made his success in the Service less striking than it might have been. He was not ambitious enough to shove his way past others, or to make an important parade of doing nothing when there was really nothing doing. His dispatches were sometimes laconic to the point of curtness, and his calm in emergencies, though admired, was often suspected of being too sincere. Authority likes to feel that a man is imposing some effort on himself, and that his apparent nonchalance is only a cloak to disguise an outfit of well-bred emotions. With Conway the dark suspicion had sometimes been current that he really was as unruffled as he looked, and that whatever happened, he did not give a damn. But this, too, like the laziness, was an imperfect interpretation. What most observers failed to perceive in him was something quite bafflingly simple—a love of quietness, contemplation, and being alone.

Now, since he was so inclined and there was nothing else to do, he leaned back in the basket chair and went definitely to sleep. When he woke he noticed that the others, despite their various anxieties, had likewise succumbed. Miss Brinklow was sitting bolt upright with her eyes closed, like some rather dingy and outmoded idol; Mallinson had lolled forward in his place with his chin in the palm of a hand. The American was even snoring. Very sensible of them all, Conway thought; there was no point in wearying themselves with shouting. But immediately he was aware of certain physical sensations in himself, slight dizziness and heart-thumping and a tendency to inhale sharply and with effort. He remembered similar symptoms once before—in the Swiss Alps.

Then he turned to the window and gazed out. The surrounding sky had cleared completely, and in the light of late afternoon there came to him a vision which, for the instant, snatched the remaining breath out of his lungs. Far away, at the very limit of distance, lay range upon range of snow-peaks, festooned with glaciers, and floating, in appearance, upon vast levels of cloud. They compassed the whole arc of the circle, merging towards the west in a horizon that was fierce, almost garish in coloring, like an impressionist back-drop done by some half-mad genius. And meanwhile, the plane, on that stupendous stage, was droning over an abyss in face of a sheer white wall that seemed part of the sky itself until the sun caught it. Then, like a dozen piled-up Jungfraus seen from Murren, it flamed into superb and dazzling incandescence.

Conway was not apt to be easily impressed, and as a rule he did not care for "views", especially the more famous ones for which thoughtful municipalities provide garden seats. Once, on being taken to Tiger Hill, near Darjeeling, to watch the sunrise upon Everest, he had found the highest mountain in the world a definite disappointment. But this fearsome spectacle beyond the windowpane was of different caliber; it had no air of posing to be admired. There was something raw and monstrous about those uncompromising ice-cliffs, and a certain sublime impertinence in approaching them thus. He pondered, envisioning maps, calculating distances, estimating times and speeds. Then he became aware that Mallinson had wakened also. He touched the youth on the arm.

CHAPTER TWO

It was typical of Conway that he let the others waken for themselves, and made small response to their exclamations of astonishment; yet later, when Barnard sought his opinion, gave it with something of the detached fluency of a university professor elucidating a problem. He thought it likely, he said, that they were still in India; they had been flying east for several hours, too high to see much, but probably the course had been along some river valley, one stretching roughly east and west. "I wish I hadn't to rely on memory, but my impression is that the valley of the upper Indus fits in well enough. That would have brought us by now to a very spectacular part of the world, and, as you see, so it has."

"You know where we are, then?" Barnard interrupted.

"Well, no—I've never been anywhere near here before, but I wouldn't be surprised if that mountain is Nanga Parbat, the one Mummery lost his life on. In structure and general lay-out it seems in accord with all I've heard about it."

"You are a mountaineer yourself?"

"In my younger days I was keen. Only the usual Swiss climbs, of course."

Mallinson intervened peevishly: "There'd be more point in discussing where we're going to. I wish to God somebody could tell us."

"Well, it looks to me as if we're heading for that range yonder," said Barnard. "Don't you think so, Conway? You'll excuse me calling you that, but if we're all going to have a little adventure together, it's a pity to stand on ceremony."

Conway thought it very natural that anyone should call him by his own name, and found Barnard's apologies for so doing a trifle needless.

"Oh, certainly," he agreed, and added: "I think that range must be the Karakorams. There are several passes if our man intends to cross them."

"Our man?" exclaimed Mallinson. "You mean our maniac! I reckon it's time we dropped the kidnaping theory. We're far past the frontier country by now, there aren't any tribes living around here. The only explanation I can think of is that the fellow's a raving lunatic. Would anybody except a lunatic fly into this sort of country?"

"I know that nobody except a damn fine airman *could*," retorted Barnard. "I never was great at geography, but I understand that these are reputed to be the highest mountains in the world, and if that's so, it'll be a pretty first-class performance to cross them."

"And also the will of God," put in Miss Brinklow unexpectedly.

Conway did not offer his opinion. The will of God or the lunacy of man—it seemed to him that you could take your choice, if you wanted a good enough reason for most things. Or, alternatively (and he thought of it as he contemplated the small orderliness of the cabin against the window background of such frantic natural scenery), the will of man and the lunacy of God. It must be satisfying to be quite certain which way to look at it. Then, while he watched and pondered, a strange transformation took place. The light turned to bluish over the whole mountain, with the lower slopes darkening to violet. Something deeper than his usual aloofness rose in him—not quite excitement, still less fear, but a sharp intensity of expectation. He said: "You're quite right, Barnard, this affair grows more and more remarkable."

"Remarkable or not, I don't feel inclined to propose a vote of thanks about it," Mallinson persisted. "We didn't ask to be brought here, and heaven knows what we shall do when we get *there*, wherever *there* is. And I don't see that it's any less of an outrage because the fellow happens to be a stunt flyer. Even if he is, he can be just as much a lunatic. I once heard of a pilot going mad in mid-air. This fellow must have been mad from the beginning. That's my theory, Conway."

Conway was silent. He found it irksome to be continually shouting above the roar of the machine, and after all, there was little point in arguing possibilities. But when Mallinson pressed for an opinion, he said: "Very well-organized lunacy, you know. Don't forget the landing for gasoline, and also that this was the only machine that could climb to such a height."

"That doesn't prove he isn't mad. He may have been mad enough to plan everything."

"Yes, of course, that's possible."

"Well, then, we've got to decide on a plan of action. What are we going to do when he comes to earth? If he doesn't crash and kill us all, that is. What are we going to *do*? Rush forward and congratulate him on his marvelous flight, I suppose."

"Not on your life," answered Barnard. "I'll leave you to do all the rushing forward."

Again Conway was loth to prolong the argument, especially since the American, with his level-headed banter, seemed quite capable of handling it himself. Already Conway found himself reflecting that the party might have been far less fortunately constituted. Only Mallinson was inclined to be cantankerous, and that might partly be due to the altitude. Rarefied air had different effects on people; Conway, for instance, derived from it a combination of mental clarity and physical apathy that was not unpleasant. Indeed, he breathed the clear cold air in little spasms of content. The whole situation, no doubt, was appalling, but he had no power at the moment to resent anything that proceeded so purposefully and with such captivating interest.

And there came over him, too, as he stared at that superb mountain, a glow of satisfaction that there were such places still left on earth, distant, inaccessible, as yet unhumanized. The icy rampart of the Karakorams was now more striking than ever against the northern sky, which had become mouse-colored and sinister; the peaks had a chill gleam; utterly majestic and remote, their very namelessness had dignity. Those few thousand feet by which they fell short of the known giants might save them eternally from the climbing expedition; they offered a less tempting lure to the record-breaker. Conway was the antithesis of such a type; he was inclined to see vulgarity in the Western ideal of superlatives, and "the utmost for the highest" seemed to him a less reasonable and perhaps more commonplace proposition than "the much for the high." He did not, in fact, care for excessive striving, and he was bored by mere exploits.

While he was still contemplating the scene, twilight fell, steeping the depths in a rich, velvet gloom that spread upwards like a dye. Then the whole range, much nearer now, paled into fresh splendor; a full moon rose, touching each peak in succession like some celestial lamp-lighter, until the long horizon glittered against a blue-black sky. The air grew cold and a wind sprang up, tossing the machine uncomfortably. These new distresses lowered the spirits of the passengers; it had not been reckoned that the flight could go on after dusk, and now the last hope lay in the exhaustion of gasoline. That, however, was bound to come soon. Mallinson began to argue about it, and Conway, with some reluctance, for he really did not know, gave as his estimate that the utmost distance might be anything up to a thousand miles, of which they must already have covered most. "Well, where would that bring us?" queried the youth miserably.

"It's not easy to judge, but probably some part of Tibet. If these are the Karakorams, Tibet lies beyond. One of the crests, by the way, must be K2, which is generally counted the second highest mountain in the world."

"Next on the list after Everest," commented Barnard. "Gee, this is some scenery."

"And from a climber's point of view much stiffer than Everest. The Duke of Abruzzi gave it up as an absolutely impossible peak."

"*Oh*, *God*! " muttered Mallinson testily, but Barnard laughed. "I guess you must be the official guide on this trip, Conway, and I'll admit that if I only had a flask of cafe cognac I wouldn't care if it's Tibet or Tennessee."

"But what are we going to do about it?" urged Mallinson again. "Why are we here? What can be the point of it all? I don't see how you can make jokes about it."

"Well, it's as good as making a scene about it, young fellow. Besides, if the man is off his nut, as you've suggested, there probably *isn't* any point."

"He *must* be mad. I can't think of any other explanation. Can you, Conway?"

Conway shook his head.

Miss Brinklow turned round as she might have done during the interval of a play. "As you haven't asked my opinion, perhaps I oughtn't to give it," she began, with shrill modesty, "but I should like to say that I agree with Mr. Mallinson. I'm sure the poor man can't be quite right in his head. The pilot, I mean, of course. There would be no excuse for him, anyhow, if he were *not* mad." She added, shouting confidentially above the din: "And do you know, this is my first trip by air! My very first! Nothing would ever induce me to do it before, though a friend of mine tried her very best to persuade me to fly from London to Paris."

"And now you're flying from India to Tibet instead," said Barnard. "That's the way things happen."

She went on: "I once knew a missionary who had been to Tibet. He said the Tibetans were very odd people. They believe we are descended from monkeys."

"Real smart of 'em."

"Oh, dear, no, I don't mean in the modern way. They've had the belief for hundreds of years, it's only one of their superstitions. Of course I'm against all of it myself, and I think Darwin was far worse than any Tibetan. I take my stand on the Bible."

"Fundamentalist, I suppose?"

But Miss Brinklow did not appear to understand the term. "I used to belong to the L.M.S.," she shrieked, "but I disagreed with them about infant baptism."

Conway continued to feel that this was a rather comic remark long after it had occurred to him that the initials were those of the London Missionary Society. Still picturing the inconveniences of holding a theological argument at Euston Station, he began to think that there was something slightly fascinating about Miss Brinklow. He even wondered if he could offer her any article of his clothing for the night, but decided at length that her constitution was probably wirier than his. So he huddled up, closed his eyes, and Went quite easily and peacefully to sleep.

And the flight proceeded.

Suddenly they were all wakened by a lurch of the machine. Conway's head struck the window, dazing him for the moment; a returning lurch sent him floundering between the two tiers of seats. It was much colder. The first thing he did, automatically, was to glance at his watch; it showed half-past one, he must have been asleep for some time. His ears were full of a loud, flapping sound, which he took to be imaginary until he realized that the engine had been shut off and that the plane was rushing against a gale. Then he stared through the window and could see the earth quite close, vague and snail-gray, scampering underneath. "He's going to land!" Mallinson shouted; and Barnard, who had also been flung out of his seat, responded with a saturnine: "If he's lucky." Miss Brinklow, whom the entire commotion seemed to have disturbed least of all, was adjusting her hat as calmly as if Dover Harbor were just in sight.

Presently the plane touched ground. But it was a bad landing this time—"Oh, my God, damned bad, *damned* bad! " Mallinson groaned as he clutched at his seat during ten seconds of crashing and swaying. Something was heard to strain and snap, and one of the tires exploded. "That's done it," he added in tones of anguished pessimism. "A broken tail-skid, we'll have to stay where we are now, that's certain."

Conway, never talkative at times of crisis, stretched his stiffened legs and felt his head where it had banged against the window. A bruise, nothing much. He must do something to help these people. But he was the last of the four to stand up when the plane came to rest. "Steady," he called out as

Mallinson wrenched open the door of the cabin and prepared to make the jump to earth; and eerily, in the comparative silence, the youth's answer came: "No need to be steady—this looks like the end of the world—there's not a soul about, anyhow."

A moment later, chilled and shivering, they were all aware that this was so. With no sound in their ears save the fierce gusts of wind and their own crunching footsteps, they felt themselves at the mercy of something dour and savagely melancholy—a mood in which both earth and air were saturated. The moon looked to have disappeared behind clouds, and starlight illumined a tremendous emptiness heaving with wind. Without thought or knowledge, one could have guessed that this bleak world was mountain-high, and that the mountains rising from it were mountains on top of mountains. A range of them gleamed on a far horizon like a row of dog-teeth.

Mallinson, feverishly active, was already making for the cockpit. "I'm not scared of the fellow on land, whoever he is," he cried. "I'm going to tackle him right away…."

The others watched apprehensively, hypnotized by the spectacle of such energy. Conway sprang after him, but too late to prevent the investigation. After a few seconds, however, the youth dropped down again, gripping his arm and muttering in a hoarse, sobered staccato: "I say, Conway, it's queer.… I think the fellow's ill or dead or something.... I can't get a word out of him. Come up and look.... I took his revolver, at any rate."

"Better give it to me," said Conway, and though still rather dazed by the recent blow on his head, he nerved himself for action. Of all times and places and situations on earth, this seemed to him to combine the most hideous discomforts. He hoisted himself stiffly into a position from which he could see, not very well, into the enclosed cockpit. There was a strong smell of gasoline, so he did not risk striking a match. He could just discern the pilot, huddled forward, his head sprawling over the controls. He shook him, unfastened his helmet, and loosened the clothes round his neck. A moment later he turned round to report: "Yes, there's something happened to him. We must get him out." But an observer might have added that something had happened to Conway as well. His voice was sharper, more incisive; no longer did he sound to be hovering on the brink of some profound doubtfulness. The time, the place, the cold, his fatigue, were now of less account; there was a job that simply had to be done, and the more conventional part of him was uppermost and preparing to do it.

With Barnard and Mallinson assisting, the pilot was extracted from his seat and lifted to the ground. He was unconscious, not dead. Conway had no particular medical knowledge, but, as to most men who have lived in outlandish places, the phenomena of illness were mostly familiar. "Possibly a heart attack brought on by the high altitude," he diagnosed, stooping over the unknown man. "We can do very little for him out here—there's no shelter from this infernal wind. Better get him inside the cabin, and ourselves too. We haven't an idea where we are, and it's hopeless to make a move until daylight."

The verdict and the suggestion were both accepted without dispute. Even Mallinson concurred. They carried the man into the cabin and laid him full-length along the gangway between the seats. The interior was no warmer than outside, but offered a screen to the flurries of wind. It was the wind, before much time had passed, that became the central preoccupation of them all—the *leitmotif*, as it were, of the whole mournful night. It was not an ordinary wind. It was not merely a strong wind or a cold wind. It was somehow a frenzy that lived all around them, a master stamping and ranting over his own domain. It tilted the loaded machine and shook it viciously, and when Conway glanced through the windows it seemed as if the same wind were whirling splinters of light out of the stars.

The stranger lay inert, while Conway, with difficulty in the dimness and confined space, made what examination he could by the light of matches. But it did not reveal much. "His heart's faint," he said at last, and then Miss Brinklow, after groping in her handbag, created a small sensation. "I wonder if this would be any use to the poor man," she proffered condescendingly. "I never touch a drop myself, but I always carry it with me in case of accidents. And this *is* a sort of accident, isn't it?"

"I should say it was," replied Conway with grimness. He unscrewed the bottle, smelt it, and poured some of the brandy into the man's mouth. "Just the stuff for him. Thanks." After an interval the slightest movement of eyelids was visible. Mallinson suddenly became hysterical. "I can't help it," he cried, laughing wildly. "We all look such a lot of damn fools striking matches over a corpse.... And he isn't much of a beauty, is he? Chink, I should say, if he's anything at all."

"Possibly." Conway's voice was level and rather severe. "But he's not a corpse yet. With a bit of luck we may bring him round."

"Luck? It'll be his luck, not ours."

"Don't be too sure. And shut up for the time being, anyhow."

There was enough of the schoolboy still in Mallinson to make him respond to the curt command of a senior, though he was obviously in poor control of himself. Conway, though sorry for him, was more concerned with the immediate problem of the pilot, since he, alone of them all, might be able to give some explanation of their plight. Conway had no desire to discuss the matter further in a merely speculative way; there had been enough of that during the journey. He was uneasy now beyond his continuing mental curiosity, for he was aware that the whole situation had ceased to be excitingly perilous and was threatening to become a trial of endurance ending in catastrophe. Keeping vigil throughout that gale-tormented night, he faced facts nonetheless frankly because he did not trouble to enunciate them to the others. He guessed that the flight had progressed far beyond the western range of the Himalayas towards the less known heights of the Kuen-Lun. In that event they would by now have reached the loftiest and least hospitable part of the earth's surface, the Tibetan plateau, two miles high even in its lowest valleys, a vast, uninhabited, and largely unexplored region of wind-swept upland.

Somewhere they were, in that forlorn country, marooned in far less comfort than on most desert islands. Then abruptly, as if to answer his curiosity by increasing it, a rather awe-inspiring change took place. The moon, which he had thought to be hidden by clouds, swung over the lip of some shadowy eminence and, whilst still not showing itself directly, unveiled the darkness ahead. Conway could see the outline of a long valley, with rounded, sad-looking low hills on either side, jet-black against the deep electric blue of the night-sky. But it was to the head of the valley that his eyes were led irresistibly, for there, soaring into the gap, and magnificent in the full shimmer of moonlight, appeared what he took to be the loveliest mountain on earth. It was an almost perfect cone of snow, simple in outline as if a child had drawn it, and impossible to classify as to size, height or nearness. It was so radiant, so serenely poised, that he wondered for a moment if it were real at all. Then, while he gazed, a tiny puff clouded the edge of the pyramid, giving life to the vision before the faint rumble of the avalanche confirmed it.

He had an impulse to rouse the others to share the spectacle, but decided after consideration that its effect might not be tranquilizing. Nor was it so, from a common sense view-point; such virgin splendors merely emphasized the facts of isolation and danger. There was quite a probability that the nearest human settlement was hundreds of miles away. And they had no food; they were unarmed except for one revolver; the aeroplane was damaged and almost fuell-ess, even if anyone had known how to fly. They had no clothes suited to the terrific chills and winds; Mallinson's motoring-coat and his own ulster were quite inadequate, and even Miss Brinklow, woolied and mufflered as for a polar expedition (ridiculous, he had thought, on first beholding her), could not be feeling happy. They were all, too, except himself, affected by the altitude. Even Barnard had sunk into melancholy under the strain. Mallinson was muttering to himself; it was clear what would happen to him if these hardships went on for long. In face of such distressful prospects Conway found himself quite unable to restrain an admiring glance at Miss Brinklow. She was not, he reflected, a normal person; no woman who taught Afghans to sing hymns could be considered so. But she was, after every calamity, still normally abnormal, and he was deeply obliged to her for it. "I hope you're not feeling too bad?" he said sympathetically, when he caught her eye.

"The soldiers during the War had to suffer worse things than this," she replied.

The comparison did not seem to Conway a very valuable one. In point of fact, he had never spent a night in the trenches quite so thoroughly unpleasant, though doubtless many others had. He concentrated his attention on the pilot, now breathing fitfully and sometimes slightly stirring. Probably Mallinson was right in guessing the man Chinese. He had the typical Mongol nose and cheekbones, despite his successful impersonation of a British flight-lieutenant. Mallinson had called him ugly, but Conway, who had lived in China, thought him a fairly passable specimen, though now, in the burnished circle of match-flame, his pallid skin and gaping mouth were not pretty.

The night dragged on, as if each minute were something heavy and tangible that had to be pushed to make way for the next. Moonlight faded after a time, and with it that distant specter of the mountain; then the triple mischiefs of darkness, cold, and wind increased until dawn. As though at its signal, the wind dropped, leaving the world in compassionate quietude. Framed in the pale triangle ahead, the mountain showed again, gray at first, then silver, then pink as the earliest sun rays caught the summit. In the lessening gloom the valley itself took shape, revealing a floor of rock and shingle sloping upwards. It was not a friendly picture, but to Conway, as he surveyed, there came a queer perception of fineness in it, of something that had no romantic appeal at all, but a steely, almost an intellectual quality. The white pyramid in the distance compelled the mind's assent as passionlessly as a Euclidean theorem, and when at last the sun rose into a sky of deep delphinium blue, he felt only a little less than comfortable again.

As the air grew warmer the others wakened, and he suggested carrying the pilot into the open, where the sharp dry air and the sunlight might help to revive him. This was done, and they began a second and pleasanter vigil. Eventually the man opened his eyes and began to speak convulsively. His four passengers stooped over him, listening intently to sounds that were meaningless except to Conway, who occasionally made answers. After some time the man became weaker, talked with increasing difficulty, and finally died. That was about mid-morning.

Conway then turned to his companions. "I'm sorry to say he told me very little—little, I mean, compared with what we should like to know. Merely that we are in Tibet, which is obvious. He didn't give any coherent account of why he had brought us here, but he seemed to know the locality. He spoke a kind of Chinese that I don't understand very well, but I think he said something about a lamasery near here, along the valley, I gathered, where we could get food and shelter. Shangri-La, he called it. *La* is Tibetan for mountain pass. He was most emphatic that we should go there."

"Which doesn't seem to me any reason at all why we should," said Mallinson. "After all, he was probably off his head. Wasn't he?"

"You know as much about that as I do. But if we don't go to this place, where else are we to go?"

"Anywhere you like, I don't care. All I'm certain of is that this Shangri-La, if it's in that direction, must be a few extra miles from civilization. I should feel happier if we were lessening the distance, not increasing it. Damnation, man, aren't you going to get us back?"

Conway replied patiently: "I don't think you properly understand the position, Mallinson. We're in a part of the world that no one knows very much about, except that it's difficult and dangerous, even for a fully equipped expedition. Considering that hundreds of miles of this sort of country probably surround us on all sides, the notion of walking back to Peshawar doesn't strike me as very hopeful."

"I don't think I could possibly manage it," said Miss Brinklow seriously.

Barnard nodded. "It looks as if we're darned lucky, then, if this lamasery *is* just around the corner."

"Comparatively lucky, maybe," agreed Conway. "After all, we've no food, and as you can see for yourselves, the country isn't the kind it would be easy to live on. In a few hours we shall all be famished. And then tonight, if we were to stay here, we should have to face the wind and the cold again. It's not a pleasant prospect. Our only chance, it seems to me, is to find some other human beings, and where else should we begin looking for them except where we've been told they exist? "

"And what if it's a trap?" asked Mallinson, but Barnard supplied an answer. "A nice warm trap," he said, "with a piece of cheese in it, would suit me down to the ground."

They laughed, except Mallinson, who looked distraught and nerve-racked. Finally Conway went on: "I take it, then, that we're all more or less agreed? There's an obvious way along the valley; it doesn't look too steep, though we shall have to take it slowly. In any case, we could do nothing here. We couldn't even bury this man without dynamite. Besides, the lamasery people may be able to supply us with porters for the journey back. We shall need them. I suggest we start at once, so that if we don't locate the place by late afternoon we shall have time to return for another night in the cabin."

"And supposing we *do* locate it?" queried Mallinson, still intransigent. "Have we any guarantee that we shan't be murdered?"

"None at all. But I think it is a less, and perhaps also a preferable risk to being starved or frozen to death." He added, feeling that such chilly logic might not be entirely suited for the occasion: "As a matter of fact, murder is the very last thing one would expect in a Buddhist monastery. It would be rather less likely than being killed in an English cathedral."

"Like Saint Thomas of Canterbury," said Miss Brinklow, nodding an emphatic agreement, but completely spoiling his point. Mallinson shrugged his shoulders and responded with melancholy irritation: "Very well, then, we'll be off to Shangri-La. Wherever and whatever it is, we'll try it. But let's hope it's not half-way up that mountain."

The remark served to fix their glances on the glittering cone towards which the valley pointed. Sheerly magnificent it looked in the full light of day; and then their gaze turned to a stare, for they could see, far away and approaching them down the slope, the figures of men. "Providence! " whispered Miss Brinklow.

CHAPTER THREE

Part of Conway was always an onlooker, however active might be the rest. Just now, while waiting for the strangers to come nearer, he refused to be fussed into deciding what he might or mightn't do in any number of possible contingencies. And this was not bravery, or coolness, or any especially sublime confidence in his own power to make decisions on the spur of the moment. It was, if the worst view be taken, a form of indolence, an unwillingness to interrupt his mere spectator's interest in what was happening.

As the figures moved down the valley they revealed themselves to be a party of a dozen or more, carrying with them a hooded chair. In this, a little later, could be discerned a person robed in blue. Conway could not imagine where they were all going, but it certainly seemed providential, as Miss Brinklow had said, that such a detachment should chance to be passing just there and then. As soon as he was within hailing distance he left his own party and walked ahead, though not hurriedly, for he knew that Orientals enjoy the ritual of meeting and like to take their time over it. Halting when a few yards off, he bowed with due courtesy. Much to his surprise the robed figure stepped from the chair, came forward with dignified deliberation, and held out his hand. Conway responded, and observed an old or elderly Chinese, gray-haired, clean-shaven, and rather pallidly decorative in a silk embroidered gown. He in his turn appeared to be submitting Conway to the same kind of reckoning. Then, in precise and perhaps too accurate English, he said: "I am from the Lamasery of Shangri-La."

Conway bowed again, and after a suitable pause began to explain briefly the circumstances that had brought him and his three companions to such an unfrequented part of the world. At the end of the recital the Chinese made a gesture of understanding. "It is indeed remarkable," he said, and gazed reflectively at the damaged aeroplane. Then he added: "My name is Chang, if you would be so good as to present me to your friends."

Conway managed to smile urbanely. He was rather taken with this latest phenomenon, a Chinese who spoke perfect English and observed the social formalities of Bond Street amidst the wilds of Tibet. He turned to the others, who had by this time caught up and were regarding the encounter with varying degrees of astonishment. "Miss Brinklow... Mr. Barnard, who is an American... Mr. Mallinson... and my own name is Conway. We are all glad to see you, though the meeting is almost as puzzling as the fact of our being here at all. Indeed, we were just about to make our way to your Lamasery, so it is doubly fortunate. If you could give us directions for the journey—"

"There is no need for that. I shall be delighted to act as your guide."

"But I could not think of putting you to such trouble. It is exceedingly kind of you, but if the distance is not far—"

"It is not far, but it is not easy, either. I shall esteem it an honor to accompany you and your friends."

"But really—"

"I must insist."

Conway thought that the argument, in its context of place and circumstance, was in some danger of becoming ludicrous. "Very well," he responded. "I'm sure we are all most obliged."

Mallinson, who had been somberly enduring these pleasantries, now interposed with something of the shrill acerbity of the barrack-square. "Our stay won't be long," he announced curtly. "We shall pay for anything we have, and we should like to hire some of your men to help us on our journey back. We want to return to civilization as soon as possible."

"And are you so very certain that you are away from it?"

The query, delivered with much suavity, only stung the youth to further sharpness. "I'm quite sure I'm far away from where I want to be, and so are we all. We shall be grateful for temporary shelter, but we shall be more grateful still if you'll provide means for us to return. How long do you suppose the journey to India will take?"

"I really could not say at all."

"Well, I hope we're not going to have any trouble about it. I've had some experience of hiring native porters, and we shall expect you to use your influence to get us a square deal."

Conway felt that most of all this was rather needlessly truculent, and he was just about to intervene when the reply came, still with immense dignity: "I can only assure you, Mr. Mallinson, that you will be honorably treated and that ultimately you will have no regrets."

"*Ultimately*?" Mallinson exclaimed, pouncing on the word, but there was greater ease in avoiding a scene since wine and fruit were now on offer, having been unpacked by the marching party, stocky Tibetans in sheepskins, fur hats, and yakskin boots. The wine had a pleasant flavor, not unlike a good hock, while the fruit included mangoes, perfectly ripened and almost painfully delicious after so many hours of fasting. Mallinson ate and drank with incurious relish; but Conway, relieved of immediate worries and reluctant to cherish distant ones, was wondering how mangoes could be cultivated at such an altitude. He was also interested in the mountain beyond the valley; it was a sensational peak, by any standards, and he was surprised that some traveler had not made much of it in the kind of book that a journey in Tibet invariably elicits. He climbed it in mind as he gazed, choosing a route by *col* and *couloir* until an exclamation from Mallinson drew his attention back to earth; he looked round then and saw the Chinese had been earnestly regarding him. "You were contemplating the mountain, Mr. Conway?" came the enquiry.

"Yes. It's a fine sight. It has a name, I suppose?"

"It is called Karakal."

"I don't think I ever heard of it. Is it very high?"

"Over twenty-eight thousand feet."

"Indeed? I didn't realize there would be anything on that scale outside the Himalayas. Has it been properly surveyed? Whose are the measurements?"

"Whose would you expect, my dear sir? Is there anything incompatible between monasticism and trigonometry?"

Conway savored the phrase and replied: "Oh, not at all—not at all." Then he laughed politely. He thought it a poorish joke, but one perhaps worth making the most of. Soon after that the journey to Shangri-La was begun.

All morning the climb proceeded, slowly and by easy gradients; but at such height the physical effort was considerable, and none had energy to spare for talk. The Chinese traveled luxuriously in his chair, which might have seemed unchivalrous had it not been absurd to picture Miss Brinklow in such a regal setting. Conway, whom the rarefied air troubled less than the rest, was at pains to catch the occasional chatter of the chair-bearers. He knew a very little Tibetan, just enough to gather that the men were glad to be returning to the lamasery. He could not, even had he wished, have continued to converse with their leader, since the latter, with eyes closed and face half hidden behind curtains, appeared to have the knack of instant and well-timed sleep.

Meanwhile the sun was warm; hunger and thirst had been appeased, if not satisfied; and the air, clean as from another planet, was more precious with every intake. One had to breathe consciously and deliberately, which, though disconcerting at first, induced after a time an almost ecstatic tranquillity of mind. The whole body moved in a single rhythm of breathing, walking, and thinking; the lungs, no longer discrete and automatic, were disciplined to harmony with mind and limb. Conway, in whom a mystical strain ran in curious consort with skepticism, found himself not unhappily puzzled over the sensation. Once or twice he spoke a cheerful word to Mallinson, but the youth was laboring under the strain of the ascent. Barnard also gasped asthmatically, while Miss Brinklow was engaged in some grim pulmonary warfare which for some reason she made efforts to conceal. "We're nearly at the top," Conway said encouragingly.

"I once ran for a train and felt just like this," she answered.

So also, Conway reflected, there were people who considered cider was just like champagne. It was a matter of palate.

He was surprised to find that beyond his puzzlement he had few misgivings, and none at all on his own behalf. There were moments in life when one opened wide one's soul just as one might open wide one's purse if an evening's entertainment were proving unexpectedly costly but also unexpectedly novel. Conway, on that breathless morning in sight of Karakal, made just such a willing, relieved, yet not excited response to the offer of new experience. After ten years in various parts of Asia he had attained to a somewhat fastidious valuation of places and happenings; and this, he was bound to admit promised unusually.

About a couple of miles along the valley the ascent grew steeper, but by this time the sun was overclouded and a silvery mist obscured the view. Thunder and avalanches resounded from the snow-fields above; the air took chill, and then, with the sudden changefulness of mountain regions, became bitterly cold. A flurry of wind and sleet drove up, drenching the party and adding immeasurably to their discomfort; even Conway felt at one moment that it would be impossible to go much further. But shortly afterwards it seemed that the summit of the ridge had been reached, for the chair-bearers halted to readjust their burden. The condition of Barnard and Mallinson, who were both suffering severely, led to continued delay; but the Tibeans were clearly anxious to press on, and made signs that the rest of the journey would be less fatiguing.

After these assurances it was disappointing to see them uncoiling ropes. "Do they mean to hang us already?" Barnard managed to exclaim, with desperate facetiousness; but the guides soon showed that their less sinister intention was merely to link the party together in ordinary mountaineering fashion. When they observed that Conway was familiar with rope-craft, they became much more respectful and allowed him to dispose the party in his own way. He put himself next to Mallinson, with Tibetans ahead and to the rear, and with Barnard and Miss Brinklow and more Tibetans further back still. He was prompt to notice that the men, during their leader's continuing sleep, were inclined to let him deputize. He felt a familiar quickening of authority; if there were to be any difficult business he would give what he knew was his to give—confidence and command. He had been a first-class mountaineer in his time, and was still, no doubt, pretty good. "You've got to look after Barnard," he told Miss Brinklow, half jocularly, half meaning it; and she answered, with the coyness of an eagle: "I'll do my best, but you know, I've never been roped before."

But the next stage, though occasionally exciting, was less arduous than he had been prepared for, and a relief from the lung-bursting strain of the ascent. The track consisted of a traverse cut along the flank of a rock wall whose height above them the mist obscured. Perhaps mercifully it also obscured the abyss on the other side, though Conway, who had a good eye for heights, would have liked to see where he was. The path was scarcely more than two feet wide in places, and the manner in which the bearers maneuvered the chair at such points drew his admiration almost as strongly as did the nerves of the occupant who could manage to sleep through it all. The Tibetans were reliable enough, but they seemed happier when the path widened and became slightly downhill. Then they began to sing amongst themselves, lilting barbaric tunes that Conway could imagine orchestrated by Massenet for some Tibetan ballet. The rain ceased and the air grew warmer. "Well, it's quite certain we could never have found our way here by ourselves," said Conway intending to be cheerful, but Mallinson did not find the remark very comforting. He was, in fact, acutely terrified, and in more danger of showing it now that the worst was over. "Should we be missing much?" he retorted bitterly. The track went on, more sharply downhill, and at one spot Conway found some edelweiss, the first welcome sign of more hospitable levels. But this, when he announced it, consoled Mallinson even less. "Good God, Conway, d'you fancy you're pottering about the Alps? What sort of hell's kitchen are we making for, that's what I'd like to know? And what's our plan of action when we get to it? *What are we going to do*?"

Conway said quietly, "If you'd had all the experiences I've had, you'd know that there are times in life when the most comfortable thing is to do nothing at all. Things happen to you and you just let them happen. The war was rather like that. One is fortunate if, as on this occasion, a touch of novelty seasons the unpleasantness.

"You're too confoundedly philosophic for me. That wasn't your mood during the trouble at Baskul."

"Of course not, because then there was a chance that I could alter events by my own actions. But now, for the moment at least, there's no such chance. We're here because we're here, if you want a reason. I've usually found it a soothing one."

"I suppose you realize the appalling job we shall have to get back by the way we've come. We've been slithering along the face of a perpendicular mountain for the last hour—I've been taking notice."

"So have I."

"Have you?" Mallinson coughed excitedly. "I dare say I'm being a nuisance, but I can't help it. I'm suspicious about all this. I feel we're doing far too much what these fellows want us to. They're getting us into a corner."

"Even if they are, the only alternative was to stay out of it and perish."

"I know that's logical, but it doesn't seem to help. I'm afraid I don't find it as easy as you do to accept the situation. I can't forget that two days ago we were in the consulate at Baskul. To think of all that has happened since is a bit overwhelming to me. I'm sorry. I'm overwrought. It makes me realize how lucky I was to miss the War; I suppose I should have got hysterical about things. The whole world seems to have gone completely mad all round me. I must be pretty wild myself to be talking to you like this."

Conway shook his head. "My dear boy, not at all. You're twenty-four years old, and you're somewhere about two and a half miles up in the air: those are reasons enough for anything you may happen to feel at the moment. I think you've come through a trying ordeal extraordinarily well, better than I should at your age."

"But don't you feel the madness of it all? The way we flew over those mountains and that awful waiting in the wind and the pilot dying and then meeting these fellows, doesn't it all seem nightmarish and incredible when you look back on it? "

"It does, of course."

"Then I wish I knew how you manage to keep so cool about everything."

"Do *you* really wish that? I'll tell you if you like, though you'll perhaps think me cynical. It's because so much else that I can look back on seems nightmarish too. This isn't the only mad part of the world, Mallinson. After all, if you *must* think of Baskul, do you remember just before we left how the revolutionaries were torturing their captives to get information? An ordinary washing-mangle, quite effective, of course, but I don't think I ever saw anything more comically dreadful. And do you recollect the last message that came through before we were cut off? It was a circular from a Manchester textile firm asking if we knew of any trade openings in Baskul for the sale of corsets! Isn't that mad enough for you? Believe me, in arriving here the worst that can have happened is that we've exchanged one form of lunacy for another. And as for the war, if you'd been in it you'd have done the same as I did, learned how to funk with a stiff lip."

They were still conversing when a sharp but brief ascent robbed them of breath, inducing in a few paces all their earlier strain. Presently the ground leveled, and they stepped out of the mist into clear, sunny air.

Ahead, and only a short distance away, lay the lamasery of Shangri-La.

To Conway, seeing it first, it might have been a vision fluttering out of that solitary rhythm in which lack of oxygen had encompassed all his faculties. It was, indeed, a strange and half-incredible sight. A group of colored pavilions clung to the mountainside with none of the grim deliberation of a Rhineland castle, but rather with the chance delicacy of flower petals impaled upon a crag. It was superb and exquisite. An austere emotion carried the eye upward from milk-blue roofs to the gray rock bastion above, tremendous as the Wetterhorn above Grindelwald. Beyond that, in a dazzling pyramid, soared the snow slopes of Karakal. It might well be, Conway thought, the most terrifying mountainscape in the world, and he imagined the immense stress of snow and glacier against which the rock functioned as a gigantic retaining wall. Someday, perhaps, the whole mountain would split, and a half of Karakal's icy splendor come toppling into the valley. He wondered if the slightness of the risk combined with its fearfulness might even be found agreeably stimulating.

Hardly less an enticement was the downward prospect, for the mountain wall continued to drop, nearly perpendicularly, into a cleft that could only have been the result of some cataclysm in the far past. The floor of the valley, hazily distant, welcomed the eye with greenness; sheltered from winds, and surveyed rather than dominated by the lamasery, it looked to Conway a delightfully favored place, though if it were inhabited its community must be completely isolated by the lofty and sheerly unscalable ranges on the further side. Only to the lamasery did there appear to be any climbable egress at all. Conway experienced, as he gazed, a slight tightening of apprehension; Mallinson's misgivings were not, perhaps, to be wholly disregarded. But the feeling was only momentary, and soon merged in the deeper sensation, halfmystical, halfvisual, of having reached at last some place that was an end, a finality.

He never exactly remembered how he and the others arrived at the lamasery, or with what formalities they were received, unroped, and ushered into the precincts. That thin air had a dream-like texture, matching the porcelain-blue of the sky; with every breath and every glance he took in a deep anesthetizing tranquillity that made him impervious alike to Mallinson's uneasiness, Barnard's witticisms, and Miss Brinklow's coy portrayal of a lady well prepared for the worst. He vaguely recollected surprise at finding the interior spacious, well warmed, and quite clean; but there was no time to do more than notice these qualities, for the Chinese had left his hooded chair and was already leading the way through various antechambers. He was quite affable now. "I must apologize," he said, "for leaving you to yourselves on the way, but the truth is, journeys of that kind don't suit me, and I have to take care of myself. I trust you were not too fatigued?"

"We managed," replied Conway with a wry smile.

"Excellent. And now, if you will come with me, I will show you to your apartments. No doubt you would like baths. Our accommodation is simple, but I hope adequate."

At this point Barnard, who was still affected by shortness of breath, gave vent to an asthmatic chuckle. "Well," he gasped, "I can't say I like your climate yet—the air seems to stick on my chest a bit—but you've certainly got a darned fine view out of your front windows. Do we all have to line up for the bathroom, or is this an American hotel?"

"I think you will find everything quite satisfactory, Mr. Barnard."

Miss Brinklow nodded primly. "I should hope so, indeed."

"And afterwards," continued the Chinese, "I should be greatly honored if you will all join me at dinner."

Conway replied courteously. Only Mallinson had given no sign of his attitude in the face of these unlooked-for amenities. Like Barnard, he had been suffering from the altitude, but now, with an effort, he found breath to exclaim: "And afterwards also, if you don't mind, we'll make our plans for getting away. The sooner the better, so far as I'm concerned."

CHAPTER FOUR

"So you see," Chang was saying, "we are less barbarian than you expected...."

Conway, later that evening, was not disposed to deny it. He was enjoying that pleasant mingling of physical ease and mental alertness which seemed to him, of all sensations, the most truly civilized. So far, the appointments of Shangri-La had been all that he could have wished, certainly more than he could ever have expected. That a Tibetan monastery should possess a system of central heating was not, perhaps, so very remarkable in an age that supplied even Lhasa with telephones; but that it should combine the mechanics of Western hygiene with so much that was Eastern and traditional, struck him as exceedingly singular. The bath, for instance, in which he had recently luxuriated, had been of a delicate green porcelain, a product, according to inscription, of Akron, Ohio. Yet the native attendant had valeted him in Chinese fashion, cleansing his ears and nostrils, and passing a thin, silk swab under his lower eyelids. He had wondered at the time if and how his three companions were receiving similar attentions.

Conway had lived for nearly a decade in China, not wholly in the bigger cities; and he counted it, all things considered, the happiest part of his life. He liked the Chinese, and felt at home with Chinese ways. In particular he liked Chinese cooking, with its subtle undertones of taste; and his first meal at Shangri-La had therefore conveyed a welcome familiarity. He suspected, too, that it might have contained some herb or drug to relieve respiration, for he not only felt a difference himself, but could observe a greater ease among his fellow guests. Chang, he noticed, ate nothing but a small portion of green salad, and took no wine. "You will excuse me," he had explained at the outset, "but my diet is very restricted; I am obliged to take care of myself."

It was the reason he had given before, and Conway wondered by what form of invalidism he was afflicted. Regarding him now more closely, he found it difficult to guess his age; his smallish and somehow undetailed features, together with the moist clay texture of his skin, gave him a look that might either have been that of a young man prematurely old or of an old man remarkably well preserved. He was by no means without attractiveness of a kind; a certain stylized courtesy hung about him in a fragrance too delicate to be detected till one had ceased to think about it. In his embroidered gown of blue silk, with the usual side-slashed skirt and tight-ankled trousers, all the hue of water-color skies, he had a cold metallic charm which Conway found pleasing, though he knew it was not everybody's taste.

The atmosphere, in fact, was Chinese rather than specifically Tibetan; and this in itself gave Conway an agreeable sensation of being at home, though again it was one that he could not expect the others to share. The room, too, pleased him; it was admirably proportioned, and sparingly adorned with tapestries and one or two fine pieces of lacquer. Light was from paper lanterns, motionless in the still air. He felt a soothing comfort of mind and body, and his renewed speculations as to some possible drug were hardly apprehensive. Whatever it was, if it existed at all, it had relieved Barnard's breathlessness and Mallinson's truculence; both had dined well, finding satisfaction in eating rather than talk. Conway also had been hungry enough,and was not sorry that etiquette demanded gradualness in approaching matters of importance. He had never cared for hurrying a situation that was itself enjoyable, so that the technique well suited him. Not, indeed, until he had begun a cigarette did he give a gentle lead to his curiosity; he remarked then, addressing Chang: "You seem a very fortunate community, and most hospitable to strangers. I don't imagine, though, that you receive them often."

"Seldom indeed," replied the Chinese, with measured stateliness. "It is not a traveled part of the world."

Conway smiled at that. "You put the matter mildly. It looked to me, as I came, the most isolated spot I ever set eyes on. A separate culture might flourish here without contamination from the outside world."

"Contamination, would you say?"

"I use the word in reference to dance bands, cinemas, electric signs, and so on. Your plumbing is quite rightly as modern as you can get it, the only certain boon, to my mind, that the East can take from the West. I often think that the Romans were fortunate; their civilization reached as far as hot baths without touching the fatal knowledge of machinery."

Conway paused. He had been talking with an impromptu fluency which, though not insincere, was chiefly designed to create and control an atmosphere. He was rather good at that sort of thing. Only a willingness to respond to the superfine courtesy of the occasion prevented him from being more openly curious.

Miss Brinklow, however, had no such scruples. "Please," she said, though the word was by no means submissive, "will you tell us about the monastery?"

Chang raised his eyebrows in very gentle deprecation of such immediacy. "It will give me the greatest of pleasure, madam, so far as I am able. What exactly do you wish to know?"

"First of all, how many are there of you here, and what nationality do you belong to?" It was clear that her orderly mind was functioning no less professionally than at the Baskul mission-house.

Chang replied: "Those of us in full lamahood number about fifty, and there are a few others, like myself, who have not yet attained to complete initiation. We shall do so in due course, it is to be hoped. Till then we are half-lamas, postulants, you might say. As for our racial origins, there are representatives of a great many nations among us, though it is perhaps natural that Tibetans and Chinese make up the majority."

Miss Brinklow would never shirk a conclusion, even a wrong one. "I see. It's really a native monastery, then. Is your head lama a Tibetan or a Chinese?"

"No."

"Are there any English?"

"Several."

"Dear me, that seems very remarkable." Miss Brinklow paused only for breath before continuing: "And now, tell me what you all believe in."

Conway leaned back with somewhat amused expectancy. He had always found pleasure in observing the impact of opposite mentalities; and Miss Brinklow's girl-guide forthrightness applied to Lamaistic philosophy promised to be entertaining. On the other hand, he did not wish his host to take fright. "That's rather a big question," he said, temporizingly.

But Miss Brinklow was in no mood to temporize. The wine, which had made the others more reposeful, seemed to have given her an extra liveliness. "Of course," she said with a gesture of magnanimity, "I believe in the true religion, but I'm broad minded enough to admit that other people, foreigners, I mean, are quite often sincere in their views. And naturally in a monastery I wouldn't expect to be agreed with."

Her concession evoked a formal bow from Chang. "But why not, madam?" he replied in his precise and flavored English. "Must we hold that because one religion is true, all others are bound to be false?"

"Well, of course, that's rather obvious, isn' t it?"

Conway again interposed. "Really, I think we had better not argue. But Miss Brinklow shares my own curiosity about the motive of this unique establishment."

Chang answered rather slowly and in scarcely more than a whisper: "If I were to put it into a very few words, my dear sir, I should say that our prevalent belief is in moderation. We inculcate the virtue of avoiding excess of all kinds—even including, if you will pardon the paradox, excess of virtue itself. In the valley which you have seen, and in which there are several thousand inhabitants living under the control of our order, we have found that the principle makes for a considerable degree of happiness. We rule with moderate strictness, and in return we are satisfied with moderate obedience. And I think I can claim that our people are moderately sober, moderately chaste, and moderately honest."

Conway smiled. He thought it well expressed, besides which it made some appeal to his own temperament. "I think I understand. And I suppose the fellows who met us this morning belonged to your valley people?"

"Yes. I hope you had no fault to find with them during the journey?"

"Oh, no, none at all. I'm glad they were more than moderately sure-footed, anyhow. You were careful, by the way, to say that the rule of moderation applied to *them*—am I to take it that it does not apply to your priesthood also?"

But at that Chang could only shake his head. "I regret, sir, that you have touched upon a matter which I may not discuss. I can only add that our community has various faiths and usages, but we are most of us moderately heretical about them. I am deeply grieved that at the moment I cannot say more."

"Please don't apologize. I am left with the pleasantest of speculations." Something in his own voice, as well as in his bodily sensations, gave Conway a renewed impression that he had been very slightly doped. Mallinson appeared to have been similarly affected, though he seized the present chance to remark: "All this has been very interesting, but I really think it's time we began to discuss our plans for getting away. We want to return to India as soon as possible. How many porters can we be supplied with? "

The question, so practical and uncompromising, broke through the crust of suavity to find no sure foothold beneath. Only after a longish interval came Chang's reply: "Unfortunately, Mr. Mallinson, I am not the proper person to approach. But in any case, I hardly think the matter could be arranged immediately."

"But something has *got* to be arranged! We've all got our work to return to, and our friends and relatives will be worrying about us. We simply *must* return. We're obliged to you for receiving us like this, but we really can't slack about here doing nothing. If it's at all feasible, we should like to set out not later than tomorrow. I expect there are a good many of your people who would volunteer to escort us—we should make it well worth their while, of course."

Mallinson ended nervously, as if he had hoped to be answered before saying so much; but he could extract from Chang no more than a quiet and almost reproachful: "But all this, you know, is scarcely in my province."

"Isn't it? Well, perhaps you can do *something*, at any rate. If you could get us a large scale map of the country, it would help. It looks as if we shall have a long journey, and that's all the more reason for making an early start. You have maps, I suppose?"

"Yes, we have a great many."

"We'll borrow some of them, then, if you don't mind. We can return them to you afterwards. I suppose you must have communications with the outer world from time to time. And it would be a good idea to send messages ahead, also, to reassure our friends. How far away is the nearest telegraph line?"

Chang's wrinkled face seemed to have acquired a look of infinite patience, but he did not reply.

Mallinson waited a moment and then continued: "Well, where do you send to when you want anything? Anything civilized, I mean." A touch of scaredness began to appear in his eyes and voice. Suddenly he thrust back his chair and stood up. He was pale, and passed his hand wearily across his forehead. "I'm so tired," he stammered, glancing round the room. "I don't feel that any of you are really trying to help me. I'm only asking a simple question. It's obvious you must know the answer to it. When you had all these modern baths installed, how did they get here?"

There followed another silence.

"You won't tell me, then? It's part of the mystery of everything else, I suppose. Conway, I must say I think you're damned slack. Why don't *you* get at the truth? I'm all in, for the time being—but—tomorrow, mind—we *must* get away tomorrow—it's essential—"

He would have slid to the floor had not Conway caught him and helped him to a chair. Then he recovered a little, but did not speak.

"Tomorrow he will be much better," said Chang gently. "The air here is difficult for the stranger at first, but one soon becomes acclimatized."

Conway felt himself waking from a trance. "Things have been a little trying for him," he commented with rather rueful mildness. He added, more briskly: "I expect we're all feeling it somewhat. I think we'd better adjourn this discussion and go to bed. Barnard, will you look after Mallinson? And I'm sure *you're* in need of sleep too, Miss Brinklow." There had been some signal given, for at that moment a servant appeared. "Yes, we'll get along—good night—good night—I shall soon follow." He almost pushed them out of the room, and then, with a scantness of ceremony that was in marked contrast with his earlier manner, turned to his host. Mallinson's reproach had spurred him.

"Now, sir, I don't want to detain you long, so I'd better come to the point. My friend is impetuous, but I don't blame him, he's quite right to make things clear. Our return journey has to be arranged, and we can't do it without help from you or from others in this place. Of course, I realize that leaving tomorrow is impossible, and for my own part I hope to find a minimum stay quite interesting. But that, perhaps, is not the attitude of my companions. So if it's true, as you say, that you can do nothing for us yourself, please put us in touch with someone else who can."

The Chinese answered: "You are wiser than your friends, my dear sir, and therefore you are less impatient. I am glad."

"That's not an answer."

Chang began to laugh, a jerky, high pitched chuckle so obviously forced that Conway recognized in it the polite pretense of seeing an imaginary joke with which the Chinese "saves face" at awkward moments. "I feel sure you have no cause to worry about the matter," came the reply, after an interval. "No doubt in due course we shall be able to give you all the help you need. There are difficulties, as you can imagine, but if we all approach the problem sensibly, and without undue haste—"

"I'm not suggesting haste. I'm merely seeking information about porters."

"Well, my dear sir, that raises another point. I very much doubt whether you will easily find men willing to undertake such a journey. They have their homes in the valley, and they don't care for leaving them to make long and arduous trips outside."

"They can be prevailed upon to do so, though, or else why and where were they escorting you this morning?"

"This morning? Oh, that was quite a different matter."

"In what way? Weren't you setting out on a journey when I and my friends chanced to come across you?"

There was no response to this, and presently Conway continued in a quieter voice: "I understand. Then it was not a chance meeting. I had wondered all along, in fact. So you came there deliberately to intercept us. That suggests you must have known of our arrival beforehand. And the interesting question *is*, *How*?"

His words laid a note of stress amidst the exquisite quietude of the scene. The lantern light showed up the face of the Chinese; it was calm and statuesque. Suddenly, with a small gesture of the hand, Chang broke the strain; pulling aside a silken tapestry, he undraped a window leading to a balcony. Then, with a touch upon Conway's arm, he led him into the cold crystal air. "You are clever," he said dreamily, "but not entirely correct. For that reason I should counsel you not to worry your friends by these abstract discussions. Believe me, neither you nor they are in any danger at Shangri-La."

"But it isn't danger we're bothering about. It's delay."

"I realize that. And of course there *may* be a certain delay, quite unavoidably."

"If it's only for a short time, and genuinely unavoidable, then naturally we shall have to put up with it as best we can. "

"How very sensible, for we desire nothing more than that you and your companions should enjoy your stay here."

"That's all very well, and as I told you, in a personal sense I can't say I shall mind a great deal. It's a new and interesting experience, and in any case, we need some rest."

He was gazing upward to the gleaming pyramid of Karakal. At that moment, in bright moonlight, it seemed as if a hand reached high might just touch it; it was so brittle-clear against the blue immensity beyond.

"Tomorrow," said Chang, "you may find it even more interesting. And as for rest, if you are fatigued, there are not many better places in the world."

Indeed, as Conway continued to gaze, a deeper repose overspread him, as if the spectacle were as much for the mind as for the eye. There was hardly any stir of wind, in contrast to the upland gales that had raged the night before; the whole valley, he perceived, was a land-locked harbor, with Karakal brooding over it, lighthouse-fashion. The simile grew as he considered it, for there was actually light on the summit, an ice blue gleam that matched the splendor it reflected. Something prompted him then to enquire the literal interpretation of the name, and Chang's answer came as a whispered echo of his own musing. "Karakal, in the valley patois, means Blue Moon," said the Chinese.

Conway did not pass on his conclusion that the arrival of himself and party at Shangri-La had been in some way expected by its inhabitants. He had had it in mind that he must do so, and he was aware that the matter was important; but when morning came his awareness troubled him so little, in any but a theoretical sense, that he shrank from being the cause of greater concern in others. One part of him insisted that there was something distinctly queer about the place, that the attitude of Chang on the previous evening had been far from reassuring, and that the party were virtually prisoners unless and until the authorities chose to do more for them. And it was clearly his duty to compel them to do this. After all, he was a representative of the British government, if nothing else; it was iniquitous that the inmates of a Tibetan monastery should refuse him any proper request.... That, no doubt, was the normal official view that would be taken; and part of Conway was both normal and official. No one could better play the strong man on occasions; during those final difficult days before the evacuation he had behaved in a manner which (he reflected wryly) should earn him nothing less than a knighthood and a Henty school prize novel entitled *With Conway at Baskul*. To have taken on himself the leadership of some scores of mixed civilians, including women and children, to have sheltered them all in a small consulate during a hotblooded revolution led by anti-foreign agitators, and to have bullied and cajoled the revolutionaries into permitting a wholesale evacuation by air, it was not, he felt, a bad achievement. Perhaps by pulling wires and writing interminable reports, he could wangle something out of it in the next New Year Honors. At any rate it had won him Mallinson's fervent admiration. Unfortunately, the youth must now be finding him so much more of a disappointment. It was a pity, of course, but Conway had grown used to people liking him only because they misunderstood him. He was not genuinely one of those resolute, strong-jawed, hammer-and-tongs empire builders; the semblance he had given was merely a little one act play, repeated from time to time by arrangement with fate and the Foreign Office, and for a salary which anyone could turn up in the pages of Whitaker.

The truth was, the puzzle of Shangri-La, and of his own arrival there, was beginning to exercise over him a rather charming fascination. In any case he found it hard to feel any personal misgivings. His official job was always liable to take him into odd parts of the world, and the odder they were, the less, as a rule, he suffered from boredom; why, then, grumble because accident instead of a chit from Whitehall had sent him to this oddest place of all?

He was, in fact, very far from grumbling. When he rose in the morning and saw the soft lapis blue of the sky through his window, he would not have chosen to be elsewhere on earth either in Peshawar or Piccadilly. He was glad to find that on the others, also, a night's repose had had a heartening effect. Barnard was able to joke quite cheerfully about beds, baths, breakfasts, and other hospitable amenities. Miss Brinklow admitted that the most strenuous search of her apartment had failed to reveal any of the drawbacks she had been well prepared for. Even Mallinson had acquired a touch of half sulky complacency. "I suppose we shan't get away today after all," he muttered, "unless somebody looks pretty sharp about it. Those fellows are typically Oriental, you can't get them to do anything quickly and efficiently."

Conway accepted the remark. Mallinson had been out of England just under a year; long enough, no doubt, to justify a generalization which he would probably still repeat when he had been out for twenty. And it was true, of course, in some degree. Yet to Conway it did not appear that the Eastern races were abnormally dilatory, but rather that Englishmen and Americans charged about the world in a state of continual and rather preposterous fever-heat. It was a point of view that he hardly expected any fellow Westerner to share, but he was more faithful to it as he grew older in years and experience. On the other hand, it was true enough that Chang was a subtle quibbler and that there was much justification for Mallinson's impatience. Conway had a slight wish that he could feel impatient too; it would have been so much easier for the boy.

He said: "I think we'd better wait and see what today brings. It was perhaps too optimistic to expect them to do anything last night."

Mallinson looked up sharply. "I suppose you think I made a fool of myself, being so urgent? I couldn't help it; I thought that Chinese fellow was damned fishy, and I do still. Did you succeed in getting any sense out of him after I'd gone to bed?"

"We didn't stay talking long. He was rather vague and non-committal about most things."

"We shall jolly well have to keep him up scratch today."

"No doubt," agreed Conway, without marked enthusiasm for the prospect. "Meanwhile this is an excellent breakfast." It consisted of pomelo, tea, and chupatties, perfectly prepared and served. Towards the finish of the meal Chang entered and with a little bow began the exchange of politely conventional greetings which, in the English language, sounded just a trifle unwieldy. Conway would have preferred to talk in Chinese, but so far he had not let it be known that he spoke any Eastern tongue; he felt it might be a useful card up his sleeve. He listened gravely to Chang's courtesies, and gave assurances that he had slept well and felt much better. Chang expressed his pleasure at that, and added: "Truly, as your national poet says, 'Sleep knits up the raveled sleeve of care.'"

This display of erudition was not too well received. Mallinson answered with that touch of scorn which any healthy-minded young Englishman must feel at the mention of poetry. "I suppose you mean Shakespeare, though I don't recognize the quotation. But I know another one that says 'Stand not upon the order of your going, but go at once.' Without being impolite, that's rather what we should all like to do. And I want to hunt round for those porters right away, this morning, if you've no objection."

The Chinese received the ultimatum impassively, replying at length: "I am sorry to tell you that it would be of little use. I fear we have no men available who would be willing to accompany you so far from their homes."

"But good God, man, you don't suppose we're going to take that for an answer, do you?"

"I am sincerely regretful, but I can suggest no other."

"You seem to have figgered it all out since last night," put in Barnard. "You weren't nearly so dead sure of things then."

"I did not wish to disappoint you when you were so tired from your journey. Now, after a refreshing night, I am in hope that you will see matters in a more reasonable light."

"Look here," intervened Conway briskly, "this sort of vagueness and prevarication won't do. You know we can't stay here indefinitely. It's equally obvious that we can't get away by ourselves. What, then, do you propose?"

Chang smiled with a radiance that was clearly for Conway alone. "My dear sir, it is a pleasure to make the suggestion that is in my mind. To your friend's attitude there was no answer, but to the demand of a wise man there is always a response. You may recollect that it was remarked yesterday, again by your friend, I believe, that we are bound to have occasional communication with the outside world. That is quite true. From time to time we require certain things from distant *entrepôts*, and it is our habit to obtain them in due course, by what method sand with what formalities I need not trouble you. The point of importance is that such a consignment is expected to arrive shortly, and as the men who make delivery will afterwards return, it seems to me that you might manage to come to some arrangement with them. Indeed I cannot think of a better plan, and I hope, when they arrive—"

"When *do* they arrive?" interrupted Mallinson bluntly.

"The exact date is, of course, impossible to forecast. You have yourself had the experience of the difficulty of movement in this part of the world. A hundred things may happen to cause uncertainty, hazards of weather—"

Conway again intervened. "Let's get this clear. You're suggesting that we should employ as porters the men who are shortly due here with some goods. That's not a bad idea as far as it goes, but we must know a little more about it. First, as you've already been asked, when are these people expected? And second, where will they take us?"

"That is a question you would have to put to them."

"Would they take us to India?"

"It is hardly possible for me to say."

"Well, let's have an answer to the other question. When will they be here? I don't ask for a date, I just want some idea whether it's likely to be next week or next year."

"It might be about a month from now. Probably not more than two months."

"Or three, four, or five months," broke in Mallinson hotly. "And you think we're going to wait here for this convoy or caravan or whatever it is to take us God knows where at some completely vague time in the distant future?"

"I think, sir, the phrase 'distant future' is hardly appropriate. Unless something unforeseen occurs, the period of waiting should not be longer than I have said."

"But *two months*! Two months in this place! It's preposterous! Conway, you surely can't contemplate it? Why, two weeks would be the limit? "

Chang gathered his gown about him in a little gesture of finality. "I am sorry. I did not wish to offend. The lamasery continues to offer all of you its utmost hospitality for as long as you have the misfortune to remain. I can say no more."

"You don't need to," retorted Mallinson furiously. "And if you think you've got the whip hand over us, you'll soon find you're damn well mistaken! We'll get all the porters we want, don't worry. You can bow and scrape and say what you like—"

Conway laid a restraining hand on his arm. Mallinson in a temper presented a child-like spectacle; he was apt to say anything that came into his head, regardless alike of point and decorum. Conway thought it readily forgivable in one so constituted and circumstanced, but he feared it might affront the more delicate susceptibilities of a Chinese. Fortunately Chang had ushered himself out, with admirable tact, in good time to escape the worst.

CHAPTER FIVE

They spent the rest of the morning discussing the matter. It was certainly a shock for four persons who in the ordinary course should have been luxuriating in the clubs and mission houses of Peshawar to find themselves faced instead with the prospect of two months in a Tibetan monastery. But it was in the nature of things that the initial shock of their arrival should have left them with slender reserves either of indignation or astonishment; even Mallinson, after his first outburst, subsided into a mood of half-bewildered fatalism. "I'm past arguing about it, Conway," he said, puffing at a cigarette with nervous irritability. "You know how I feel. I've said all along that there's something queer about this business. It's crooked. I'd like to be out of it this minute."

"I don't blame you for that," replied Conway. "Unfortunately, it's not a question of what any of us would like, but of what we've all got to put up with. Frankly, if these people say they won't or can't supply us with the necessary porters, there's nothing for it but to wait till the other fellows come. I'm sorry to admit that we're so helpless in the matter, but I'm afraid it's the truth."

"You mean we've got to stay here for two months?"

"I don't see what else we can do."

Mallinson flicked his cigarette ash with a gesture of forced nonchalance. "All right, then. Two months it is. And now let's all shout hooray about it."

Conway went on: "I don't see why it should be much worse than two months in any other isolated part of the world. People in our jobs are used to being sent to odd places, I think I can say that of us all. Of course, it's bad for those of us who have friends and relatives. Personally, I'm fortunate in that respect, I can't think of anyone who'll worry over me acutely, and my work, whatever it might have been, can easily be done by somebody else."

He turned to the others as if inviting them to state their own cases. Mallinson proffered no information, but Conway knew roughly how he was situated. He had parents and a girl in England; it made things hard.

Barnard, on the other hand, accepted the position with what Conway had learned to regard as an habitual good humor. "Well, I guess I'm pretty lucky, for that matter, two months in the penitentiary won't kill me. As for the folks in my hometown, they won't bat an eye. I've always been a bad letter writer."

"You forget that our names will be in the papers," Conway reminded him. "We shall all be posted missing, and people will naturally assume the worst."

Barnard looked startled for the moment; then he replied, with a slight grin: "Oh, yes, that's true, but it don't affect me, I assure you."

Conway was glad it didn't, though the matter remained a little puzzling. He turned to Miss Brinklow, who till then had been remarkably silent; she had not offered any opinion during the interview with Chang. He imagined that she too might have comparatively few personal worries. She said brightly: "As Mr. Barnard says, two months here is nothing to make a fuss about. It's all the same, wherever one is, when one's in the Lord's service. Providence has sent me here. I regard it as a call."

Conway thought the attitude a very convenient one, in the circumstances. "I'm sure," he said encouragingly, "you'll find your mission society pleased with you when you *do* return. You'll be able to give much useful information. We'll all of us have had an experience, for that matter. That should be a small consolation."

The talk then became general. Conway was rather surprised at the ease with which Barnard and Miss Brinklow had accommodated themselves to the new prospect. He was relieved, however, as well; it left him with only one disgruntled person to deal with. Yet even Mallinson, after the strain of all the arguing, was experiencing a reaction; he was still perturbed, but more willing to look at the brighter side of things. "Heaven knows what we shall find to do with ourselves," he exclaimed, but the mere fact of making such a remark showed that he was trying to reconcile himself.

"The first rule must be to avoid getting on each other's nerves," replied Conway. "Happily, the place seems big enough, and by no means overpopulated. Except for servants, we've only seen one of its inhabitants so far."

Barnard could find another reason for optimism. "We won't starve, at any rate, if our meals up to now are a fair sample. You know, Conway, this place isn't run without plenty of hard cash. Those baths, for instance, they cost real money. And I can't see that anybody earns anything here, unless those chaps in the valley have jobs, and even then, they wouldn't produce enough for export. I'd like to know if they work any minerals."

"The whole place is a confounded mystery," responded Mallinson. "I dare say they've got pots of money hidden away, like the Jesuits. As for the baths, probably some millionaire supporter presented them. Anyhow, it won't worry me, once I get away. I must say, though, the view *is* rather good, in its way. Fine winter sport center if it were in the right spot. I wonder if one could get any skiing on some of those slopes up yonder?"

Conway gave him a searching and slightly amused glance. "Yesterday, when I found some *tedelweiss*, you reminded me that I wasn't in the Alps. I think it's my turn to say the same thing now. I wouldn't advise you to try any of your Wengen-Scheidegg tricks in this part of the world."

"I don't suppose anybody here has ever seen a ski-jump."

"Or even an ice-hockey match," responded Conway banteringly. "You might try to raise some teams. What about 'Gentlemen *v*. Lamas' ?"

"It would certainly teach them to play the game," Miss Brinklow put in with sparkling seriousness.

Adequate comment upon this might have been difficult, but there was no necessity, since lunch was about to be served and its character and promptness combined to make an agreeable impression. Afterwards, when Chang entered, there was small disposition to continue the squabble. With great tactfulness the Chinese assumed that he was still on good terms with everybody, and the four exiles allowed the assumption to stand. Indeed, when he suggested that they might care to be shown a little more of the lamasery buildings, and that if so, he would be pleased to act as guide, the offer was readily accepted. "Why, surely," said Barnard. "We may as well give the place the once-over while we're here. I reckon it'll be a long time before any of us pay a second visit."

Miss Brinklow struck a more thought-giving note. "When we left Baskul in that aeroplane I'm sure I never dreamed we should ever get to a place like this," she murmured as they all moved off under Chang' s escort.

"And we don't know yet why we have," answered Mallinson unforgetfully.

Conway had no race or color prejudice, and it was an affectation for him to pretend, as he sometimes did in clubs and first-class railway carriages, that he set any particular store on the "whiteness" of a lobster-red face under a topee. It saved trouble to let it be so assumed, especially in India, and Conway was a conscientious trouble-saver. But in China it had been less necessary; he had had many Chinese friends, and it had never occurred to him to treat them as inferiors. Hence, in his intercourse with Chang, he was sufficiently unpreoccupied to see in him a mannered old gentleman who might not be entirely trustworthy, but who was certainly of high intelligence. Mallinson, on the other hand, tended to regard him through the bars of an imaginary cage; Miss Brinklow was sharp and sprightly, as with the heathen in his blindness; while Barnard's wise-cracking *bonhomie* was of the kind he would have cultivated with a butler.

Meanwhile the grand tour of Shangri-La was interesting enough to transcend these attitudes. It was not the first monastic institution Conway had inspected, but it was easily the largest and, apart from its situation, the most remarkable. The mere procession through rooms and courtyards was an afternoon's exercise, though he was aware of many apartments passed by, indeed, of whole buildings into which Chang did not offer admission. The party were shown enough, however, to confirm the impressions each one of them had formed already. Barnard was more certain than ever that the lamas were rich; Miss Brinklow discovered abundant evidence that they were immoral. Mallinson, after the first novelty had worn off, found himself no less fatigued than on many sight-seeing excursions at lower altitudes; the lamas, he feared, were not likely to be his heroes.

Conway alone submitted to a rich and growing enchantment. It was not so much any individual thing that attracted him as the gradual revelation of elegance, of modest and impeccable taste, of harmony so fragrant that it seemed to gratify the eye without arresting it. Only indeed by a conscious effort did he recall himself from the artist's mood to the connoisseur's, and then he recognized treasures that museums and millionaires alike would have bargained for, exquisite pearl blue Sung ceramics, paintings in tinted inks preserved for more than a thousand years, lacquers in which the cold and lovely detail of fairyland was not so much depicted as orchestrated. A world of incomparable refinements still lingered tremulously in porcelain and varnish, yielding an instant of emotion before its dissolution into purest thought. There was no boastfulness, no striving after effect, no concentrated attack upon the feelings of the beholder. These delicate perfections had an air of having fluttered into existence like petals from a flower. They would have maddened a collector, but Conway did not collect; he lacked both money and the acquisitive instinct. His liking for Chinese art was an affair of the mind; in a world of increasing noise and hugeness, he turned in private to gentle, precise, and miniature things. And as he passed through room after room, a certain pathos touched him remotely at the thought of Karakal's piled immensity over against such fragile charms.

The lamasery, however, had more to offer than a display of Chinoiserie. One of its features, for instance, was a very delightful library, lofty and spacious, and containing a multitude of books so retiringly housed in bays and alcoves that the whole atmosphere was more of wisdom than of learning, of good manners rather than seriousness. Conway, during a rapid glance at some of the shelves, found much to astonish him; the world's best literature was there, it seemed, as well as a great deal of abstruse and curious stuff that he could not appraise. Volumes in English, French, German, and Russian abounded, and there were vast quantities of Chinese and other Eastern scripts. A section which interested him particularly was devoted to Tibetiana, if it might be so called; he noticed several rarities, among them the *Novo Descubrimento de grao catayo ou dos Regos de Tibet*, by Antonio de Andrada(Lisbon, 1626); Athanasius Kircher's *China*(Antwerp, 1667); Thevenot's *Voyage à la Chine des Pères Grueber et d'Orville*; and Beligatti's *Relazione Inedita di un Viaggio al Tibet*. He was examining, the last named when he noticed Chang's eyes fixed on him in suave curiosity. "You are a scholar, perhaps?" came the enquiry.

Conway found it hard to reply. His period of donhood at Oxford gave him some right to assent, but he knew that the word, though the highest of compliments from a Chinese, had yet a faintly priggish sound for English ears, and chiefly out of consideration for his companions he demurred to it. He said: "I enjoy reading, of course, but my work during recent years hasn't supplied many opportunities for the studious life."

"Yet you wish for it?"

"Oh, I wouldn't say all that, but I'm certainly aware of its attractions."

Mallinson, who had picked up a book, interrupted: "Here's something for your studious life, Conway. It's a map of the country."

"We have a collection of several hundreds," said Chang. "They are all open to your inspection, but perhaps I can save you trouble in one respect. You will not find Shangri-La marked on any."

"Curious," Conway made comment. "I wonder why?"

"There is a very good reason, but I am afraid that is all I can say."

Conway smiled, but Mallinson looked peevish again. "Still piling up the mystery," he said. "So far we haven't seen much that anyone need bother to conceal."

Suddenly Miss Brinklow came to life out of a mute preoccupation. "Aren't you going to show us the lamas at work?" she fluted, in the tone which one felt had intimidated many a Cook's man. One felt, too, that her mind was probably full of hazy visions of native handicrafts, prayer-mat weaving, or something picturesquely primitive that she could talk about when she got home. She had an extraordinary knack of never seeming very much surprised, yet of always seeming very slightly indignant, a combination of fixities which was not in the least disturbed by Chang's response: "I am sorry to say it is impossible. The lamas are never, or perhaps I should say only very rarely, seen by those outside the lamahood."

"I guess we'll have to miss 'em then," agreed Barnard. "But I do think it's a real pity. You've no notion how much I'd like to have shaken the hand of your head-man."

Chang acknowledged the remark with benign seriousness. Miss Brinklow, however, was not yet to be sidetracked. "What do the lamas do?" she continued.

"They devote themselves, madam, to contemplation and to the pursuit of wisdom."

"But that isn't *doing* anything."

"Then, madam, they do nothing."

"I thought as much." She found occasion to sum up. "Well, Mr. Chang, it's a pleasure being shown all these things, I'm sure, but you won't convince me that a place like this does any real good. I prefer something more practical."

"Perhaps you would like to take tea?"

Conway wondered at first if this were intended ironically, but it soon appeared not; the afternoon had passed swiftly, and Chang, though frugal in eating, had the typical Chinese fondness for tea-drinking at frequent intervals. Miss Brinklow, too, confessed that visiting art galleries and museums always gave her a touch of headache. The party, the refore, fell in with the suggestion, and followed Chang through several courtyards to a scene of quite sudden and unmatched loveliness. From a colonnade steps descended to a garden, in which a lotus pool lay entrapped, the leaves so closely set that they gave an impression of a floor of moist green tiles. Fringing the pool were posed a brazen menagerie of lions, dragons, and unicorns, each offering a stylized ferocity that emphasized rather than offended the surrounding peace. The whole picture was so perfectly proportioned that the eye was entirely unhastened from one part to another; there was no vying or vanity, and even the summit of Karakal, peerless above the bluetiled roofs, seemed to have surrendered within the framework of an exquisite artistry. "Pretty little place," commented Barnard, as Chang led the way into an open pavilion which, to Conway's further delight, contained a harpsichord and a modern grand piano. He found this in some ways the crowning astonishment of a rather astonishing afternoon. Chang answered all his questions with complete candour up to a point;the lamas, he explained, held Western music in high esteem, particularly that of Mozart; they had a collection of all the great European compositions, and some were skilled performers on various instruments.

Barnard was chiefly impressed by the transport problem. "D'you mean to tell me that this piano was brought here by the route we came along yesterday?"

"There is no other."

"Well, that certainly beats everything! Why,with a phonograph and a radio you'd be all fixed complete! Perhaps, though, you aren't yet acquainted with up-to-date music?"

"Oh, yes, we have had reports, but we are advised that the mountains would make wireless reception impossible, and as for a phonograph,the suggestion has already come before the authorities, but they have felt no need to hurry in the matter."

"I'd believe that even if you hadn't told me," Barnard retorted. "I guess that must be the slogan of your society, 'No hurry.'" He laughed loudly and then went on: "Well, to come down to details, suppose in due course your bosses decide that they do want a phonograph, what's the procedure? The makers wouldn't deliver here, that's a sure thing. You must have an agent in Pekin or Shanghai or somewhere, and I'll bet everything costs plenty by the time you handle it."

But Chang was no more to be drawn than on a previous occasion. "Your surmises are intelligent, Mr. Barnard, but I fear I cannot discuss them."

So there they were again, Conway reflected, edging the invisible border-line between what might and might not be revealed. He thought he could soon begin to map out that line in imagination, though the impact of a new surprise deferred the matter. For servants were already bringing in the shallow bowls of scented tea, and along with the agile, lithe-limbed Tibetans there had also entered, quite inconspicuously, a girl in Chinese dress. She went directly to the harpsichord and began to play a gavotte by Rameau. The first bewitching twang stirred in Conway a pleasure that was beyond amazement; those silvery airs of eighteenth century France seemed to match in elegance the Sung vases and exquisite lacquers and the lotus pool beyond; the same death-defying fragrance hung about them, lending immortality through an age to which their spirit was alien. Then he noticed the player. She had the long, slender nose, high cheekbones, and eggshell pallor of the Manchu; her black hair was drawn tightly back and braided; she looked very finished and miniature. Her mouth was like a little pink convolvulus, and she was quite still, except for her long-fingered hands. As soon as the gavotte was ended, she made a little obeisance and went out.

Chang smiled after her and then, with a touch of personal triumph, upon Conway. "You are pleased?" he queried.

"Who is she?" asked Mallinson, before Conway could reply.

"Her name is Lo-Tsen. She has much skill with Western keyboard music. Like myself, she has not yet attained the full initiation."

"I should think not, indeed!" exclaimed Miss Brinklow. "She looks hardly more than a child. So you have women lamas, then?"

"There are no sex distinctions among us."

"Extraordinary business, this lamahood of yours," Mallinson commented loftily, after a pause. The rest of the tea-drinking proceeded without conversation; echoes of the harpsichord seemed still in the air, imposing a strange spell. Presently, leading the departure from the pavilion, Chang ventured to hope that the tour had been enjoyable. Conway, replying for the others, seesawed with the customary courtesies. Chang then assured them of his own equal enjoyment, and hoped they would consider the resources of the music room and library wholly at their disposal throughout their stay. Conway, with some sincerity, thanked him again. "But what about the lamas?" he added. "Don't they ever want to use them?"

"They yield place with much gladness to their honored guests."

"Well, that's what I call real handsome," said Barnard. "And what's more, it shows that the lamas do really know we exist. That's a step forward, anyhow, makes me feel much more at home. You've certainly got a swell outfit here, Chang, and that little girl of yours plays the piano very nicely. How old would she be, I wonder?"

"I am afraid I cannot tell you."

Barnard laughed. "You don't give away secrets about a lady's age, is that it?"

"Precisely," answered Chang with a faintly shadowing smile.

That evening, after dinner, Conway made occasion to leave the others and stroll out into the calm, moon-washed courtyards. Shangri-La was lovely then, touched with the mystery that lies at the core of all loveliness. The air was cold and still; the mighty spire of Karakal looked nearer, much nearer than by daylight. Conway was physically happy, emotionally satisfied, and mentally at ease; but in his intellect, which was not quite the same thing as mind, there was a little stir. He was puzzled. The line of secrecy that he had begun to map out grew sharper, but only to reveal an inscrutable background. The whole amazing series of events that had happened to him and his three chance companions swung now into a sort of focus; he could not yet understand them, but he believed they were somehow to be understood.

Passing along a cloister, he reached the terrace leaning over the valley. The scent of tuberose assailed him, full of delicate associations; in China it was called "the smell of moonlight." He thought whimsically that if moonlight had a sound also, it might well be the Rameau gavotte he had heard so recently; and that set him thinking of the little Manchu. It had not occurred to him to picture women at Shangri-La; one did not associate their presence with the general practice of monasticism. Still, he reflected, it might not be a disagreeable innovation; indeed, a female harpsichordist might be an asset to any community that permitted itself to be (in Chang's words) "moderately heretical."

He gazed over the edge into the blue-black emptiness. The drop was phantasmal; perhaps as much as a mile. He wondered if he would be allowed to descend it and inspect the valley civilization that had been talked of. The notion of this strange culture pocket, hidden amongst unknown ranges, and ruled over by some vague kind of theocracy, interested him as a student of history, apart from the curious though perhaps related secrets of the lamasery.

Suddenly, on a flutter of air, came sounds from far below. Listening intently, he could hear gongs and trumpets and also (though perhaps only in imagination) the massed wail of voices. The sounds faded on a veer of the wind, then returned to fade again. But the hint of life and liveliness in those veiled depths served only to emphasize the austere serenity of Shangri-La. Its forsaken courts and pale pavilions shimmered in repose from which all the fret of existence had ebbed away, leaving a hush as if moments hardly dared to pass. Then, from a window high above the terrace, he caught the rose-gold of lantern light; was it there that the lamas devoted themselves to contemplation and the pursuit of wisdom, and were those devotions now in progress? The problem seemed one that he could solve merely by entering at the nearest door and exploring through gallery and corridor until the truth were his; but he knew that such freedom was illusory, and that in fact his movements were watched. Two Tibetans had padded across the terrace and were idling near the parapet. Good-humored fellows they looked, shrugging their colored cloaks negligently over naked shoulders. The whisper of gongs and trumpets uprose again, and Conway heard one of the men question his companion. The answer came: "They have buried Talu." Conway, whose knowledge of Tibetan was very slight, hoped they would continue talking; he could not gather much from a single remark. After a pause the questioner, who was inaudible, resumed the conversation, and obtained answers which Conway overheard and loosely understood as follows:

"He died outside."

"He obeyed the high ones of Shangri-La."

"He came through the air over the great mountains with a bird to hold him."

"Strangers he brought, also."

"Talu was not afraid of the outside wind, nor of the outside cold."

"Though he went outside long ago, the valley of Blue Moon remembers him still."

Nothing more was said that Conway could interpret, and after waiting for some time he went back to his own quarters. He had heard enough to turn another key in the locked mystery, and it fitted so well that he wondered he had failed to supply it by his own deductions. It had, of course, crossed his mind, but a certain initial and fantastic unreasonableness about it had been too much for him. Now he perceived that the unreasonableness, however fantastic, was to be swallowed. That flight from Baskul had not been the meaningless exploit of a madman. It had been something planned, prepared, and carried out at the instigation of Shangri-La. The dead pilot was known by name to those who lived there; he had been one of them, in some sense; his death was mourned. Everything pointed to a high directing intelligence bent upon its own purposes; there had been, as it were, a single arch of intentions spanning the inexplicable hours and miles. But what was that intention? For what possible reason could four chance passengers in a British Government aeroplane be whisked away to these trans-Himalayan solitudes?

Conway was somewhat aghast at the problem, but by no means wholly displeased with it. It challenged him in the only way in which he was readily amenable to challenge—by touching a certain clarity of brain that only demanded a sufficient task. One thing he decided instantly; the cold thrill of discovery must not yet be communicated, neither to his companions, who could not help him, nor to his hosts, who doubtless would not.

CHAPTER SIX

"I reckon some folks have to get used to worse places," Barnard remarked towards the close of his first week at Shangri-La, and it was doubtless one of the many lessons to be drawn. By that time the party had settled themselves into something like a daily routine, and with Chang's assistance the boredom was no more acute than on many a planned holiday. They had all become acclimatized to the atmosphere, finding it quite invigorating so long as heavy exertion was avoided. They had learned that the days were warm and the nights cold, that the lamasery was almost completely sheltered from winds, that avalanches on Karakal were most frequent about midday, that the valley grew a good brand of tobacco, that some foods and drinks were more pleasant than others, and that each one of themselves had personal tastes and peculiarities. They had, in fact, discovered as much about each other as four new pupils of a school from which everyone else was mysteriously absent. Chang was tireless in his efforts to make smooth the rough places. He conducted excursions, suggested occupations, recommended books, talked with his slow, careful fluency whenever there was an awkward pause at meals, and was on every occasion benign, courteous, and resourceful. The line of demarcation was so marked between information willingly supplied and politely declined that the latter ceased to stir resentment, except fitfully from Mallinson. Conway was content to take note of it, adding another fragment to his constantly accumulating data. Barnard even "jollied" the Chinese after the manner and traditions of a Middle West Rotary convention. "You know, Chang, this is a damned bad hotel. Don't you have any newspapers sent here ever? I'd give all the books in your library for this morning's *Herald-Tribune*." Chang's replies were always serious, though it did not necessarily follow that he took every question seriously. "We have the files of *The Times,* Mr. Barnard, up to a few years ago. But only, I regret to say, the London *Times.*"

Conway was glad to find that the valley was not to be "out of bounds," though the difficulties of the descent made unescorted visits impossible. In company with Chang they all spent a whole day inspecting the green floor that was so pleasantly visible from the cliff-edge, and to Conway, at any rate, the trip was of absorbing interest. They traveled in bamboo sedan chairs, swinging perilously over precipices while their bearers in front and to the rear picked a way nonchalantly down the steep track. It was not a route for the squeamish, but when at last they reached the lower levels of forest and foothill the supreme good fortune of the lamasery was everywhere to be realized. For the valley was nothing less than an enclosed paradise of amazing fertility, in which the vertical difference of a few thousand feet spanned the whole gulf between temperate and tropical. Crops of unusual diversity grew in profusion and contiguity, with not an inch of ground untended. The whole cultivated area stretched for perhaps a dozen miles, varying in width from one to five, and though narrow, it had the luck to take sunlight at the hottest part of the day. The atmosphere, indeed, was pleasantly warm even out of the sun, though the little rivulets that watered the soil were icecold from the snows. Conway felt again, as he gazed up at the stupendous mountain wall, that there was a superb and exquisite peril in the scene; but for some chance-placed barrier, the whole valley would clearly have been a lake, nourished continually from the glacial heights around it. Instead of which, a few streams dribbled through to fill reservoirs and irrigate fields and plantations with a disciplined conscientiousness worthy of a sanitary engineer. The whole design was almost uncannily fortunate, so long as the structure of the frame remained unmoved by earthquake or landslide.

But even such vaguely future fears could only enhance the total loveliness of the present. Once again Conway was captivated, and by the same qualities of charm and ingenuity that had made his years in China happier than others. The vast encircling *massif* made perfect contrast with the tiny lawns and weedless gardens, the painted teahouses by the stream, and the frivolously toy-like houses. The inhabitants seemed to him a very successful blend of Chinese and Tibetan; they were cleaner and handsomer than the average of either race, and seemed to have suffered little from the inevitable inbreeding of such a small society. They smiled and laughed as they passed the chaired strangers, and had a friendly word for Chang; they were good-humored and mildly inquisitive, courteous and carefree, busy at innumerable jobs but not in any apparent hurry over them. Altogether Conway thought it one of the pleasantest communities he had ever seen, and even Miss Brinklow, who had been watching for symptoms of pagan degradation, had to admit that everything looked very well "on the surface." She was relieved to find the natives "completely" clothed, even though the women did wear ankle-tight Chinese trousers; and her most imaginative scrutiny of a Buddhist temple revealed only a few items that could be regarded as somewhat doubtfully phallic. Chang explained that the temple had its own lamas, who were under loose control from Shangri-La, though not of the same order. There were also, it appeared, a Taoist and a Confucian temple further along the valley. "The jewel has facets," said the Chinese, "and it is possible that many religions are moderately true."

"I agree with that," said Barnard heartily. "I never did believe in sectarian jealousies. Chang, you're a philosopher, I must remember that remark of yours. 'Many religions are moderately true.' You fellows up on the mountain must be a lot of wise guys to have thought that out. You're right, too, I'm dead certain of it."

"But we," responded Chang dreamily, "are only *moderately* certain."

Miss Brinklow could not be bothered with all that, which seemed to her a sign of mere laziness. In any case she was preoccupied with an idea of her own. "When I get back," she said with tightening lips, "I shall ask my society to send a missionary here. And if they grumble at the expense, I shall just bully them until they agree."

That, clearly, was a much healthier spirit, and even Mallinson, little as he sympathized with foreign missions, could not forbear his admiration. "They ought to send *you*," he said. "That is, of course, if you'd like a place like this."

"It's hardly a question of *liking* it," Miss Brinklow retorted. "One wouldn't like it, naturally—how could one? It's a matter of what one feels one ought to do."

"I think," said Conway, "if I were a missionary I'd choose this rather than quite a lot of other places."

"In that case," snapped Miss Brinklow, "there would be no merit in it, obviously."

"But I wasn't thinking of merit."

"More's the pity, then. There's no good in doing a thing because you like doing it. Look at these people here! "

"They all seem very happy."

"Exactly," she answered with a touch of fierceness. She added: "Anyhow, I don't see why I shouldn't make a beginning by studying the language. Can you lend me a book about it, Mr. Chang?"

Chang was at his most mellifluous. "Most certainly, madam, with the greatest of pleasure. And, if I may say so, I think the idea an excellent one."

When they ascended to Shangri-La that evening he treated the matter as one of immediate importance. Miss Brinklow was at first a little daunted by the massive volume compiled by an industrious nineteenth-century German (she had more probably imagined some slighter work of a "Brush up your Tibetan" type), but with help from the Chinese and encouragement from Conway she made a good beginning and was soon observed to be extracting grim satisfaction from her task.

Conway, too, found much to interest him, apart from the engrossing problem he had set himself. During the warm, sunlit days he made full use of the library and music room, and was confirmed in his impression that the lamas were of quite exceptional culture. Their taste in books was catholic, at any rate; Plato in Greek touched Omar in English; Nietzsche partnered Newton; Thomas More was there, and also Hannah More, Thomas Moore, George Moore, and even Old Moore. Altogether Conway estimated the number of volumes at between twenty and thirty thousand; and it was tempting to speculate upon the method of selection and acquisition. He sought also to discover how recently there had been additions, but he did not come across anything later than a cheap reprint of *Im Western Nichts Neues*. During a subsequent visit, however, Chang told him that there were other books published up to about the middle of 1930 which would doubtless be added to the shelves eventually; they had already arrived at the lamasery. "We keep ourselves fairly up-to-date, you see," he commented.

"There are people who would hardly agree with you," replied Conway with a smile. "Quite a lot of things have happened in the world since last year, you know."

"Nothing of importance, my dear sir, that could not have been foreseen in 1920, or that will not be better understood in 1940."

"You're not interested, then, in the latest developments of the world crisis?"

"I shall be very deeply interested—in due course."

"You know, Chang, I believe I'm beginning to understand you. You're geared differently, that's what it is. Time means less to you than it does to most people. If I were in London I wouldn't always be eager to see the latest hour-old newspaper, and you at Shangri-La are no more eager to see a year-old one. Both attitudes seem to me quite sensible. By the way, how long is it since you last had visitors here?"

"That, Mr. Conway, I am unfortunately unable to say."

It was the usual ending to a conversation, and one that Conway found less irritating than the opposite phenomenon from which he had suffered much in his time—the conversation which, try as he would, seemed never to end. He began to like Chang rather more as their meetings multiplied, though it still puzzled him that he met so few of the lamasery personnel; even assuming that the lamas themselves were unapproachable, were there not other postulants besides Chang?

There was, of course, the little Manchu. He saw her sometimes when he visited the music room; but she knew no English, and he was still unwilling to disclose his own Chinese. He could not quite determine whether she played merely for pleasure, or was in some way a student. Her playing, as indeed her whole behavior, was exquisitely formal, and her choice lay always among the more patterned compositions—those of Bach, Corelli, Scarlatti, and occasionally Mozart. She preferred the harpsichord to the piano, but when Conway went to the latter she would listen with grave and almost dutiful appreciation. It was impossible to know what was in her mind; it was difficult even to guess her age. He would have doubted her being over thirty or under thirteen; and yet, in a curious way, such manifest unlikelihoods could neither of them be ruled out as wholly impossible.

Mallinson, who sometimes came to listen to the music for want of anything better to do, found her a very baffling proposition. "I can't think what she's doing here," he said to Conway more than once. "This lama business may be all right for an old fellow like Chang, but what's the attraction in it for a girl? How long has she been here, I wonder?"

"I wonder too, but it's one of those things we're not likely to be told."

"Do you suppose she *likes* being here?"

"I'm bound to say she doesn't appear to dislike it."

"She doesn't appear to have feelings at all, for that matter. She's like a little ivory doll more than a human being."

"A charming thing to be like, anyhow."

"As far as it goes."

Conway smiled. "And it goes pretty far, Mallinson, when you come to think about it. After all, the ivory doll has manners, good taste in dress, attractive looks, a pretty touch on the harpsichord, and she doesn't move about a room as if she were playing hockey. Western Europe, so far as I recollect it, contains an exceptionally large number of females who lack those virtues."

"You're an awful cynic about women, Conway."

Conway was used to the charge. He had not actually had a great deal to do with the other sex, and during occasional leaves in Indian hill stations the reputation of cynic had been as easy to sustain as any other. In truth he had had several delightful friendships with women who would have been pleased to marry him if he had asked them—but he had not asked them. He had once got nearly as far as an announcement in the *Morning Post*, but the girl did not want to live in Pekin and he did not want to live at Tunbridge Wells, mutual reluctances which proved impossible to dislodge. So far as he had had experience of women at all, it had been tentative, intermittent, and somewhat inconclusive. But he was not, after all that, a cynic about them.

He said with a laugh: "I'm thirty-seven—you're twenty-four. That's all it amounts to."

After a pause Mallinson asked suddenly: "Oh, by the way, how old should you say Chang is?"

"Anything," replied Conway lightly, "between forty-nine and a hundred and forty-nine."

Such information, however, was less trustworthy than much else that was available to the new arrivals. The fact that their curiosities were sometimes unsatisfied tended to obscure the really vast quantity of data which Chang was always willing to outpour. There were no secrecies, for instance, about the customs and habits of the valley population, and Conway, who was interested, had talks which might have been worked up into a quite serviceable degree thesis. He was particularly interested, as a student of affairs, in the way the valley population was governed; it appeared, on examination, to be a rather loose and elastic autocracy, operated from the lamasery with a benevolence that was almost casual. It was certainly an established success, as every descent into that fertile paradise made more evident. Conway was puzzled as to the ultimate basis of law and order; there appeared to be neither soldiers nor police, yet surely some provision must be made for the incorrigible? Chang replied that crime was very rare, partly because only serious things were considered crimes, and partly because everyone enjoyed a sufficiency of everything he could reasonably desire. In the last resort the personal servants of the lamasery had power to expel an offender from the valley—though this, which was considered an extreme and dreadful punishment, had only very occasionally to be imposed. But the chief factor in the government of Blue Moon, Chang went on to say, was the inculcation of good manners, which made men feel that certain things were "not done," and that they lost caste by doing them. "You English inculcate the same feeling," said Chang, "in your public schools, but not, I fear, in regard to the same things. The inhabitants of our valley, for instance, feel that it is 'not done' to be inhospitable to strangers, to dispute acrimoniously, or to strive for priority amongst one another. The idea of enjoying what your English headmasters call the mimic warfare of the playing field would seem to them entirely barbarous—indeed, a sheerly wanton stimulation of all the lower instincts."

Conway asked if there were never disputes about women.

"Only very rarely, because it would not be considered good manners to take a woman that another man wanted."

"Supposing somebody wanted her so badly that he didn't care a damn whether it was good manners or not?"

"Then, my dear sir, it would be good manners on the part of the other man to let him have her, and also on the part of the woman to be equally agreeable. You would be surprised, Conway, how the application of a little courtesy all round helps to smooth out these problems."

Certainly during visits to the valley Conway found a spirit of good will and contentment that pleased him all the more because he knew that of all the arts, that of government has been brought least to perfection. When he made some complimentary remark, however, Chang responded: "Ah, but you see, we believe that to govern perfectly it is necessary to avoid governing too much."

"Yet you don't have any democratic machinery—voting, and so on?"

"Oh, no. Our people would be quite shocked by having to declare that one policy was completely right and another completely wrong."

Conway smiled. He found the attitude a curiously sympathetic one.

Meanwhile, Miss Brinklow derived her own kind of satisfaction from a study of Tibetan; meanwhile, also, Mallinson fretted and groused, and Barnard persisted in an equanimity which seemed almost equally remarkable, whether it were real or simulated.

"To tell you the truth," said Mallinson, "the fellow's cheerfulness is just about getting on my nerves. I can understand him trying to keep a stiff lip, but that continual joking of his begins to upset me. He'll be the life and soul of the party if we don't watch him."

Conway too had once or twice wondered at the ease with which the American had managed to settle down. He replied: "Isn't it rather lucky for us he *does* take things so well?"

"Personally, I think it's damned peculiar. What do you *know* about him, Conway? I mean who he is, and so on."

"Not much more than you do. I understood he came from Persia and was supposed to have been oil prospecting. It's his way to take things easily—when the air evacuation was arranged I had quite a job to persuade him to join us at all. He only agreed when I told him that an American passport wouldn't stop a bullet."

"By the way, did you ever see his passport?"

"Probably I did, but I don't remember. Why?"

Mallinson laughed. "I'm afraid you'll think I haven't exactly been minding my own business. Why should I, anyhow? Two months in this place ought to reveal all our secrets, if we have any. Mind you, it was a sheer accident, in the way it happened, and I haven't let slip a word to anyone else, of course. I didn't think I'd tell even you, but now we've got on to the subject I may as well."

"Yes, of course, but I wish you'd let me know what you're talking about."

"Just this. Barnard was traveling on a forged passport and he isn't Barnard at all."

Conway raised his eyebrows with an interest that was very much less than concern. He liked Barnard, so far as the man stirred him to any emotion at all; but it was quite impossible for him to care intensely who he really was or wasn't. He said: "Well, who do you think he is, then?"

"He' s Chalmers Bryant."

"The deuce he is! What makes you think so?"

"He dropped a pocketbook this morning and Chang picked it up and gave it to me, thinking it was mine. I couldn't help seeing it was stuffed with newspaper clippings—some of them fell out as I was handling the thing, and I don't mind admitting that I looked at them. After all, newspaper clippings aren't private, or shouldn't be. They were all about Bryant and the search for him, and one of them had a photograph which was absolutely like Barnard except for a mustache."

"Did you mention your discovery to Barnard himself ? "

"No, I just handed him his property without any comment."

"So the whole thing rests on your identification of a newspaper photograph?"

"Well, so far, yes."

"I don't think I'd care to convict anyone on that. Of course you might be right—I don't say he couldn't *possibly* be Bryant. If he were, it would account for a good deal of his contentment at being here—he could hardly have found a better place to hide."

Mallinson seemed a trifle disappointed by this casual reception of news which he evidently thought highly sensational. "Well, what are you going to do about it?" he asked.

Conway pondered a moment and then answered: "I haven't much of an idea. Probably nothing at all. What *can* one do, in any case? ”

“But dash it all, if the man *is* Bryant— ”

“My dear Mallinson, if the man were Nero it wouldn’t have to matter to us for the time being! Saint or crook, we’ve got to make what we can of each other’s company as long as we’re here, and I can’t see that we shall help matters by striking any attitudes. If I’d suspected who he was at Baskul, of course, I’d have tried to get in touch with Delhi about him—it would have been merely a public duty. But now I think I can claim to be *off* duty.”

“Don’t you think that’s rather a slack way of looking at it?”

“I don’t care if it’s slack so long as it’s sensible.”

“I suppose that means your advice to me is to forget what I’ve found out?”

“You probably can’t do that, but I certainly think we might both of us keep our own counsel about it. Not in consideration for Barnard or Bryant or whoever he is, but to save ourselves the deuce of an awkward situation when we get away. ”

“You mean we ought to let him go?”

“Well, I’ll put it a bit differently and say we ought to give somebody else the pleasure of catching him. When you’ve lived quite sociably with a man for a few months, it seems a little out of place to call for the handcuffs.”

“I don’t think I agree. The man is nothing but a largescale thief—I know plenty of people who’ve lost their money through him.”

Conway shrugged his shoulders. He admired the simple black-and-white of Mallinson’s code; the public school ethic might be crude, but at least it was downright. If a man broke the law, it was everyone’s duty to hand him over to justice—always provided that it was the kind of law one was not allowed to break. And the law pertaining to checks and shares and balance-sheets was decidedly that kind. Bryant had transgressed it, and though Conway had not taken much interest in the case, he had an impression that it was a fairly bad one of its kind. All he knew was that the failure of the giant Bryant group in New York had resulted in losses of about a hundred million dollars—a record crash, even in a world that exuded records. In some way or other (Conway was not a financial expert) Bryant had been monkeying on Wall Street, and the result had been a warrant for his arrest, his escape to Europe, and extradition orders against him in half a dozen countries.

Conway said finally: "Well, if you take my tip you'll say nothing about it—not for his sake but for ours. Please yourself, of course, so long as you don't forget the possibility that he mayn't be the fellow at all."

But he was, and the revelation came that evening after dinner. Chang had left them; Miss Brinklow had turned to her Tibetan grammar; the three male exiles faced each other over coffee and cigars. Conversation during the meal would have languished more than once but for the tact and affability of the Chinese; now, in his absence, a rather unhappy silence supervened. Barnard was for once without jokes. It was clear to Conway that it lay beyond Mallinson's power to treat the American as if nothing had happened, and it was equally clear that Barnard was shrewdly aware that something *had* happened.

Suddenly the American threw away his cigar. "I guess you all know who I am," he said.

Mallinson colored like a girl, but Conway replied in the same quiet key: "Yes, Mallinson and I think we do."

"Darned careless of me to leave those clippings lying about."

"We're all apt to be careless at times."

"Well, you're mighty calm about it, that's something."

There was another silence, broken at length by Miss Brinklow's shrill voice: "I'm sure I don't know who you are, Mr. Barnard, though I must say I guessed all along you were traveling *incognito*." They all looked at her enquiringly and she went on: "I remember when Mr. Conway said we should all have our names in the papers, you said it didn't affect you. I thought then that Barnard probably wasn't your real name. "

The culprit gave a slow smile as he lit himself another cigar. "Madam," he said eventually, "you're not only a smart detective, but you've hit on a really polite name for my present position, I'm traveling *incognito*. You've said it,and you're dead right. As for you boys, I'm not sorry in a way that you've found me out. So long as none of you had an inkling, we could all have managed, but considering how we're fixed it wouldn't seem very neighborly to play the high hat with you now. You folks have been so darned nice to me that I don't want to make a lot of trouble. It looks as if we were all going to be joined together for better or worse for some little time ahead, and it's up to us to help one another out as far as we can. As for what happens afterwards, I reckon we can leave that to settle itself."

All this appeared to Conway so eminently reasonable that he gazed at Barnard with considerably greater interest, and even—though it was perhaps odd at such a moment—a touch of genuine appreciation. It was curious to think of that heavy, fleshy, good-humored, rather paternal looking man as the world's hugest swindler. He looked far more the type that, with a little extra education, would have made a popular headmaster of a prep school. Behind his joviality there were signs of recent strains and worries,but that did not mean that the joviality was forced. He obviously was what he looked—a "good fellow" in the world's sense, by nature a lamb and only by profession a shark.

Conway said: "Yes, that's very much the best thing, I' m certain."

Then Barnard laughed. It was as if he possessed even deeper reserves of good humor which he could only now draw upon. "Gosh, but it's mighty queer," he exclaimed, spreading himself in his chair. "The whole darned business, I mean. Right across Europe, and on through Turkey and Persia to that little one—horse burg! Police after me all the time, mind you—they nearly got me in Vienna! It's pretty exciting at first, being chased, but it gets on your nerves after a bit. I got a good rest at Baskul, though—I thought I'd be safe in the midst of a revolution."

"And so you were," said Conway with a slight smile, "except from bullets."

"Yeah, and that's what bothered me at the finish. I can tell you it was a mighty hard choice—whether to stay in Baskul and get plugged, or accept a trip in your Government's aeroplane and find the bracelets waiting at the other end. I wasn't exactly keen to do either."

"I remember you weren't."

Barnard laughed again. "Well, that's how it was, and you can figure it out for yourself that the change of plan which brought me here, don't worry me an awful lot. It's a first-class mystery, but, speaking personally, there couldn't have been a better one. It isn't my way to grumble as long as I'm satisfied."

Conway's smile became more definitely cordial. "A very sensible attitude, though I think you rather over did it. We were all beginning to wonder how you managed to be so contented."

"Well, I *was* contented. This ain't a bad place, when you get used to it. The air's a bit snappy at first, but you can't have everything. And it's nice and quiet for a change. Every fall I go down to Palm Beach for a rest cure, but they don't give you it, those places—you're in the racket just the same. But here I guess I'm having just what the doctor ordered, and it certainly feels grand to me. I'm on a different diet, I can't look at the tape, and my broker can't get me on the telephone."

"I dare say he wishes he could."

"Sure. There' ll be a tidy-sized mess to clear up, and I know it."

He said this with such simplicity that Conway could not help responding: "I'm not much of an authority on what people call high finance."

It was a lead, and the American accepted it without the slightest reluctance. "High finance," he said, "is mostly a lot of bunk."

"So I've often suspected."

"Look here, Conway, I'll put it like this. A feller does what he's been doing for years, and what lots of other fellers have been doing, and suddenly the market goes against him. He can't help it, but he braces up and waits for the turn. But somehow the turn don't come as it always used to, and when he's lost ten million dollars or so he reads in some paper that a Swede professor thinks it's the end of the world. Now I ask you, does that sort of thing help markets? Of course, it gives him a bit of a shock, but he still can't help it. And there he is till the cops come—if he waits for 'em. I didn't."

"You claim it was all just a run of bad luck, then?"

"Well, I certainly had a large packet."

"You also had other people's money," put in Mallinson sharply.

"Yeah, I did. And why? Because they all wanted something for nothing and hadn't the brains to get it for themselves."

"I don't agree. It was because they trusted you and thought their money was safe."

"Well, it wasn't safe. It couldn't be. There isn't safety anywhere, and those who thought there was were like a lot of saps trying to hide under an umbrella in a typhoon."

Conway said pacifyingly: "Well, we'll all admit you couldn't help the typhoon."

"I couldn't even pretend to help it—any more than you could help what happened after we left Baskul. The same thing struck me then as I watched you in the aeroplane keeping dead calm while Mallinson here had the fidgets. You knew you couldn't do anything about it, and you weren't caring two hoots. Just like I felt myself when the crash came."

"That' s nonsense! " cried Mallinson. "Anyone can help swindling. It's a matter of playing the game according to the rules."

"Which is a darned difficult thing to do when the whole game's going to pieces. Besides, there isn't a soul in the world who knows what the rules are. All the professors of Harvard and Yale couldn' t tell you 'em."

Mallinson replied rather scornfully: "I'm referring to a few quite simple rules of everyday conduct."

"Then I guess your everyday conduct doesn't include managing trust companies."

Conway made haste to intervene. "We'd better not argue. I don't object in the least to the comparison between your affairs and mine. No doubt we've all been flying blind lately, both literally and in other ways. But we're here now, that's the important thing, and I agree with you that we could easily have had more to grumble about. It's curious, when you come to think about it, that out of four people picked up by chance and kidnaped a thousand miles, three should be able to find some consolation in the business. You want a rest cure and a hiding place; Miss Brinklow feels a call to evangelize the heathen Tibetan."

"Who's the third person you're counting?" Mallinson interrupted. "Not me, I hope?"

"I was including myself," answered Conway. "And my own reason is perhaps the simplest of all—I just rather like being here."

Indeed, a short time later, when he took what had come to be his usual solitary evening stroll along the terrace or beside the lotus pool, he felt an extraordinary sense of physical and mental settlement. It was perfectly true; he just rather liked being at Shangri-La. Its atmosphere soothed while its mystery stimulated, and the total sensation was agreeable. For some days now he had been reaching, gradually and tentatively, a curious conclusion about the lamasery and its inhabitants; his brain was still busy with it, though in a deeper sense he was unperturbed. He was like a mathematician with an abstruse problem—worrying over it, but worrying very calmly and impersonally.

As for Bryant, whom he decided he would still think of and address as Barnard, the question of his exploits and identity faded instantly into the background, save for a single phrase of his— "the whole game's going to pieces." Conway found himself remembering and echoing it with a wider significance than the American had probably intended; he felt it to be true of more than American banking and trust-company management. It fitted Baskul and Delhi and London, war-making and empire—building, consulates and trade concessions and dinner parties at Government House; there *was* a reek of dissolution over all that recollected world, and Barnard's cropper had only, perhaps, been better dramatized than his own. The whole game was doubtless going to pieces, but fortunately the players were not as a rule put on trial for the pieces they had failed to save. In that respect financiers were unlucky.

But here, at Shangri-La, all was in deep calm. In a moonless sky the stars were lit to the full, and a pale blue sheen lay upon the dome of Karakal. Conway realized then that if by some change of plan the porters from the outside world were to arrive immediately, he would not be completely overjoyed at being spared the interval of waiting. And neither would Barnard, he reflected with an inward smile. It was amusing, really; and then suddenly he knew that he still liked Barnard, or he wouldn't have found it amusing. Somehow the loss of a hundred million dollars was too much to bar a man for; it would have been easier if he had only stolen one's watch. And after all, how *could* anyone lose a hundred millions? Perhaps only in the sense in which a cabinet minister might airily announce that he had been "given India".

And then again he thought of the time when he would leave Shangri-La with the returning porters. He pictured the long, arduous journey, and that eventual moment of arrival at some planter's bungalow in Sikkim or Baltistan—a moment which ought, he felt, to be deliriously cheerful, but which would probably be slightly disappointing. Then the first hand shakings and self-introductions; the first drinks on clubhouse verandas; sun—bronzed faces staring at him in barely concealed incredulity. At Delhi, no doubt, interviews with the Viceroy and the C.I.C., salaams of turbanned menials; endless reports to be prepared and sent off. Perhaps even a return to England and Whitehall; deck games on the P. & O.; the flaccid palm of an under secretary; newspaper interviews; hard, mocking, sex-thirsty voices of women—"And is it really true, Mr. Conway, that when you were in Tibet...? " There was no doubt of one thing; he would be able to dine out on his yarn for at least a season. But would he enjoy it? He recalled a sentence penned by Gordon during the last days at Khartoum—"I would sooner live like a Dervish with the Mahdi than go out to dinner every night in London." Conway's aversion was less definite—a mere anticipation that to tell his story in the past tense would bore him a great deal a swell as sadden him a little.

Abruptly, in the midst of his reflections, he was aware of Chang's approach. "Sir," began the Chinese, his slow whisper slightly quickening as he spoke, "I am proud to be the bearer of important news..."

So the porters *had* come before their time, was Conway's first thought; it was odd that he should have been thinking of it so recently. And he felt the pang that he was half—prepared for. "Well?" he queried.

Chang's condition was as nearly that of excitement as seemed physically possible for him. "My dear sir, I congratulate you," he continued. "And I am happy to think that I am in some measure responsible—it was after my own strong and repeated recommendations that the High Lama made his decision. He wishes to see you immediately."

Conway's glance was quizzical. "You're being less coherent than usual, Chang. What has happened?"

"The High Lama has sent for you."

"So I gather. But why all the fuss?"

"Because it is extraordinary and unprecedented—even I who urged it did not expect it to happen yet. A fortnight ago you had not arrived, and now you are about to be received by *him*! Never before has it occurred so soon! "

"I'm still rather fogged, you know. I'm to see your High Lama—I realize that all right. But is there anything else?"

"Is it not enough?"

Conway laughed. "Absolutely, I assure you—don't imagine I'm being discourteous. As a matter of fact, something quite different was in my head at first. However, never mind about that now. Of course, I shall be both honored and delighted to meet the gentleman. When is the appointment?"

"Now. I have been sent to bring you to him."

"Isn't it rather late?"

"That is of no consequence. My dear sir, you will understand many things very soon. And may I add my own personal pleasure that this interval—always an awkward one—is now at an end. Believe me, it has been irksome to me to have to refuse you information on so many occasions—extremely irksome. I am joyful in the knowledge that such unpleasantness will never again be necessary."

"You're a queer fellow, Chang," Conway responded. "But let's be going, don't bother to explain anymore. I'm perfectly ready and I appreciate your nice remarks. Lead the way."

CHAPTER SEVEN

Conway was quite unruffled, but his demeanor covered an eagerness that grew in intensity as he accompanied Chang across the empty courtyards. If the words of the Chinese meant anything, he was on the threshold of discovery; soon he would know whether his theory, still half formed, were less impossible than it appeared.

Apart from this, it would doubtless be an interesting interview. He had met many peculiar potentates in his time; he took a detached interest in them, and was shrewd as a rule in his assessments. Without self-consciousness he had also the valuable knack of being able to say polite things in languages of which he knew very little indeed. Perhaps, however, he would be chiefly a listener on this occasion. He noticed that Chang was taking him through rooms he had not seen before, all of them rather dim and lovely in lantern light. Then a spiral staircase climbed to a door at which the Chinese knocked, and which was opened by a Tibetan servant with such promptness that Conway suspected he had been stationed behind it. This part of the lamasery, on a higher storey, was no less tastefully embellished than the rest, but its most immediately striking feature was a dry, tingling warmth, as if all the windows were tightly closed and some kind of steam heating plant were working at full pressure. The airlessness increased as he passed on, until at last Chang paused before a door which, if bodily sensation could have been trusted, might well have admitted to a Turkish bath.

"The High Lama," whispered Chang, "will receive you alone." Having opened the door for Conway's entrance, he closed it afterwards so silently that his own departure was almost imperceptible. Conway stood hesitant, breathing an atmosphere that was not only sultry, but full of dusk, so that it was several seconds before he could accustom his eyes to the gloom. Then he slowly built up an impression of a dark-curtained, low-roofed apartment, simply furnished with table and chairs. On one of these sat a small, pale, and wrinkled person, motionlessly shadowed, and yielding an effect as of some fading, antique portrait in chiaroscuro. If there were such a thing as presence divorced from actuality, here it was, adorned with a classic dignity that was more an emanation than an attribute. Conway was curious about his own intense perception of all this, and wondered if it were dependable or merely his reaction to the rich, crepuscular warmth; he felt dizzy under the gaze of those ancient eyes, took a few forward paces, and then halted. The occupant of the chair grew now less vague in outline, but scarcely more corporeal; he was a little old man in Chinese dress, its folds and flounces loose against a flat, emaciated frame. "You are Mr. Conway?" he whispered in excellent English.

The voice was pleasantly soothing, and touched with a very gentle melancholy that fell upon Conway with strange beatitude; though once again the skeptic in him was inclined to hold the temperature responsible.

"I am," he answered.

The voice went on. "It is a pleasure to see you, Mr. Conway. I sent for you because I thought we should do well to have a talk together. Please sit down beside me and have no fear. I am an old man and can do no one any harm."

Conway answered: "I feel it a signal honor to be received by you. "

"I thank you, my dear Conway—I shall call you that, according to your English fashion. It is, as I said, a moment of great pleasure for me. My sight is poor, but believe me, I am able to see you in my mind, as well as with my eyes. I trust you have been comfortable at Shangri-La since your arrival?"

"Extremely so."

"I am glad. Chang has done his best for you, no doubt. It has been a great pleasure to him also. He tells me you have been asking many questions about our community and its affairs?"

"I am certainly interested in them."

"Then if you can spare me a little time, I shall be pleased to give you a brief account of our foundation."

"There is nothing I should appreciate more. "

"That is what I had thought—and hoped.... But first of all, before our discourse...."

He made the slightest stir of a hand, and immediately, by what technique of summons Conway could not detect, a servant entered to prepare the elegant ritual of tea-drinking. The little egg-shell bowls of almost colorless fluid were placed on a lacquered tray; Conway, who knew the ceremony, was by no means contemptuous of it. The voice resumed: "Our ways are familiar to you, then?"

Obeying an impulse which he could neither analyze nor find desire to control, Conway answered: "I lived in China for some years."

"You did not tell Chang?"

"No."

"Then why am I so honored?"

Conway was rarely at a loss to explain his own motives, but on this occasion he could not think of any reason at all. At length he replied: "To be quite candid, I haven't the slightest idea, except that I must have wanted to tell you."

"The best of all reasons, I am sure, between those who are to become friends.... Now tell me, is this not a delicate aroma? The teas of China are many and fragrant, but this, which is a special product of our own valley, is in my opinon their equal ".

Conway lifted the bowl to his lips and tasted. The savor was slender, elusive, and recondite, a ghostly bouquet that haunted rather than lived on the tongue. He said: "It is very delightful, and also quite new to me."

"Yes, like a great many of our valley herbs, it is both unique and precious. It should be tasted, of course, very slowly—not only in reverence and affection, but to extract the fullest degree of pleasure. This is a famous lesson that we may learn from Kou Kai Tchou, who lived some fifteen centuries ago. He would always hesitate to reach the succulent marrow when he was eating a piece of sugar-cane, for, as he explained—'I introduce myself gradually into the region of delights.' Have you studied any of the great Chinese classics? "

Conway replied that he was slightly acquainted with a few of them. He knew that the allusive conversation would, according to etiquette, continue until the tea-bowls were taken away; but he found it far from irritating, despite his keenness to hear the history of Shangri-La. Doubtless there was a certain amount of Kou Kai Tchou's reluctant sensibility in himself.

At length the signal was given, again mysteriously, the servant padded in and out, and with no more preamble the High Lama of Shangri-La began:

"Probably you are familiar, my dear Conway, with the general outline of Tibetan history. I am informed by Chang that you have made ample use of our library here, and I doubt not that you have studied the scanty but exceedingly interesting annals of these regions. You will be aware, anyhow, that Nestorian Christianity was widespread throughout Asia during the Middle Ages, and that its memory lingered long after its actual decay. In the seventeenth century a Christian revival was impelled directly from Rome through the agency of those heroic Jesuit missionaries whose journeys, if I may permit myself the remark, are so much more interesting to read of than those of St. Paul. Gradually the Church established itself over an immense area, and it is a remarkable fact, not realized by many Europeans today, that for thirty-eight years there existed a Christian mission in Lhasa itself. It was not, however, from Lhasa but from Pekin, in the year 1719, that four Capuchin friars set out in search of any remnants of the Nestorian faith that might still be surviving in the hinterland.

"They traveled southwest for many months, by Lanchow and the

Koko-Nor, facing hardships which you will well imagine. Three died on the way, and the fourth was not far from death when by accident he stumbled into the rocky defile that remains today the only practical approach to the valley of Blue Moon. There, to his joy and surprise, he found a friendly and prosperous population who made haste to display what I have always regarded as our oldest tradition—that of hospitality to strangers. Quickly he recovered health and began to preach his mission. The people were Buddhists, but willing to hear him, and he had considerable success. There was an ancient lamasery existing then on this same mountain-shelf, but it was in a state of decay both physical and spiritual, and as the Capuchin's harvest increased, he conceived the idea of setting up on the same magnificent site a Christian monastery. Under his surveillance the old buildings were repaired and largely reconstructed, and he himself began to live here in the year 1734, when he was fifty-three years of age.

"Now let me tell you more about this man. His name was Perrauh, and he was by birth a Luxembourger. Before devoting himself to Far Eastern missions he had studied at Paris, Bologna, and other universities; he was something of a scholar. There are few existing records of his early life, but it was not in any way unusual for one of his age and profession. He was fond of music and the arts, had a special aptitude for languages, and before he was sure of his vocation he had tasted all the familiar pleasures of the world. Malplaquet was fought when he was a youth, and he knew from personal contact the horrors of war and invasion. He was physically sturdy; during his first years here he labored with his hands like any other man, tilling his own garden, and learning from the inhabitants as well as teaching them. He found gold deposits along the valley, but they did not tempt him; he was more deeply interested in local plants and herbs. He was humble and by no means bigoted. He deprecated polygamy, but he saw no reason to inveigh against the prevalent fondness for the *tangatse* berry, to which were ascribed medicinal properties, but which was chiefly popular because its effects were those of a mild narcotic. Perrault, in fact, became somewhat of an addict himself; it was his way to accept from native life all that it offered which he found harmless and pleasant, and to give in return the spiritual treasure of the West. He was not an ascetic; he enjoyed the good things of the world, and was careful to teach his converts cooking as well as catechism. I want you to have an impression of a very earnest, busy, learned, simple, and enthusiastic person who, along with his priestly functions, did not disdain to put on a mason's overall and help in the actual building of these very rooms. That was, of course, a work of immense difficulty, and one which nothing but his pride and steadfastness could have overcome. Pride, I say, because it was undoubtedly a dominant motive at the beginning—the pride in his own Faith that made him decide that if Gautama could inspire men to build a temple on the ledge of Shangri-La, Rome was capable of no less.

"But time passed, and it was not unnatural that this motive should yield place gradually to more tranquil ones. Emulation is, after all, a young man's spirit, and Perrault, by the time his monastery was well established, was already full of years. You must bear in mind that he had not, from a strict point of view, been acting very regularly; though some latitude must surely be extended to one whose ecclesiastical superiors are located at a distance measurable in years rather than miles. But the folk of the valley and the monks themselves had no misgivings; they loved and obeyed him, and as years went on, came to venerate him also. At intervals it was his custom to send reports to the Bishop of Pekin; but of ten they never reached him, and as it was to be presumed that the bearers had succumbed to the perils of the journey, Perrault grew more and more unwilling to hazard their lives, and after about the middle of the century he gave up the practice. Some of his earlier messages, however, must have got through, and a doubt of his activities have been aroused, for in the year 1769 a stranger brought a letter written twelve years before, summoning Perrauh to Rome.

"He would have been over seventy had the command been received without delay; as it was, he had turned eighty-nine. The long trek over mountain and plateau was unthinkable; he could never have endured the scouring gales and fierce chills of the wilderness outside. He sent, therefore, a courteous reply explaining the situation, but there is no record that his message ever passed the barrier of the great ranges.

"So Perrauh remained at Shangri-La, not exactly in defiance of superior orders, but because it was physically impossible for him to fulfill them. In any case he was an old man, and death would probably soon put an end both to him and his irregularity. By this time the institution he had founded had begun to undergo a subtle change. It might be deplorable, but it was not really very astonishing; for it could hardly be expected that one man unaided should uproot permanently the habits and traditions of an epoch. He had no Western colleagues to hold firm when his own grip relaxed; and it had perhaps been a mistake to build on a site that held such older and differing memories. It was asking too much; but was it not asking even more to expect a white-haired veteran, just entering the nineties, to realize the mistake that he had made? Perrault, at any rate, did not then realize it. He was far too old and happy. His followers were devoted even when they forgot his teaching, while the people of the valley held him in such reverent affection that he forgave with ever-increasing ease their lapse into former customs. He was still active, and his faculties had remained exceptionally keen. At the age of ninety-eight he began to study the Buddhist writings that had been left at Shangri-La by its previous occupants, and his intention was then to devote the rest of his life to the composition of a book attacking Buddhism from the standpoint of orthodoxy. He actually finished this task (we have his manuscript complete), but the attack was very gentle, for he had by that time reached the round figure of a century—an age at which even the keenest acrimonies are apt to fade.

"Meanwhile, as you may suppose, many of his early disciples had died, and as there were few replacements, the number resident under the rule of the old Capuchin steadily diminished. From over eighty at one time, it dwindled to a score, and then to a mere dozen, most of them very aged themselves. Perrault's life at this time grew to be a very calm and placid waiting for the end. He was far too old for disease and discontent; only the everlasting sleep could claim him now, and he was not afraid. The valley people, out of kindness, supplied food and clothing; his library gave him work. He had become rather frail, but still kept energy to fulfill the major ceremonial of his office; the rest of the tranquil days he spent with his books, his memories, and the mild ecstasies of the narcotic. His mind remained so extraordinarily clear that he even embarked upon a study of certain mystic practices that the Indians call *yoga*, and which are based upon various special methods of breathing. For a man of such an age the enterprise might well have seemed hazardous, and it was certainly true that soon afterwards, in that memorable year 1789, news descended to the valley that Perrault was dying at last.

"He lay in this room, my dear Conway, where he could see from the window the white blur that was all his failing eyesight gave him of Karakal; but he could see with his mind also; he could picture the clear and matchless outline that he had first glimpsed half a century before. And there came to him, too, the strange parade of all his many experiences, the years of travel across desert and upland, the great crowds in Western cities, the clang and glitter of Marlborough's troops. His mind had straitened to a snow-white calm; he was ready, willing, and glad to die. He gathered his friends and servants round him and bade them all farewell; then he asked to be left alone awhile. It was during such a solitude, with his body sinking and his mind lifted to beatitude, that he had hoped to give up his soul... but it did not happen so. He lay for many weeks without speech or movement, and then he began to recover, He was a hundred and eight."

The whispering ceased for a moment, and to Conway, stirring slightly, it appeared that the High Lama had been translating, with fluency, out of a remote and private dream. At length he went on:

"Like others who have waited long on the threshold of death, Perrault had been granted a vision of some significance to take back with him into the world; and of this vision more must be said later. Here I will confine myself to his actions and behavior, which were indeed remarkable. For instead of convalescing idly, as might have been expected, he plunged forthwith into rigorous self-discipline somewhat curiously combined with narcotic indulgence. Drug-taking and deep-breathing exercises—it could not have seemed a very death-defying regimen; yet the fact remains that when the last of the old monks died, in 1794, Perrauh himself was still living.

"It would almost have brought a smile had there been anyone at Shangri-La with a sufficiently distorted sense of humor. The wrinkled Capuchin, no more decrepit than he had been for a dozen years, persevered in a secret ritual he had evolved, while to the folk of the valley he soon became veiled in mystery, a hermit of uncanny powers who lived alone on that formidable cliff. But there was still a tradition of affection for him, and it came to be regarded as meritorious and luck-bringing to climb to Shangri-La and leave a simple gift, or perform some manual task that was needed there. On all such pilgrims Perrauh bestowed his blessing—forgetful, it might be, that they were lost and straying sheep. For 'Te Deum Laudamus' and 'Om Mane Padme Hum' were now heard equally in the temples of the valley.

"As the new century approached, the legend grew into a rich and fantastic folk-lore—it was said that Perrauh had become a god, that he worked miracles, and that on certain nights he flew to the summit of Karakal to hold a candle to the sky. There is a paleness always on the mountain at full moon; but I need not assure you that neither Perrault nor any other man has ever climbed there. I mention it, even though it may seem unnecessary, because there is a mass of unreliable testimony that Perrault did and could do all kinds of impossible things. It was supposed, for instance, that he practiced the art of self-levitation, of which so much appears in accounts of Buddhist mysticism; but the more sober truth is that he made many experiments to that end, but entirely without success. He did, however, discover that the impairment of ordinary senses could be somewhat offset by a development of others; he acquired skill in telepathy which was perhaps remarkable, and though he made no claim to any specific powers of healing, there was a quality in his mere presence that was helpful in certain cases.

"You will wish to know how he spent his time during these unprecedented years. His attitude may be summed up by saying that, as he had not died at a normal age, he began to feel that there was no discoverable reason why he either should or should not do so at any definite time in the future. Having already proved himself abnormal, it was as easy to believe that the abnormality might continue as to expect it to end at any moment. And that being so, he began to behave without care for the imminence with which he had been so long preoccupied; he began to live the kind of life that he had always desired, but had so rarely found possible; for he had kept at heart and throughout all vicissitudes the tranquil tastes of a scholar. His memory was astonishing; it appeared to have escaped the trammels of the physical into some upper region of immense clarity; it almost seemed that he could now learn *everything* with far greater ease than during his student days he had been able to learn *anything*. He was soon, of course, brought up against a need for books, but there were a few he had had with him from the first, and they included, you may be interested to hear, an English grammar and dictionary and Florio's translation of Montaigne. With these to work on he contrived to master the intricacies of your language, and we still possess in our library the manuscript of one of his first linguistic exercises—a translation of Montaigne's essay on Vanity into Tibetan—surely a unique production."

Conway smiled. "I should be interested to see it sometime, if I might."

"With the greatest of pleasure. It was, you may think, a singularly unpractical accomplishment, but recollect that Perrauh had reached a singularly unpractical age. He would have been lonely without some such occupation—at any rate until the fourth year of the nineteenth century, which marks an important event in the history of our foundation. For it was then that a second stranger from Europe arrived in the valley of Blue Moon. He was a young Austrian named Henschel who had soldiered against Napoleon in Italy—a youth of noble birth, high culture, and much charm of manner. The wars had ruined his fortunes, and he had wandered across Russia into Asia with some vague intention of retrieving them. It would be interesting to know how exactly he reached the plateau, but he had no very clear idea himself; indeed, he was as near death when he arrived here as Perrault himself had once been. Again the hospitality of Shangri-La was extended, and the stranger recovered—but there the parallel breaks down. For Perrauh had come to preach and proselytize, whereas Henschel took a more immediate interest in the gold deposits. His first ambition was to enrich himself and return to Europe as soon as possible.

"But he did not return. An odd thing happened—though one that has happened so often since that perhaps we must now agree that it cannot be very odd after all. The valley, with its peacefulness and its utter freedom from worldly cares, tempted him again and again to delay his departure, and one day, having heard the local legend, he climbed to Shangri-La and had his first meeting with Perrault.

"That meeting was, in the truest sense, historic. Perrault, if a little beyond such human passions as friendship or affection, was yet endowed with a rich benignity of mind which touched the youth as water upon a parched soil. I will not try to describe the association that sprang up between the two; the one gave utmost adoration, while the other shared his knowledge, his ecstasies, and the wild dream that had now become the only reality left for him in the world."

There was a pause, and Conway said very quietly, "Pardon the interruption, but that is not quite clear to me. "

"I know." The whispered reply was completely sympathetic. "It would be remarkable indeed if it were. It is a matter which I shall be pleased to explain before our talk is over, but for the present, if you will forgive me, I will confine myself to simpler things. A fact that will interest you is that Henschel began our collections of Chinese art, as well as our library and musical acquisitions. He made a remarkable journey to Pekin and brought back the first consignment in the year 1809. He did not leave the valley again, but it was his ingenuity which devised the complicated system by which the lamasery has ever since been able to obtain anything needful from the outer world."

"I suppose you found it easy to make payment in gold?"

"Yes, we have been fortunate in possessing supplies of a metal which is held in such high esteem in other parts of the world."

"Such high esteem that you must have been very lucky to escape a gold rush."

The High Lama inclined his head in the merest indication of agreement. "That, my dear Conway, was always Henschel's fear. He was careful that none of the porters bringing books and art treasures should ever approach too closely; he made them leave their burdens a day's journey outside, to be fetched afterwards by our valley folk themselves. He even arranged for sentries to keep constant watch on the entrance to the defile. But it soon occurred to him that there was an easier and more final safeguard."

"Yes?" Conway's voice was guardedly tense.

"You see there was no need to fear invasion by an army. That will never be possible, owing to the nature and distances of the country. The most ever to be expected was the arrival of a few half-lost wanderers who, even if they were armed, would probably be so weakened as to constitute no danger. It was decided, therefore, that henceforward strangers might come as freely as they chose—with but one important proviso.

"And, over a period of years, such strangers did come. Chinese merchants, tempted into the crossing of the plateau, chanced occasionally on this one traverse out of so many others possible to them. Nomad Tibetans, wandering from their tribes, strayed here sometimes like weary animals. All were made welcome, though some reached the shelter of the valley only to die. In the year of Waterloo two English missionaries, traveling overland to Pekin, crossed the ranges by an unnamed pass and had the extraordinary luck to arrive as calmly as if they were paying a call. In 1820 a Greek trader, accompanied by sick and famished servants, was found dying at the topmost ridge of the pass. In 1822 three Spaniards, having heard some vague story of gold, reached here after many wanderings and disappointments. Again, in 1830, there was a larger influx. Two Germans, a Russian, an Englishman, and a Swede made the dreaded crossing of the Tian-Shans, impelled by a motive that was to become increasingly common—scientific exploration. By the time of their approach slight modification had taken place in the attitude of Shangri-La towards its visitors—not only were they now welcomed if they chanced to find their way into the valley, but it had become customary to meet them if they ever ventured within a certain radius. All this was for a reason I shall later discuss, but the point is of importance as showing that the lamasery was no longer hospitably indifferent; it had already both a need and a desire for new arrivals. And indeed in the years to follow it happened that more than one party of explorers, glorying in their first distant glimpse of Karakal, encountered messengers bearing a cordial invitation—and one that was rarely declined.

"Meanwhile the lamasery had begun to acquire many of its present characteristics. I must stress the fact that Henschel was exceedingly able and talented, and that the Shangri-La of today owes as much to him as to its founder. Yes, quite as much, I often think. For his was the firm yet kindly hand that every institution needs at a certain stage of its development, and his loss would have been altogether irreparable had he not completed more than a lifework before he died."

Conway looked up to echo rather than question those final words. "*He died*! ”

“Yes. It was very sudden. He was killed. It was in the year of your Indian Mutiny. Just before his death a Chinese artist had sketched him, and I can show you that sketch now—it is in this room.”

The slight gesture of the hand was repeated, and once again a servant entered. Conway, as a spectator in a trance, watched the man withdraw a small curtain at the far end of the room and leave a lantern swinging amongst the shadows. Then he heard the whisper inviting him to move,and it was extraordinary how hard it was to do so.

He stumbled to his feet and strode across to the trembling circle of light. The sketch was small, hardly more than a miniature in colored inks, but the artist had contrived to give the flesh tones a waxwork delicacy of texture. The features were of great beauty, almost girlish in modeling, and Conway found in their winsomeness a curiously personal appeal, even across the barriers of time, death, and artifice. But the strangest thing of all was one that he realized only after his first gasp of admiration: the face was that of a young man.

He stammered as he moved away: “But—you said this was done just before his death?”

“Yes. It is a very good likeness.”

“Then if he died in the year you said— ”

“He did.”

“And he came here, you told me, in 1803, when he was a youth.”

“Yes.”

Conway did not answer for a moment; presently, with an effort, he collected himself to say: “And he was killed, you were telling me?”

“Yes. An Englishman shot him. It was a few weeks after the Englishman had arrived at Shangri-La. He was another of those explorers.”

“What was the cause of it?”

“There had been a quarrel—about some porters. Henschel had just told him of the important proviso that governs our reception of guests. It was a task of some difficulty, and ever since, despite my own enfeeblement, I have felt constrained to perform it myself."

The High Lama made another and longer pause, with just a hint of enquiry in his silence; when he continued, it was to add: "Perhaps you are wondering, my dear Conway, what that proviso may be?"

Conway answered slowly and in a low voice: "I think I can already guess."

"Can you indeed? And can you guess anything else after this long and curious story of mine?"

Conway dizzied in brain as he sought to answer the question; the room was now a whorl of shadows with that ancient benignity at its center. Throughout the narrative he had listened with an intentness that had perhaps shielded him from realizing the fullest implications of it all; now, with the mere attempt at conscious expression, he was flooded over with amazement, and the gathering certainty in his mind was almost stifled as it sprang to words. "It seems impossible," he stammered. "And yet I can't help thinking of it it's astonishing—and extraordinary—and quite incredible—and yet not *absolutely* beyond my powers of belief— "

"What is, my *son*?"

And Conway answered, shaken with an emotion for which he knew no reason and which he did not seek to conceal: "*That you are still alive, Father Perrault*."

CHAPTER EIGHT

There had been a pause, imposed by the High Lama's call for further refreshment; Conway did not wonder at it, for the strain of such a long recital must have been considerable. Nor was he himself ungrateful for the respite. He felt that the interval was as desirable from an artistic as from any other point of view, and that the bowls of tea, with their accompaniment of conventionally improvised courtesies, fulfilled the same function as a *cadenza* in music. This reflection brought out (unless it were mere coin-cidence) an odd example of the High Lama's telepathic powers, for he immediately began to talk about music and to express pleasure that Conway's taste in that direction had not been entirely unsatisfied at Shangri-La. Conway answered with suitable politeness and added that he had been surprised to find the lamasery in possession of such a complete library of European composers. The compliment was acknowledged between slow sips of tea. "Ah, my dear Conway, we are fortunate in that one of our number is a gifted musician—he was, indeed, a pupil of Chopin's—and we have been happy to place in his hands the entire management of our salon. You must certainly meet him."

"I should like to. Chang, by the way, was telling me that your favorite Western composer is Mozart."

"That is so," came the reply. "Mozart has an austere elegance which we find very satisfying. He builds a house which is neither too big nor too little, and he furnishes it in perfect taste."

The exchange of comments continued until the tea-bowls were taken away; by that time Conway was able to remark quite calmly: "So, to resume our earlier discussion, you intend to keep us? That, I take it, is the important and invariable proviso?"

"You have guessed correctly, my son."

"In other words, we are to stay here forever?"

"I should greatly prefer to employ your excellent English idiom and say that we are all of us here 'for good'."

"What puzzles me is why we four, out of all the rest of the world's inhabitants, should have been chosen."

Relapsing into his earlier and more consequential manner, the High Lama responded: "It is an intricate story, if you would care to hear it. You must know that we have always aimed, as far as possible, to keep our numbers in fairly constant recruitment—since, apart from any other reasons, it is pleasant to have with us people of various ages and representative of different periods. Unfortunately, since the recent European War and the Russian Revolution, travel and exploration in Tibet have been almost completely held up; in fact, our last visitor, a Japanese, arrived in 1912, and was not, to be candid, a very valuable acquisition. You see, my dear Conway, we are not quacks or charlatans; we do not and cannot guarantee success; some of our visitors derive no benefit at all from their stay here; others merely live to what might be called a normally advanced age and then die from some trifling ailment. In general we have found that Tibetans, owing to their being inured to both the altitude and other conditions, are much less sensitive than outside races; they are charming people, and we have admitted many of them, but I doubt if more than a few will pass their hundredth year. The Chinese are a little better, but even among them we have a high percentage of failures. Our best subjects, undoubtedly, are the Nordic and Latin races of Europe; perhaps the Americans would be equally adaptable, and I count it our great good fortune that we have at last, in the person of one of your companions, secured a citizen of that nation. But I must continue with the answer to your question. The position was, as I have been explaining, that for nearly two decades we had welcomed no newcomers, and as there had been several deaths during that period, a problem was beginning to arise. A few years ago, however, one of our number came to the rescue with a novel idea; he was a young fellow, a native of our valley, absolutely trustworthy and in fullest sympathy with our aims; but, like all the valley people, he was denied by nature the chance that comes more fortunately to those from a distance. It was he who suggested that he should leave us, make his way to some surrounding country, and bring us additional colleagues by a method which would have been impossible in an earlier age. It was in many respects a revolutionary proposal, but we gave our consent after due consideration. For we must move with the times, you know, even at Shangri-La."

"You mean that he was sent out deliberately to bring someone back by air?"

"Well, you see, he was an exceedingly gifted and resourceful youth, and we had great confidence in him. It was his own idea, and we allowed him a free hand in carrying it out. All we knew definitely was that the first stage of his plan included a period of tuition at an American flying-school."

"But how could he manage the rest of it? It was only by chance that there happened to be that aeroplane at Baskul— "

"True, my dear Conway—many things are by chance. But it happened, after all, to be just the chance that Talu was looking for. Had he not found it, there might have been another chance in a year or two—or perhaps, of course, none at all. I confess I was surprised when our sentinels gave news of his descent on the plateau. The progress of aviation is rapid, but it had seemed likely to me that much more time would elapse before an average machine could make such *a* crossing of the mountains."

"It wasn't an average machine. It was a rather special one, made for mountain-flying."

"Again by chance? Our young friend was indeed fortunate. It is a pity that we cannot discuss the matter with him—we were all grieved at his death. You would have liked him, Conway. "

Conway nodded slightly; he felt it very possible. He said, after a silence: "But what's the idea behind it all?"

"My son, your way of asking that question gives me infinite pleasure. In the course of a somewhat long experience it has never before been put to me in tones of such calmness. My revelation has been greeted in almost every conceivable manner—with indignation, distress, fury, disbelief, and hysteria—but never until this night with mere interest. It is, however, an attitude that I most cordially welcome. Today you are interested; tomorrow you will feel concern; eventually, it may be, I shall claim your devotion."

"That is more than I should care to promise."

"Your very doubt pleases me—it is the basis of profound and significant faith.... But let us not argue. You are interested, and that, from you, is much. All I ask in addition is that what I tell you now shall remain, for the present, unknown to your three companions."

Conway was silent.

"The time will come when they will learn, like you, but that moment, for their own sakes, had better not be hastened. I am so certain of your wisdom in this matter that I do not ask for a promise; you will act, I know, as we both think best.... Now let me begin by sketching for you a very agreeable picture. You are still, I should say, a youngish man by the world's standards; your life, as people say, lies ahead of you; in the normal course you might expect twenty or thirty years of only slightly and gradually diminishing activity. By no means a cheerless prospect, and I can hardly expect you to see it as I do—as a slender, breathless, and far too frantic interlude. The first quarter-century of your life was doubtless lived under the cloud of being too young for things, while the last quarter-century would normally be shadowed by the still darker cloud of being too old for them; and between those two clouds, what small and narrow sunlight illumines a human lifetime! But you, it may be, are destined to be more fortunate, since by the standards of Shangri-La your sunlit years have scarcely yet begun. It will happen, perhaps, that decades hence you will feel no older than you are today—you may preserve, as Henschel did, a long and wondrous youth. But that, believe me, is only an early and superficial phase. There will come a time when you will age like others, though far more slowly, and into a condition infinitely nobler; at eighty you may still climb to the pass with a young man's gait, but at twice that age you must not expect the whole marvel to have persisted. We are not workers of miracles; we have made no conquest of death or even of decay. All we have done and can sometimes do is to slacken the *tempo* of this brief interval that is called life. We do this by methods which are as simple here as they are impossible elsewhere; but make no mistake; the end awaits us all.

"Yet it is, nevertheless, a prospect of much charm that I unfold for you—long tranquillities during which you will observe a sunset as men in the outer world hear the striking of a clock, and with far less care. The years will come and go, and you will pass from fleshly enjoyments into austere but no less satisfying realms; you may lose the keenness of muscle and appetite, but there will be gain to match your loss; you will achieve calmness and profundity, ripeness and wisdom, and the clear enchantment of memory. And, most precious of all, you will have Time—that rare and lovely gift that your Western countries have lost the more they have pursued it. Think for a moment. You will have time to read—never again will you skim pages to save minutes, or avoid some study lest it prove too engrossing. You have also a taste for music—here, then, are your scores and instruments, with Time, unruffled and unmeasured to give you their richest savor. And you are also, we will say, a man of good fellowship—does it not charm you to think of wise and serene friendships, a long and kindly traffic of the mind from which death may not call you away with his customary hurry? Or, if it is solitude that you prefer, could you not employ our pavilions to enrich the gentleness of lonely thoughts? "

The voice made a pause which Conway did not seek to fill.

"You make no comment, my dear Conway. Forgive my eloquence—I belong to an age and a nation that never considered it bad form to be articulate.... But perhaps you are thinking of wife, parents, children, left behind in the world? Or maybe ambitions to do this or that? Believe me, though the pang may be keen at first, in a decade from now even its ghost will not haunt you. Though in point of fact, if I read your mind correctly, you have no such griefs."

Conway was startled by the accuracy of the judgment. "That's so," he replied. "I'm unmarried; I have few close friends and no ambitions."

"No ambitions? And how have you contrived to escape those widespread maladies?"

For the first time Conway felt that he was actually taking part in a conversation. He said: "It always seemed to me in my profession that a good deal of what passed for success would berather disagreeable, apart from needing more effort than I felt called upon to make. I was in the Consular Service—quite a subordinate post, but it suited me well enough."

"Yet your soul was not in it?"

"Neither my soul nor my heart nor more than half my energies. I'm naturally rather lazy."

The wrinkles deepened and twisted till Conway realized that the High Lama was very probably smiling. "Laziness in doing stupid things can be a great virtue," resumed the whisper. "In any case, you will scarcely find us exacting in such a matter. Chang, I believe, explained to you our principle of moderation, and one of the things in which we are always moderate is activity. I myself, for instance, have been able to learn ten languages; the ten might have been twenty had I worked immoderately. But I did not. And it is the same in other directions; you will find us neither profligate nor ascetic. Until we reach an age when care is advisable, we gladly accept the pleasures of the table, while—for the benefit of our younger colleagues—the women of the valley have happily applied the principle of moderation to their own chastity. All things considered, I feel sure you will get used to our ways without much effort. Chang, indeed, was very optimistic—and so, after this meeting, am I. But there is, I admit, an odd quality in you that I have never met in any of our visitors hitherto. It is not quite cynicism, still less bitterness; perhaps it is partly disillusionment, but it is also a clarity of mind that I should not have expected in anyone younger than—say, a century or so. It is, if I had to put a single word to it, passionlessness."

Conway answered: "As good a word as most, no doubt. I don't know whether you classify the people who come here, but if so, you can label me '1914–18.' That makes me, I should think, a unique specimen in your museum of antiquities—the other three who arrived along with me don't enter the category. I used up most of my passions and energies during the years I've mentioned, and though I don't talk much about it, the chief thing I've asked from the world since then is to leave me alone. I find in this place a certain charm and quietness that appeals to me, and no doubt, as you remark, I shall get used to things."

"Is that all, my son?"

"I hope I am keeping well to your own rule of moderation."

"You are clever—as Chang told me, you are very clever. But is there nothing in the prospect I have outlined that tempts you to any stronger feeling?"

Conway was silent for an interval and then replied: "I was deeply impressed by your story of the past, but to be candid, your sketch of the future interests me only in an abstract sense. I can't look so far ahead. I should certainly be sorry if I had to leave Shangri-La tomorrow or next week, or perhaps even next year; but how I shall feel about it if I live to be a hundred isn't a matter to prophesy. I can face it, like any other future, but in order to make me keen it must have a point. I've sometimes doubted whether life itself has any; and if not, long life must be even more pointless."

"My friend, the traditions of this building, both Buddhist and Christian, are very reassuring."

"Maybe. But I'm afraid I still hanker after some more definite reason for envying the centenarian."

"There *is* a reason, and a very definite one indeed. It is the whole reason for this colony of chance-sought strangers living beyond their years.

We do not follow an idle experiment, a mere whimsy. We have a dream and a vision. It is a vision that first appeared to old Perrauh when he lay dying in this room in the year 1789. He looked back then on his long life, as I have already told you, and it seemed to him that all the loveliest things were transient and perishable, and that war, lust, and brutality might some day crush them until there were no more left in the world. He remembered sights he had seen with his own eyes, and with his mind he pictured others; he saw the nations strengthening, not in wisdom, but in vulgar passions and the will to destroy; he saw their machine power multiplying until a single-weaponed man might have matched a whole army of the Grand Monarque. And he perceived that when they had filled the land and sea with ruin, they would take to the air.... Can you say that his vision was untrue?"

"True indeed."

"But that was not all. He foresaw a time when men, exultant in the technique of homicide, would rage so hotly over the world that every precious thing would be in danger, every book and picture and harmony, every treasure garnered through two millenniums, the small, the delicate, the defenseless—all would be lost like the lost books of Livy, or wrecked as the English wrecked the Summer Palace in Pekin."

"I share your opinion of that."

"Of course. But what are the opinions of reasonable men against iron and steel? Believe me, that vision of old Perrault will come true. And that, my son, is why *I* am here, and why *you* are here, and why we may pray to outlive the doom that gathers around on every side."

"To outlive it?"

"There is a chance. It will all come to pass before you are as old as I am."

"And you think that Shangri-La will escape?"

"Perhaps. We may expect no mercy, but we may faintly hope for neglect. Here we shall stay with our books and our music and our meditations, conserving the frail elegancies of a dying age, and seeking such wisdom as men will need when their passions are all spent. We have a heritage to cherish and bequeath. Let us take what pleasure we may until that time comes."

"And then?"

"Then, my son, when the strong have devoured each other, the Christian ethic may at last be fulfilled, and the meek shall inherit the earth."

A shadow of emphasis had touched the whisper, and Conway surrendered to the beauty of it; again he felt the surge of darkness around, but now symbolically, as if the world outside were already brewing for the storm. And then he saw that the High Lama of Shangri-La was actually astir, rising from his chair, standing upright like the half-embodiment of a ghost. In mere politeness Conway made to assist; but suddenly a deeper impulse seized him, and he did what he had never done to any man before; he knelt, and hardly knew why he did.

"I understand you, Father," he said.

He was not perfectly aware of how at last he took his leave; he was in a dream from which he did not emerge till long afterwards. He remembered the night air icy after the heat of those upper rooms, and Chang's presence, a silent serenity, as they crossed the starlit courtyards together. Never had Shangri-La offered more concentrated loveliness to his eyes; the valley lay imaged over the edge of the cliff, and the image was of a deep unrippled pool that matched the peace of his own thoughts. For Conway had passed beyond astonishments. The long talk, with its varying phases, had left him empty of all save a satisfaction that was as much of the mind as of the emotions, and as much of the spirit as of either; even his doubts were now no longer harassing, but part of a subtle harmony. Chang did not speak, and neither did he. It was very late, and he was glad that all the others had gone to bed.

CHAPTER NINE

In the morning he wondered if all that he could call to mind were part of a waking or a sleeping vision.

He was soon reminded. A chorus of questions greeted him when he appeared at breakfast. "You certainly had a long talk with the boss last night," began the American. "We meant to wait up for you, but we got tired. What sort of a guy is he?"

"Did he say anything about the porters?" asked Mallinson eagerly.

"I hope you mentioned to him about having a missionary stationed here," said Miss Brinklow.

The bombardment served to raise in Conway his usual defensive armament. "I'm afraid I'm probably going to disappoint you all," he replied, slipping easily into the mood. "I didn't discuss with him the question of missions; he didn't mention the porters to me at all; and as for his appearance, I can only say that he's a very old man who speaks excellent English and is quite intelligent."

Mallinson cut in with irritation: "The main thing to us is whether he's to be trusted or not. Do you think he means to let us down?"

"He didn't strike me as a dishonorable person."

"Why on earth didn't you worry him about the porters?"

"It didn't occur to me."

Mallinson stared at him incredulously. "I can't understand you, Conway. You were so damned good in that Baskul affair that I can hardly believe you're the same man. You seem to have gone all to pieces."

"I'm sorry."

"No good being sorry. You ought to buck up and look as if you cared what happens."

"You misunderstand me. I meant that I was sorry to have disappointed you."

Conway's voice was curt, an intended mask to his feelings, which were, indeed, so mixed that they could hardly have been guessed by others. He had slightly surprised himself by the ease with which he had prevaricated; it was clear that he intended to observe the High Lama's suggestion and keep the secret. He was also puzzled by the naturalness with which he was accepting a position which his companions would certainly and with some justification think traitorous; as Mallinson had said, it was hardly the sort of thing to be expected of a hero. Conway felt a sudden half-pitying fondness for the youth; then he steeled himself by reflecting that people who hero-worship must be prepared for disillusionments. Mallinson at Baskul had been far too much the new boy adoring the handsome games-captain, and now the games-captain was tottering if not already fallen from the pedestal. There was always something a little pathetic in the smashing of an ideal, however false; and Mallinson's admiration might have been at least a partial solace for the strain of pretending to be what he was not. But pretense was impossible anyway. There was a quality in the air of Shangri-La—perhaps due to its altitude—that forbade one the effort of counterfeit emotion.

He said: "Look here, Mallinson, it's no use harping continually on Baskul. Of course I was different then—it was a completely different situation."

"And a much healthier one in my opinion. At least we knew what we were up against."

"Murder and rape—to be precise. You can call that healthier if you like."

The youth's voice rose in pitch as he retorted: "Well, I *do* call it healthier—in one sense. It's something I'd rather face than all this mystery business. " Suddenly he added: "That Chinese girl, for instance—how did *she* get here? Did the fellow tell you?"

"No. Why should he?"

"Well, why shouldn't he? And why shouldn't you ask, if you had any interest in the matter at all? Is it usual to find a young girl living with a lot of monks ?"

That way of looking at it was one that had scarcely occurred to Conway before. "This isn't an ordinary monastery," was the best reply he could give after some thought.

"My God, it isn' t! "

There was a silence, for the argument had evidently reached a dead-end. To Conway the history of Lo-Tsen seemed rather far from the point; the little Manchu lay so quietly in his mind that he hardly knew she was there. But at the mere mention of her Miss Brinklow had looked up suddenly from the Tibetan grammar which she was studying even over the breakfast table (just as if, thought Conway, with secret meaning, she hadn't all her life for it), Chatter of girls and monks reminded her of those stories of Indian temples that men missionaries told their wives, and that the wives passed on to their unmarried female colleagues. "Of course," She said between tightened lips, "the morals of this place are quite hideous—we might have expected that." She turned to Barnard as if inviting support, but the American only grinned. "I don't suppose you folks'd value my opinion on a matter of morals," he remarked dryly. "But I should say myself that quarrels are just as bad. Since we've gotter be here for some time yet, let's keep our tempers and make ourselves comfortable."

Conway thought this good advice, but Mallinson was still unplacated. "I can quite believe you find it more comfortable than Dartmoor," he said meaningly.

"Dartmoor? Oh, that's your big penitentiary?— I get you. Well, yes, I certainly never did envy the folks in them places. And there's another thing too—it don't hurt when you chip me about it. Thick-skinned and tender-hearted, that's my mixture."

Conway glanced at him in appreciation, and at Mallinson with some hint of reproof; but then abruptly he had the feeling that they were all acting on a vast stage, of whose background only he himself was conscious; and such knowledge, so incommunicable, made him suddenly want to be alone. He nodded to them and went out into the courtyard. In sight of Karakal misgivings faded, and qualms about his three companions were lost in an uncanny acceptance of the new world that lay so far beyond their guesses. There came a time, he realized, when the strangeness of everything made it increasingly difficult to realize the strangeness of anything; when one took things for granted merely because astonishment would have been as tedious for oneself as for others. Thus far had he progressed at Shangri-La, and he remembered that he had attained a similar though far less pleasant equanimity during his years at the War.

He needed equanimity, if only to accommodate himself to the double life he was compelled to lead. Thenceforward, with his fellow exiles, he lived in a world conditioned by the arrival of porters and a return to India; at all other times the horizon lifted like a curtain; time expanded and space contracted, and the name Blue Moon took on a symbolic meaning, as if the future, so delicately plausible, were of a kind that might happen once in a blue moon only. Sometimes he wondered which of his two lives were the more real, but the problem was not pressing; and again he was reminded of the War, for during heavy bombardments he had had the same comforting sensation that he had many lives, only one of which could be claimed by death.

Chang, of course, now talked to him completely without reserve, and they had many conversations about the rule and routine of the lamasery. Conway learned that during his first five years he would live a normal life, without any special regimen; this was always done, as Chang said, "to enable the body to accustom itself to the altitude, and also to give time for the dispersal of mental and emotional regrets."

Conway remarked with a smile: "I suppose you're certain, then, that no human affection can outlast a five-year absence?"

"It can, undoubtedly," replied the Chinese, "but only as a fragrance whose melancholy we may enjoy."

After the probationary five years, Chang went on to explain, the process of retarding age would begin, and if successful, might give Conway half a century or so at the apparent age of forty—which was not a bad time of life at which to remain stationary.

"What about yourself ? " Conway asked. "How did it work out in your case?"

"Ah, my dear sir, I was lucky enough to arrive when I was quite young—only twenty-two. I was a soldier, though you might not have thought it; I had command of troops operating against brigand tribes in the year 1855. I was making what I should have called a reconnaissance if I had ever returned to my superior officers to tell the tale, but in plain truth I had lost my way in the mountains, and of my men only seven out of over a hundred survived the rigors of the climate. When at last I was rescued and brought to Shangri-La I was so ill that extreme youth and virility alone could have saved me."

"Twenty-two," echoed Conway, performing the calculation. "So you're now ninety-seven?"

"Yes. Very soon, if the lamas give their consent, I shall receive full initiation."

"I see. You have to wait for the round figure?"

"No, we are not restricted by any definite age limit, but a century is generally considered to be an age beyond which the passions and moods of ordinary life are likely to have disappeared."

"I should certainly think so. And what happens afterwards? How long do you expect to carry on?"

"There is reason to hope that I shall enter lamahood with such prospects as Shangri-La has made possible. In years, perhaps another century or more. "

Conway nodded. "I don't know whether I ought to congratulate you—

you seem to have been granted the best of both worlds, a long and pleasant youth behind you, and an equally long and pleasant old age ahead. When did you begin to grow old in appearance?"

"When I was over seventy. That is often the case, though I think I may still claim to look younger than my years. "

"Decidedly. And suppose you were to leave the valley now, what would happen?"

"Death, if I remained away for more than a very few days."

"The atmosphere, then, is essential?"

"There is only one valley of Blue Moon, and those who expect to find another are asking too much of nature."

"Well, what would have happened if you had left the valley, say, thirty years ago, during your prolonged youth?"

Chang answered: "Probably I should have died even then. In any case, I should have acquired very quickly the full appearance of my actual age. We had a curious example of that some years ago, though there had been several others before. One of our number had left the valley to look out for a party of travelers who we had heard might be approaching. This man, a Russian, had arrived here originally in the prime of life, and had taken to our ways so well that at nearly eighty he did not look more than half as old. He should have been absent no longer than a week (which would not have mattered), but unfortunately he was taken prisoner by nomad tribes and carried away some distance. We suspected an accident and gave him up for lost. Three months later, however, he returned to us, having made his escape. But he was a very different man. Every year of his age was in his face and behavior, and he died shortly afterwards, as an old man dies."

Conway made no remark for some time. They were talking in the library, and during most of the narrative he had been gazing through a window towards the pass that led to the outer world; a little wisp of cloud had drifted across the ridge. "A rather grim story, Chang," he commented at length. "It gives one the feeling that Time is like some balked monster, waiting outside the valley to pounce on the slackers who have managed to evade him longer than they should."

"*Slackers*?" queried Chang. His knowledge of English was extremely good, but sometimes a colloquialism proved unfamiliar.

"'Slacker,'" expained Conway, "is a slang word meaning a lazy fellow, a good-for-nothing. I wasn't, of course, using it seriously."

Chang bowed his thanks for the information. He took a keen interest in languages and liked to weigh a new word philosophically. "It is significant," he said after a pause, "that the English regard slackness as a vice. We, on the other hand, should vastly prefer it to tension. Is there not too much tension in the world at present, and might it not be better if more people were slackers?"

"I'm inclined to agree with you," Conway answered with solemn amusement.

During the course of a week or so after the interview with the High Lama, Conway met several others of his future colleagues. Chang was neither eager nor reluctant to make the introductions, and Conway sensed a new and to him rather attractive atmosphere in which urgency did not clamor nor postponement disappoint. "Indeed," as Chang explained, "some of the lamas may not meet you for a considerable time—perhaps years—but you must not be surprised at that. They are prepared to make your acquaintance when it may so happen, and their avoidance of hurry does not imply any degree of unwillingness." Conway, who had often had similar feelings when calling on new arrivals at foreign consulates, thought it a very intelligible attitude.

The meetings he did have, however, were quite successful, and conversation with men thrice his age held none of the social embarrassments that might have obtruded in London or Delhi. His first encounter was with a genial German named Meister, who had entered the lamasery during the eighties, as the survivor of an exploring party. He spoke English well, though with an accent. A day or two later a second introduction took place, and Conway enjoyed his first talk with the man whom the High Lama had particularly mentioned—Alphonse Briac, a wiry, small-statured Frenchman who did not look especially old, though he announced himself as a pupil of Chopin. Conway thought that both he and the German would prove agreeable company. Already he was subconsciously analyzing, and after a few further meetings he reached one or two general conclusions; he perceived that though the lamas he met had individual differences, they all possessed that quality for which agelessness was not an outstandingly good name, but the only one he could think of. Moreover, they were all endowed with a calm intelligence which pleasantly overflowed into measured and well-balanced opinions. Conway could give an exact response to that kind of approach, and he was aware that they realized it and were gratified. He found them quite as easy to get on with as any other group of cultured people he might have met, though there was often a sense of oddity in hearing reminiscences so distant and apparently so casual. One white-haired and benevolent-looking person, for instance, asked Conway, after a little conversation, if he were interested in the Brontës. Conway said he was, to some extent, and the other replied: "You see, when I was a curate in the West Riding during the 'forties, I once visited Haworth and stayed at the Parsonage. Since coming here I've made a study of the whole Brontë problem—indeed, I'm writing a book on the subject. Perhaps you might care to go over it with me sometime?"

Conway responded cordially, and afterwards, when he and Chang were left together, commented on the vividness with which the lamas appeared to recollect their pre-Tibetan lives. Chang answered that it was all part of the training. "You see, my dear sir, one of the first steps toward the clarifying of the mind is to obtain a panorama of one's own past, and that, like any other view, is more accurate in perspective. When you have been among us long enough you will find your old life slipping gradually into focus as through a telescope when the lens is adjusted. Everything will stand out still and clear, duly proportioned and with its correct significance.

Your new acquaintance, for instance, discerns that the really big moment of his entire life occurred when he was a young man visiting a house in which there lived an old parson and his three daughters."

"So I suppose I shall have to set to work to remember my own big moments?"

"It will not be an effort. They will come to you."

"I don't know that I shall give them much of a welcome," answered Conway moodily.

But whatever the past might yield, he was discovering happiness in the present. When he sat reading in the library, or playing Mozart in the music room, he often felt the invasion of a deep spiritual emotion, as if Shangri-La were indeed a living essence, distilled from the magic of the ages and miraculously preserved against time and death. His talk with the High Lama recurred memorably at such moments; he sensed a calm intelligence brooding gently over every diversion, giving a thousand whispered reassurances to ear and eye. Thus he would listen while Lo-Tsen marshaled some intricate fugue rhythm, and wonder what lay behind the faint impersonal smile that stirred her lips into the likeness of an opening flower. She talked very little, even though she now knew that Conway could speak her language; to Mallinson, who liked to visit the music room sometimes, she was almost dumb. But Conway discerned a charm that was perfectly expressed by her silences.

Once he asked Chang her history, and learned that she came of royal Manchu stock. "She was betrothed to a prince of Turkestan, and was traveling to Kashgar to meet him when her carriers lost their way in the mountains. The whole party would doubtless have perished but for the customary meeting with our emissaries."

"When did this happen?"

"In 1884. She was eighteen."

"Eighteen *then*?"

Chang bowed. "Yes, we are succeeding very well with her, as you may judge for yourself. Her progress has been consistently excellent."

"How did she take things when she first came?"

"She was, perhaps, a little more than averagely reluctant to accept the situation—she made no protest, but we were aware that she was troubled for a time. It was, of course, an unusual occurrence—to intercept a young girl on the way to her wedding.... We were all particularly anxious that she should be happy here." Chang smiled blandly. "I am afraid the excitement of love does not make for an easy surrender, though the first five years proved ample for their purpose."

"She was deeply attached, I suppose, to the man she was to have married?"

"Hardly that, my dear sir, since she had never seen him. It was the old custom, you know. The excitement of her affections was entirely impersonal."

Conway nodded, and thought a little tenderly of Lo-Tsen. He pictured her as she might have been half a century before, statuesque in her decorated chair as the carriers toiled over the plateau, her eyes searching the wind-swept horizons that must have seemed so harsh after the gardens and lotus-pools of the East. "Poor child? " he said, thinking of such elegance held captive over the years. Knowledge of her past increased rather than lessened his content with her stillness and silence; she was like a lovely cold vase, unadorned save by an escaping ray.

He was also content, though less ecstatically, when Briac talked to him of Chopin, and played the familiar melodies with much brilliance. It appeared that the Frenchman knew several Chopin compositions that had never been published, and as he had written them down, Conway devoted pleasant hours to memorizing them himself. He found a certain piquancy in the reflection that neither Cortot nor Pachmann had been so fortunate. Nor were Briac's recollections at an end; his memory continually refreshed him with some little scrap of tune that the composer had thrown off or improvised on some occasion; he took them all down on paper as they came into his head, and some were very delightful fragments. "Briac," Chang explained, " has not long been initiated, so you must make allowances if he talks a great deal about Chopin. The younger lamas are naturally preoccupied with the past; it is a necessary step to envisaging the future."

"Which is, I take it, the job of the older ones?"

"Yes. The High Lama, for instance, spends almost his entire life in clairvoyant meditation. "

Conway pondered a moment and then said: "By the way, when do you suppose I shall see him again?"

"Doubtless at the end of the first five years, my dear sir."

But in that confident prophecy Chang was wrong, for less than a month after his arrival at Shangri-La Conway received a second summons to that torrid upper room. Chang had told him that the High Lama never left his apartments, and that their heated atmosphere was necessary for his bodily existence; and Conway, being thus prepared, found the change less disconcerting than before. Indeed, he breathed easily as soon as he had made his bow and been granted the faintest answering liveliness of the sunken eyes. He felt kinship with the mind beyond them, and though he knew that this second interview following so soon upon the first was an unprecedented honor, he was not in the least nervous or weighed down with solemnity. Age was to him no more an obsessing factor than rank or color, he had never felt debarred from liking people because they were too young or too old. He held the High Lama in most cordial respect, but he did not see why their social relations should be anything less than urbane.

They exchanged the usual courtesies, and Conway answered many polite questions. He said he was finding the life very agreeable and had already made friendships.

"And you have kept our secrets from your three companions?"

"Yes, up to now. It has proved awkward for me at times, but probably less so than if I had told them."

"Just as I surmised; you have acted as you thought best. And the awkwardness, after all, is only temporary. Chang tells me he thinks that two of them will give little trouble."

"I dare say that is so."

"And the third?"

Conway replied: "Mallinson is an excitable youth—he's pretty keen to get back."

"You like him?"

"Yes, I like him very much."

At this point the tea-bowls were brought in,and talk became less serious between sips of the scented liquid. It was an apt convention, enabling the verbal flow to acquire a touch of that almost frivolous fragrance, and Conway was responsive. When the High Lama asked him whether Shangri-La was not unique in his experience, and if the Western world could offer anything in the least like it, he answered with a smile: "Well, yes—to be quite frank, it reminds me very slightly of Oxford, where I used to lecture. The scenery there is not so good, but the subjects of study are often just as impractical, and though even the oldest of the dons is not quite so old, they appear to age in a somewhat similar way."

"You have a sense of humor, my dear Conway," replied the High Lama, "for which we shall all be grateful during the years to come."

CHAPTER TEN

"Extraordinary," Chang said, when he heard that Conway had seen the High Lama again. And from one so reluctant to employ superlatives, the word was significant. It had never happened before, he emphasized, since the routine of the lamasery became established; never had the High Lama desired a second meeting until the five years' probation had effected a purge of all the exile's likely emotions. "Because, you see, it is a great strain on him to talk to the average new-comer. The mere presence of human passions is an unwelcome and, at his age, an almost unendurable unpleasantness. Not that I doubt his entire wisdom in the matter. It teaches us, I believe, a lesson of great value—that even the fixed rules of our community are only moderately fixed. But it is extraordinary, all the same."

To Conway, of course, it was no more extraordinary than anything else, and after he had visited the High Lama on a third and fourth occasion, he began to feel that it was not very extraordinary at all. There seemed, indeed, something almost preordained in the ease with which their two minds approached each other; it was as if in Conway all secret tensions were relaxed, giving him, when he came away, a sumptuous tranquillity. At times he had the sensation of being completely bewitched by the mastery of that central intelligence, and then, over the little pale blue tea-bowls, the celebration would contract into a liveliness so gentle and miniature that he had an impression of a theorem dissolving limpidly into a sonnet.

Their talks ranged far and fearlessly; entire philosophies were unfolded; the long avenues of history surrendered themselves for inspection and were given new plausibility. To Conway it was an entrancing experience, but he did not suspend the critical attitude, and once, when he had argued a point, the High Lama replied: "My son, you are young in years, but I perceive that your wisdom has the ripeness of age. Surely some unusual thing has happened to you?"

Conway smiled. "No more unusual than has happened to many others of my generation."

"I have never met your like before."

Conway answered after an interval: "There's not a great deal of mystery about it. That part of me which seems old to you was worn out by intense and premature experience. My years from nineteen to twenty-two were a supreme education, no doubt, but rather exhausting."

"You were very unhappy at the war?"

"Not particularly so. I was excited and suicidal and scared and reckless and sometimes in a tearing rage—like a few million others, in fact. I got mad drunk and killed and lechered in great style. It was the self-abuse of all one's emotions, and one came through it, if one did at all, with a sense of almighty boredom and fretfulness. That's what made the years afterwards so difficult. Don't think I'm posing myself too tragically—I've had pretty fair luck since, on the whole. But it's been rather like being in a school where there's a bad headmaster—plenty of fun to be got if you feel like it, but never-racking off and on, and not really very satisfactory. I think I found that out rather more than most people."

"And your education thus continued?"

Conway gave a shrug. "Perhaps the exhaustion of the passions is the beginning of wisdom, if you care to alter the proverb."

"That also, my son, is the doctrine of Shangri-La."

"I know. It makes me feel quite at home."

He had spoken no less than the truth. As the days and weeks passed he began to feel an ache of contentment uniting mind and body; like Perrault and Henschel and the others, he was falling under the spell. Blue Moon had taken him, and there was no escape. The mountains gleamed around in a hedge of inaccessible purity, from which his eyes fell dazzled to the green depths of the valley; the whole picture was incomparable, and when he heard the harpsichord's silver monotony across the lotus-pool, he felt that it threaded the perfect pattern of sight and sound.

He was, and he knew it, very quietly in love with the little Manchu. His love demanded nothing, not even reply; it was a tribute of the mind, to which his senses added only a flavor. She stood for him as a symbol of all that was delicate and fragile; her stylized courtesies and the touch of her fingers on the keyboard yielded a completely satisfying intimacy. Sometimes he would address her in a way that might, if she cared, have led to less formal conversation; but her replies never broke through the exquisite privacy of her thoughts, and in a sense he did not wish them to. He had suddenly come to realize a single facet of the promised jewel; he had Time, Time for everything that he wished to happen, such Time that desire itself was quenched in the certainty of fulfillment. A year, a decade hence, there would still be Time. The vision grew on him, and he was happy with it.

Then, at intervals, he stepped into the other life to encounter Mallinson's impatience, Barnard's heartiness, and Miss Brinklow's robust intention. He felt he would be glad when they all knew as much as he; and, like Chang, he could imagine that neither the American nor the missionary would prove difficult cases. He was even amused when Barnard once said: "You know, Conway, I'm not sure that this wouldn't be a nice little place to settle down in. I thought at first I'd miss the newspapers and the movies, but I guess one can get used to anything."

"I guess one can," agreed Conway.

He learned afterwards that Chang had taken Barnard down to the valley, at his own request, to enjoy everything in the way of a "night out" that the resources of the locality could provide. Mallinson, when he heard of this, was rather scornful. "Getting tight, I suppose," he remarked to Conway, and to Barnard himself he commented: "Of course it's none of my business, but you'll want to keep yourself pretty fit for the journey, you know. The porters are due in a fortnight's time, and from what I gather, the return trip won't be exactly a joy ride."

Barnard nodded equably. "I never figgered it would," he answered. "And as for keeping fit, I guess I'm fitter than I've been for years. I get exercise daily, I don't have any worries, and the speakeasies down in the valley don't let you go too far. Moderation, y'know—the motto of the firm."

"Yes, I've no doubt you've been managing to have a moderately good time," said Mallinson acidly.

"Certainly I have. This establishment caters for all tastes—some people like little Chink gels who play the piano, isn't that so? You can't blame anybody for what they fancy."

Conway was not at all put out, but Mallinson flushed like a schoolboy. "You can send them to jail, though, when they fancy other people's property," he snapped, stung to fury that set a raw edge to his wits.

"Sure, if you can catch 'em." The American grinned affably. "And that leads me to something I may as well tell you folks fight away, now we're on the subject. I've decided to give those porters a miss. They come here pretty regular, and I'll wait for the next trip, or maybe the next but one. That is, if the monks'll take my word that I'm still good for my hotel expenses."

"You mean you're not coming with us?"

"That's it. I've decided to stop over for a while. It's all very fine for you—you' ll have the band playing when *you* get home, but all the welcome I'll get is from a row of cops. And the more I think about it, the more it don't seem good enough."

"In other words, you're just afraid to face the music?"

"Well, I never did like music, anyhow."

Mallinson said with cold scorn: "I suppose it's your own affair. Nobody can prevent you from stopping here all your life if you feel inclined." Nevertheless he looked round with a flash of appeal. "It's not what everybody would choose to do, but ideas differ. What do you say,

Conway?"

"I agree. Ideas do differ."

Mallinson turned to Miss Brinklow, who suddenly put down her book and remarked: "As a matter of fact, I think I shall stay too."

"*What*?" they all cried together.

She continued, with a bright smile that seemed more an attachment to her face than an illumination of it: "You see, I've been thinking over the way things happened to bring us all here, and there's only one conclusion I can come to. There's a mysterious power working behind the scenes. Don't you think so, Mr. Conway?"

Conway might have found it hard to reply, but Miss Brinklow went on in a gathering hurry: "Who am I to question the dictates of Providence? I was sent here for a purpose, and I shall stay."

"Do you mean you're hoping to start a mission here?" Mallinson asked.

"Not only hoping, but fully intending. I know just how to deal with these people—I shall get my own way, never fear. There's no real grit in any of them."

"And you intend to introduce some?"

"Yes, I do, Mr. Mallinson. I'm strongly opposed to that idea of moderation that we hear so much about. You can call it broadmindedness if you like, but in my opinion it leads to the worst kind of laxity. The whole trouble with the people here is their so-called broad mindedness, and I intend to fight it with all my powers. "

"And they're so broad minded that they're going to let you?" said Conway, smiling.

"Or else she's so strong-minded that they can't stop her," put in Barnard. He added with a chuckle: "It's just what I said—this establishment caters for all tastes."

"Possibly, if you happen to *like* prison, " Mallinson snapped.

"Well, there's two ways of looking even at that. My goodness, if you think of all the folks in the world who'd give all they've got to be out of the racket and in a place like this, only they can't get out! Are we in the prison or are *they*?"

"A comforting speculation for a monkey in a cage," retorted Mallinson; he was still furious.

Afterwards he spoke to Conway alone. "That man still gets on my nerves," he said, pacing the courtyard. "I'm not sorry we shan't have him with us when we go back. You may think me touchy, but being chipped about that Chinese girl didn't appeal to my sense of humor."

Conway took Mallinson's arm. It was becoming increasingly clear to him that he was very fond of the youth, and that their recent weeks in company had deepened the feeling, despite jarring moods. He answered: "I rather took it that *I* was being ragged about her, not you."

"No, I think he intended it for me. He knows I'm interested in her. I am, Conway. I can't make out why she's here, and whether she really likes being here. My God, if I spoke her language as you do, I'd soon have it out with her."

"I wonder if you would. She doesn't say a great deal to any one, you know."

"It puzzles me that you don't badger her with all sorts of questions."

"I don't know that I care for badgering people."

He wished he could have said more, and then suddenly the sense of pity and irony floated over him in a filmy haze; this youth, so eager and ardent, would take things very hardly. "I shouldn't worry about Lo-Tsen if I were you," he added. "She's happy enough."

The decision of Bamard and Miss Brinklow to remain behind seemed to Conway all to the good, though it threw Mallinson and himself into an apparently opposite camp for the time being. It was an extraordinary situation, and he had no definite plans for tackling it.

Fortunately there was no apparent need to tackle it at all. Until the two months were past, nothing much could happen; and afterwards there would be a crisis no less acute for his having tried to prepare himself for it. For this and other reasons he was disinclined to worry over the inevitable, though he did once say: "You know, Chang, I'm bothered about young Mallinson. I'm afraid he'll take things very badly when he finds out."

Chang nodded with some sympathy. "Yes, it will not be easy to persuade him of his good fortune. But the difficulty is, after all, only a temporary one. In twenty years from now our friend will be quite reconciled."

Conway felt that this was looking at the matter almost too philosophically. "I'm wondering," he said, "just how the truth's going to be broached to him. He's counting the days to the arrival of the porters, and if they don't come—"

"But they *will* come."

"Oh? I rather imagined that all your talk about them was just a pleasant fable to let us down lightly."

"By no means. Although we have no bigotry on the point, it is our custom at Shangri-La to be moderately truthful, and I can assure you that my statements about the porters were almost correct. At any rate, we are expecting the men at or about the time I said."

"Then you'll find it hard to stop Mallinson from joining them."

"But we should never attempt to do so. He will merely discover—no doubt by personal experiment—that the porters are reluctantly unable to take anyone back with them."

"I see. So that's the method? And what do you expect to happen afterwards?"

"Then, my dear sir, after a period of disappointment, he will—since he is young and optimistic—begin to hope that the next convoy of porters, due in nine or ten months' time will prove more amenable to his suggestions. And this is a hope which, if we are wise, we shall not at first discourage."

Conway said sharply: "I'm not so sure that he'll do that at all. I should think he's far more likely to try an escape on his own."

"*Escape*? Is that *really* the word that should be used? After all, the pass is open to anyone at any time. We have no jailers, save those that Nature herself has provided."

Conway smiled. "Well, you must admit that she's done her job pretty well. But I don't suppose you rely on her in every case, all the same. What about the various exploring parties that have arrived here? Was the pass always equally open to *them* when they wanted to get away?"

It was Chang's turn now to smile. "Special circumstances, my dear sir, have sometimes required special consideration."

"Excellent. So you only allow people the chance of escape when you know they'd be fools to take it? Even so, I expect some of them do."

"Well, it has happened very occasionally, but as a rule the absentees are glad to return after the experience of a single night on the plateau."

"Without shelter and proper clothing? If so, I can quite understand that your mild methods are as effective as stern ones. But what about the less usual cases that don't return?"

"You have yourself answered the question," replied Chang. "They do *not* return." But he made haste to add: "I can assure you, however, that there are few indeed who have been so unfortunate, and I trust your friend will not be rash enough to increase the number."

Conway did not find these responses entirely reassuring, and Mallinson's future remained a preoccupation. He wished it were possible for the youth to return by consent, and this would not be unprecedented, for there was the recent case of Talu, the airman. Chang admitted that the authorities were fully empowered to do anything that they considered wise. "But *should* we be wise, my dear sir, in trusting ourselves and our future entirely to your friend's feeling of gratitude?"

Conway felt that the question was pertinent, for Mallinson's attitude left little doubt as to what he would do as soon as he reached India. It was his favorite theme, and he had often enlarged upon it.

But all that, of course, was in the mundane world that was gradually being pushed out of his mind by the rich, pervasive world of Shangri-La. Except when he thought about Mallinson he was extraordinarily content; the slowly revealed fabric of this new environment continued to astonish him by its intricate suitability to his own needs and tastes.

Once he said to Chang: "By the way, how do you people here fit love into your scheme of things? I suppose it does sometimes happen that those who come here develop attachments?"

"Quite often," replied Chang with a broad smile. "The lamas, of course, are immune, and so are most of us when we reach the riper years,but until then we are as other men, except that I think we can claim to behave more reasonably. And this gives me the opportunity, Mr. Conway, of assuring you that the hospitality of Shangri-La is of a comprehensive kind. Your friend Mr. Barnard has already availed himself of it."

Conway returned the smile. "Thanks," he answered dryly "I've no doubt he has, but my own inclinations are not—at the moment—so assertive. It was the emotional more than the physical aspect that I was curious about."

"You find it easy to separate the two? Is it possible that you are falling in love with Lo-Tsen?"

Conway was somewhat taken aback, though he hoped he did not show it. "What makes you ask that?"

"Because, my dear sir, it would be quite suitable if you were to do so—always, of course, in moderation. Lo-Tsen would not respond with any degree of passion—that is more than you could expect—but the experience would be very delightful, I assure you. And I speak with some authority, for I was in love with her myself when I was much younger. "

"Were you indeed? And did she respond then?"

"Only by the most charming appreciation of the compliment I paid her, and by a friendship which has grown more precious with the years. "

"In other words, she didn't respond?"

"If you prefer it so." Chang added, a little sententiously: "It has always been her way to spare her lovers the moment of satiety that goes with all absolute attainment."

Conway laughed. "That's all very well in your case, and perhaps mine too—but what about the attitude of a hot-blooded young fellow like Mallinson?"

"My dear sir, it would be the best possible thing that could happen! Not for the first time, I assure you, would Lo-Tsen comfort the sorrowful exile when he learns that there is to be no return."

"*Comfort*?"

"Yes, though you must not misunderstand my use of the term. Lo-Tsen gives no caresses, except such as touch the stricken heart from her very presence. What does your Shakespeare say of Cleopatra?— 'She makes hungry where she most satisfies.' A popular type, doubtless, among the passion-driven races, but such a woman, I assure you, would be altogether out of place at Shangri-La. Lo-Tsen, if I might amend the quotation, *removes* hunger where she *least* satisfies. It is a more delicate and lasting accomplishment."

"And one, I assume, which she has much skill in performing?"

"Oh, decidedly—we have had many examples of it. It is her way to calm the throb of desire to a murmur that is no less pleasant when left unanswered."

"In that sense, then, you could regard her as a part of the training equipment of the establishment?"

"*You* could regard her as that, if you wished," replied Chang with deprecating blandness. "But it would be more graceful, and just as true, to liken her to the rainbow reflected in a glass bowl or to the dewdrops on the blossoms of the fruit tree."

"I entirely agree with you, Chang. That would be *much* more graceful." Conway enjoyed the measured yet agile repartees which his good-humored ragging of the Chinese very often elicited.

But the next time he was alone with the little Manchu he felt that

Chang's remarks had had a great deal of shrewdness in them. There was a fragrance about her that communicated itself to his own emotions, kindling the embers to a glow that did not burn, but merely warmed. And suddenly then he realized that Shangri-La and Lo-Tsen were quite perfect, and that he did not wish for more than to stir a faint and eventual response in all that stillness. For years his passions had been like a nerve that the world jarred on; now at last the aching was soothed, and he could yield himself to love that was neither a torment nor a bore. As he passed by the lotus pool at night he sometimes pictured her in his arms, but the sense of time washed over the vision, calming him to an infinite and tender reluctance.

He did not think he had ever been so happy, even in the years of his life before the great barrier of the War. He liked the serene world that Shangri-La offered him, pacified rather than dominated by its single tremendous idea. He liked the prevalent mood in which feelings were sheathed in thoughts, and thoughts softened into felicity by their transference into language. Conway, whom experience had taught that rudeness is by no means a guarantee of good faith, was even less inclined to regard a well-turned phrase as a proof of insincerity. He liked the mannered, leisurely atmosphere in which talk was an accomplishment, not a mere habit. And he liked to realize that the idlest things could now be freed from the curse of time-wasting, and the frailest dreams receive the welcome of the mind. Shangri-La was always tranquil, yet always a hive of unpursuing occupations; the lamas lived as if indeed they had time on their hands, but time that was scarcely a featherweight. Conway met no more of them, but he came gradually to realize the extent and variety of their employments; besides their knowledge of languages, some, it appeared, took to the full seas of learning in a manner that would have yielded big surprises to the Western world. Many were engaged in writing manuscript books of various kinds; one (Chang said) had made valuable researches into pure mathematics; another was coordinating Gibbon and Spengler into a vast thesis on the history of European civilization. But this kind of thing was not for them all, nor for any of them always; there were many tideless channels in which they dived in mere waywardness, retrieving, like Briac, fragments of old tunes, or like the English ex-curate, a new theory about *Wuthering Heights*. And there were even fainter impracticalities than these. Once, when Conway made some remark in this connection, the High Lama replied with a story of a Chinese artist in the third century B.C. who, having spent many years in carving dragons, birds, and horses upon a cherry-stone, offered his finished work to a royal prince. The prince could see nothing in it at first except a mere stone, but the artist bade him "have a wall built, and make a window in it, and observe the stone through the window in the glory of the dawn." The prince did so, and then perceived that the stone was indeed very beautiful. "Is not that a charming story, my dear Conway, and do you not think it teaches a very valuable lesson?"

Conway agreed; he found it pleasant to realize that the serene purpose of Shangri-La could embrace an infinitude of odd and apparently trivial employments, for he had always had a taste for such things himself. In fact, when he regarded his past, he saw it strewn with images of tasks too vagrant or too taxing ever to have been accomplished; but now they were all possible, even in a mood of idleness. It was delightful to contemplate, and he was not disposed to sneer when Barnard confided in him that he too envisaged an interesting future at Shangri-La.

It seemed that Barnard's excursions to the valley, which had been growing more frequent of late, were not entirely devoted to drink and women. "You see, Conway, I'm telling you this because you're different from Mallinson—he's got his knife into me, as probably you've gathered. But I feel you'll be better at understanding the position. It's a funny thing—you British officials are so darned stiff and starchy at first, but you're the sort a fellow can put his trust in, when all's said and done."

"I wouldn't be too sure," replied Conway, smiling. "And anyhow, Mallinson's just as much a British official as I am."

"Yes, but he's a mere boy, He don't look at things reasonably. You and me are men of the world—we take things as we find them. This joint here, for instance—we still can't understand all the ins and outs of it, and why we've been landed here, but then, isn't that the usual way of things? Do we know why we're in the world at all, for that matter?"

"Perhaps some of us don' t, but what's all this leading up to?"

Bamard dropped his voice to a rather husky whisper. "Gold, my lad," he answered with a certain ecstasy. "Just that, and nothing less. There's tons of it—literally—in the valley. I was a mining engineer in my young days and I haven't forgotten what a reef looks like. Believe me, it's as rich as the Rand, and ten times easier to get at. I guess you thought I was on the loose whenever I went down there in my little armchair. Not a bit of it. I knew what I was doing. I'd figgered it out all along, you know, that these guys here couldn't get all their stuff sent in from outside without paying mighty high for it, and what else could they pay with except gold or silver or diamonds or something? Only logic, after all. And when I began to scout round, it didn't take me long to discover the whole bag of tricks."

"You found it out on your own?" asked Conway.

"Well, I won't say that, but I made my guess, and then I put the matter to Chang—straight, mind you, as man to man. And believe me, Conway, that Chink's not as bad a fellow as we might have thought."

"Personally, I never thought him a bad fellow at all."

"Of course, I know you always took to him, so you won't be surprised at the way we got on together. We certainly did hit it famously. He showed me all over the workings, and it may interest you to know that I've got the full permission of the authorities to prospect in the valley as much as I like and make a comprehensive report. What d'you think of that, my lad? They seemed quite glad to have the services of an expert, especially when I said I could probably give 'em tips on how to increase output."

"I can see you're going to be altogether at home here," said Conway.

"Well, I must say I've found a job, and that's something. And you never know how a thing'll turn out in the end. Maybe the folks at home won't be so keen to jail me when they know I can show 'em the way to a new gold mine. The only difficulty is—would they take my word about it?"

"They might. It's extraordinary what people will believe."

Bamard nodded with enthusiasm. "Glad you get the point, Conway. And that's where you and I can make a deal. We'll go fifty-fifty in everything of course. All you've gotter do is to put your name to my report—British Consul, you know, and all that. It'll carry weight."

Conway laughed. "We'll have to see about it. Make your report first."

It amused him to contemplate a possibility so unlikely to happen, and at the same time he was glad that Barnard had found something that yielded such immediate comfort.

So also was the High Lama, whom Conway began to see more and more frequently. He often visited him in the late evening and stayed for many hours, long after the servants had taken away the last bowls of tea and had been dismissed for the night. The High Lama never failed to ask him about the progress and welfare of his three companions, and once he enquired particularly as to the kind of careers that their arrival at Shangri-La had so inevitably interrupted.

Conway answered reflectively: "Mallinson might have done quite well in his own line—he's energetic and has ambitions. The two others—" He shrugged his shoulders. "As a matter of fact, it happens to suit them both to stay here—for a while, at any rate."

He noticed a flicker of light at the curtained window; there had been mutterings of thunder as he crossed the courtyard on his way to the now familiar room. No sound could be heard, and the heavy tapestries subdued the lightning into mere sparks of pallor.

"Yes," came the reply, "we have done our best to make both of them feel at home. Miss Brinklow wishes to convert us, and Mr. Barnard would also like to convert us—into a limited liability company. Harmless projects—they will pass the time quite pleasantly for them. But your young friend, to whom neither gold nor religion can offer solace, how about *him*?"

"Yes, he's going to be the problem."

"I am afraid he is going to be *your* problem."

"Why mine?"

There was no immediate answer, for the tea-bowls were introduced at that moment, and with their appearance the High Lama rallied a faintand desiccated hospitality. "Karakal sends us storms at this time of the year," he remarked, feathering the conversation according to ritual. "The people of Blue Moon believe they are caused by demons raging in the great space beyond the pass. The 'outside' they call it—perhaps you are aware that in their patois the word is used for the entire rest of the world. Of course they know nothing of such countries as France or England or even India—they imagine the dread altiplano stretching, as it almost does, illimitably. To them, so snug at their warm and windless levels, it appears unthinkable that anyone inside the valley should ever wish to lcave it; indeed, they picture all unfortunate 'outsiders' as passionately desiring to enter. It is just a question of viewpoint, is it not?"

Conway was reminded of Barnard's somewhat similar remarks, and quoted them. "How very sensible! " was the High Lama's comment. "And he is our first American, too—we are truly fortunate."

Conway found it piquant to reflect that the lamasery's fortune was to have acquired a man for whom the police of a dozen countries were actively searching; and he would have liked to share the piquancy but for feeling that Barnard had better be left to tell his own story in due course. He said: "Doubtless he's quite right, and there are many people in the world nowadays who would be glad enough to be here."

"*Too* many, my dear Conway. We are a single lifeboat riding the seas in a gale; we can take a few chance survivors, but if all the shipwrecked were to reach us and clamber aboard we should go down ourselves.... But let us not think of it just now. I hear that you have been associating with our excellent Briac. A delightful fellow country man of mine, though I do not share his opinion that Chopin is the greatest of all composers. For myself, as you know, I prefer Mozart...."

Not till the tea-bowls were removed and the servant had been finally dismissed did Conway venture to recall the unanswe red question. "We were discussing Mallinson, and you said he was going to be *my* problem. Why mine, particularly?"

Then the High Lama replied very simply: "Because, my son, I am going to die."

It seemed an extraordinary statement, and for a time Conway was speechless after it. Eventually the High Lama continued: "You are surprised? But surely, my friend, we are all mortal—even at Shangri-La. And it is possible that I may still have a few moments left to me—or even, for that matter, a few years. All I announce is the simple truth that already I see the end. It is charming of you to appear so concerned, and I will not pretend that there is not a touch of wistfulness, even at my age, in contemplating death. Fortunately little is left of me that can die physically, and as for the rest, all our religions display a pleasant unanimity of optimism. I am quite content, but I must accustom myself to a strange sensation during the hours that remain—I must realize that I have time for only one thing more. Can you imagine what that is?"

Conway was silent.

"It concerns you, my son."

"You do me a great honor."

"I have in mind to do much more than that."

Conway bowed slightly, but did not speak, and the High Lama, after waiting awhile, resumed: "You know, perhaps, that the frequency of these talks has been unusual here. But it is our tradition, if I may permit myself the paradox, that we are never slaves to tradition. We have no rigidities, no inexorable rules. We do as we think fit, guided a little by the example of the past, but still more by our present wisdom, and by our clairvoyance of the future. And thus it is that I am encouraged to do this final thing."

Conway was still silent.

"I place in your hands, my son, the heritage and destiny of Shangri-La."

At last the tension broke, and Conway felt beyond it the power of a bland and benign persuasion; the echoes swam into silence, till all that was left was his own heartbeat, pounding like a gong. And then, intercepting the rhythm, came the words:

"I have waited for you, my son, for quite a long time. I have sat in this room and seen the faces of new-comers, I have looked into their eyes and heard their voices, and always in hope that some day I might find you. My colleagues have grown old and wise, but you who are still young in years are as wise already. My friend, it is not an arduous task that I bequeath, for our order knows only silken bonds. To be gentle and patient, to care for the riches of the mind, to preside in wisdom and secrecy while the storm rages without—it will all be very pleasantly simple for you, and you will doubtless find great happiness."

Again Conway sought to reply, but could not, till at length a vivid lightning-flash paled the shadows and stirred him to exclaim: "The storm... this storm you talked of...."

"It will be such a one, my son, as the world has not seen before. There will be no safety by arms, no help from authority, no answer in science. It will rage till every flower of culture is trampled, and all human things are leveled in a vast chaos. Such was my vision when Napoleon was still a name unknown; and I see it now, more clearly with each hour. Do you say I am mistaken?"

Conway answered: "No, I think you may be right. A similar crash came once before, and then there were the Dark Ages lasting five hundred years."

"The parallel is not quite exact. For those Dark Ages were not really so very dark—they were full of flickering lanterns, and even if the light had gone out of Europe altogether, there were other rays, literally from China to Peru, at which it could have been rekindled. But the Dark Ages that are to come will cover the whole world in a single pall; there will be neither escape nor sanctuary, save such as are too secret to be found or too humble to be noticed. And Shangri-La may hope to be both of these. The airman bearing loads of death to the great cities will not pass our way, and if by chance he should, he may not consider us worth a bomb."

"And you think all this will come in my time?"

"I believe that you will live through the storm. And after, through the long age of desolation, you may still live, growing older and wiser and more patient. You will conserve the fragrance of our history and add to it the touch of your own mind. You will welcome the stranger, and teach him the rule of age and wisdom; and one of these strangers, it may be, will succeed you when you are yourself very old. Beyond that, my vision weakens, but I see, at a great distance, a new world stirring in the ruins, stirring clumsily but in hopefulness, seeking its lost and legendary treasures. And they will all be here, my son, hidden behind the mountains in the valley of Blue Moon, preserved as by miracle for a new Renaissance...."

The speaking finished, and Conway saw the face before him full of a remote and drenching beauty; then the glow faded and there was nothing left but a mask, dark-shadowed, and crumbling like old wood. It was quite motionless, and the eyes were closed. He watched for a while, and presently, as part of a dream, it came to him that the High Lama was dead.

It seemed necessary to rivet the situation to some kind of actuality, lest it become too strange to be believed in; and with instinctive mechanism of hand and eye, Conway glanced at his wrist-watch. It was a quarter past midnight. Suddenly, when he crossed the room to the door, it occurred to him that he did not in the least know how or whence to summon help. The Tibetans, he knew, had all been sent away for the night, and he had no idea where to find Chang or any one else. He stood uncertainly on the threshold of the dark corridor; through a window he could see that the sky was clear, though the mountains still blazed in lightning like a silver fresco. And then, in the midst of the still encompassing dream, he felt himself master of Shangri-La. These were his beloved things, all around him, the things of that inner mind in which he lived increasingly, away from the fret of the world. His eyes strayed into the shadows and were caught by golden pin-points sparkling in rich, undulating lacquers; and the scent of tuberose, so faint that it expired on the very brink of sensation, lured him from room to room. At last he stumbled into the courtyards and by the fringe of the pool; a full moon sailed behind Karakal. It was twenty minutes to two.

Later, he was aware that Mallinson was near him, holding his arm and leading him away in a great hurry. He did not gather what it was all about, but he could hear that the boy was chattering excitedly.

CHAPTER ELEVEN

They reached the balconied room where they had meals, Mallinson still clutching his arm and half-dragging him along. "Come on, Conway, we've till dawn to pack what we can and get away. Great news, man—I wonder what old Barnard and Miss Brinklow will think in the morning when they find us gone... Still, it's their own choice to stay, and we'll probably get on far better without them.... The porters are about five miles beyond the pass—they came yesterday with loads of books and things... tomorrow they begin the journey back.... It just shows how these fellows here intended to let us down—they never told us—we should have been stranded here for God knows how much longer.... I say, what's the matter? Are you ill?"

Conway had sunk into a chair, and was leaning forward with elbows on the table. He passed his hand across his eyes. "Ill? No. I don' t think so. Just—rather—tired."

"Probably the storm. Where were you all the while? I'd been waiting for you for hours."

"I—I was visiting the High Lama."

"Oh, *him*! Well, *that's* for the last time, anyhow, thank God."

"Yes, Mallinson, for the last time."

Something in Conway's voice, and still more in his succeeding silence, roused the youth to irascibility. "Well, I wish you wouldn't sound so deuced leisurely about it—we've got to get a considerable move on, you know."

Conway stiffened for the effort of emerging into keener consciousness.

"I'm sorry, " he said. Partly to test his nerve and the reality of his sensations he lit a cigarette. He found that both hands and lips were unsteady. "I'm afraid I don't quite follow... you say the porters... "

"Yes, the porters, man—do pull yourself together."

"You're thinking of going out to them?"

"*Thinking* of it? I'm damn well certain they're only just over the ridge. And we' ve got to start immediately."

"*Immediately*?"

"Yes, yes—why not?"

Conway made a second attempt to transfer himself from one world into the other. He said at length, having partly succeeded: "I suppose you realize that it mayn't be quite as simple as it sounds?"

Mallinson was lacing a pair of knee-high Tibetan mountain-boots as he answered jerkily: "I realize everything, but it's something we've got to do, and we shall do it, with luck, if we don't delay."

"I don't see how—"

"Oh, Lord, Conway, must you fight shy of everything? Haven't you any guts left in you at all?"

The appeal, half passionate and half derisive, helped Conway to collect himself. "Whether I have or haven't isn't the point, but if you want me to explain myself, I will. It's a question of a few rather important details. Suppose you *do* get beyond the pass and find the porters there, how do you know they'll take you with them? What inducement can you offer? Hasn't it struck you that they mayn't be quite so willing as you'd like them to be? You can't just present yourself and demand to be escorted. It all needs arrangements, negotiations beforehand—"

"Or anything else to cause a delay," exclaimed Mallinson bitterly. "God, what a fellow you are? Fortunately I haven't you to rely on for arranging things. Because they *have* been arranged—the porters have been paid in advance, and they've agreed to take us. And here are clothes and equipment for the journey, all ready. So your last excuse disappears. Come on, let's *do* something. "

"But—I don' t understand.... "

"I don't suppose you do, but it doesn't matter. "

"Who's been making all these plans?"

Mallinson answered brusquely: "Lo-Tsen, if you're really keen to know. She's with the porters now. She's waiting."

"*Waiting*?"

"Yes. She's coming with us. I assume you 've no objection?"

At the mention of Lo-Tsen the two worlds touched and fused suddenly in Conway's mind. He cried sharply, almost contemptuously: "That's nonsense. It's impossible."

Mallinson was equally on edge. "Why is it impossible?"

"Because... well, it is. There are all sorts of reasons. Take my word for it; it won't do. It's incredible enough that she should be out there now—I'm astonished at what you say has happened—but the idea of her going any further is just preposterous."

"I don't see that it's preposterous at all. It's as natural for her to want to leave here as for me. "

"But she doesn't want to leave. That's where you make the mistake."

Mallinson smiled tensely. "You think you know a good deal more about her than I do, I dare say," he remarked. "But perhaps you don't, for all that."

"What do you mean? "

"There are other ways of getting to understand people without learning heaps of languages."

"For heaven's sake, what *are* you driving at?" Then Conway added more quietly: "This is absurd. We mustn't wrangle. Tell me, Mallinson, what's it all about? I still don't understand."

"Then why are you making such an almighty fuss?"

"Tell me the truth, *please* tell me the truth."

"Well, it's simple enough. A kid of her age shut up here with a lot of queer old men—naturally she'll get away if she's given a chance. She hasn't had one up to now."

"Don't you think you may be imagining her position in the light of your own? As I've always told you, she's perfectly happy."

"Then why did she say she'd come?"

"She said that? How could she? She doesn't speak English."

"I asked her—in Tibetan—Miss Brinklow worked out the words. It wasn't a very fluent conversation, but it was quite enough to—to lead to an understanding." Mallinson flushed a little. "Damn it, Conway, don't stare at me like that—any one would think I'd been poaching on *your* preserves."

Conway answered: "No one would think so at all, I hope, but the remark tells me more than you were perhaps intending me to know. I can only say that I'm very sorry."

"And why the devil should you be?"

Conway let the cigarette fall from his fingers. He felt tired, bothered, and full of deep conflicting tenderness that he would rather not have had aroused. He said gently: "I wish we weren't always at such cross-purposes. Lo-Tsen is very charming, I know, but why should we quarrel about it?"

"*Charming*?" Mallinson echoed the word with scorn. "She's a good bit more than that. You mustn't think everybody's as cold-blooded about these things as you are yourself. Admiring her as if she were an exhibit in a museum may be your idea of what she deserves, but mine's more practical, and when I see someone I like in a rotten position I try and *do* something."

"But surely there's such a thing as being too impetuous? Where do you think she'll go to if she does leave?"

"I suppose she must have friends in China or somewhere. Anyhow, she'll be better off than here."

"How can you possibly be so sure of that?"

"Well, I'll see that she's looked after myself, if nobody else will. After all, if you're rescuing people from something quite hellish, you don't usually stop to enquire if they've anywhere else to go to."

"And you think Shangri-La is hellish?"

"Definitely, I do. There's something dark and evil about it. The whole business has been like that, from the beginning—the way we were brought here, without reason at all, by some madman—and the way we've been detained since, on one excuse or another. But the most frightful thing of all—to me—is the effect it's had on you."

"On *me*?"

"Yes, on you. You've just mooned about as if nothing mattered and you were content to stay here forever. Why, you even admitted you liked the place... Conway, what *has* happened to you? Can't you manage to be your real self again? We got on so well together at Baskul—you were absolutely different in those days."

"My *dear* boy! "

Conway reached his hand towards Mallinson's, and the answering grip was hot and eagerly affectionate. Mallinson went on: "I don't suppose you realize it, but I've been terribly alone these last few weeks. Nobody seemed to be caring a damn about the only thing that was really important—Barnard and Miss Brinklow had reasons of a kind, but it was pretty awful when I found *you* against me."

"I'm sorry."

"You keep on saying that, but it doesn't help."

Conway replied on sudden impulse: "Then let me help, if I can, by telling you something. When you've heard it, you'll understand, I hope, a great deal of what now seems very curious and difficult. At any rate, you'll realize why Lo-Tsen can't possibly go back with you."

"I don't think anything would make me see that. And do cut it as short as you can, because we really haven't time to spare."

Conway then gave, as briefly as he could, the whole story of Shangri-La, as told him by the High Lama, and as amplified by the conversation both with the latter and with Chang. It was the last thing he had ever intended to do, but he felt that in the circumstances it was justified and even necessary; it was true enough that Mallinson *was* his problem, to solve as he thought fit. He narrated rapidly and easily, and in doing so came again under the spell of that strange, timeless world; its beauty overwhelmed him as he spoke of it, and more than once he felt himself reading from a page of memory, so clearly had ideas and phrases impressed themselves. Only one thing he withheld—and that to spare himself an emotion he could not yet grapple with—the fact of the High Lama's death that night and of his own succession.

When he approached the end he felt comforted; he was glad to have got it over, and it was the only solution, after all. He looked up calmly when he had finished, confident that he had done well.

But Mallinson merely tapped his fingers on the tabletop and said, after a long wait: "I really don't know what to say, Conway... except that you must be completely mad.... "

There followed a long silence, during which the two men stared at each other in far differing moods—Conway withdrawn and disappointed, Mallinson in hot, fidgeting discomfort. "So you think I'm mad?" said Conway at length.

Mallinson broke into a nervous laugh. "Well, I should damn well say so, after a tale like that. I mean... well, really... such utter nonsense... it seems to me rather beyond arguing about."

Conway looked and sounded immensely astonished. "You think it's nonsense?"

"Well... how else can I look at it? I'm sorry, Conway—it's a pretty strong statement—but I don't see how any sane person could be in any doubt about it."

"So you still hold that we were brought here by blind accident—by some lunatic who made careful plans to run off with an aeroplane and fly it a thousand miles just for the fun of the thing?"

Conway offered a cigarette, and the other took it. The pause was one for which they both seemed grateful. Mallinson answered eventually: "Look here, it's no good arguing the thing point by point. As a matter of fact, your theory that the people here sent some one vaguely into the world to decoy strangers, and that this fellow deliberately learned flying and bided his time until it happened that a suitable machine was due to leave Baskul with four passengers... well, I won't say that it's literally impossible, though it does seem to me ridiculously far-fetched. If it stood by itself, it might just be worth considering, but when you tack it on to all sorts of other things that are *absolutely* impossible—all this about the lamas being hundreds of years old, and having discovered a sort of elixir of youth, or whatever you'd call it... well, it just makes me wonder what kind of microbe has bitten you, that's all."

Conway smiled. "Yes, I dare say you find it hard to believe. Perhaps I did myself at first—I scarcely remember. Of course it *is* an extraordinary story, but I should think your own eyes have had enough evidence that this is an extraordinary place. Think of all that we've actually seen, both of us—a lost valley in the midst of unexplored mountains, a monastery with a library of European books— "

"Oh, yes, and a central heating plant, and modern plumbing, and afternoon tea, and everything else—it's all very marvelous, I know."

"Well, then, what do you make of it?"

"Damn little, I admit. It's a complete mystery. But that's no reason for accepting tales that are physically impossible. Believing in hot baths because you've had them is different from believing in people hundreds of years old just because they've told you they are." He laughed again, still uneasily. "Look here, Conway, it's got on your nerves, this place, and I really don't wonder at it. Pack up your things and let's quit. We'll finish this argument a month or two hence after a jolly little dinner at Maiden's."

Conway answered quietly: "I've no desire to go back to that life at all."

"What life?"

"The life you're thinking of... dinners... dances... polo... and all that ..."

"But I never said anything about dances and polo! Anyhow, what's wrong with them? Do you mean that you're not coming with me? You're going to stay here like the other two? Then at least you shan't stop *me* from clearing out of it! " Mallinson threw down his cigarette and sprang towards the door with eyes blazing. "You're off your head!" he cried wildly. "You're mad, Conway, that's what's the matter with you! I know you're always calm, and I'm always excited, but I'm sane, at any rate, and you're not! They warned me about it before I joined you at Baskul, and I thought they were wrong, but now I can see they weren't— "

"What did they warn you of ?"

"They said you'd been blown up in the war, and you'd been queer at times ever since. I'm not reproaching you—I know it was nothing you could help—and Heaven knows I hate talking like this.... Oh, I'll go. It's all frightful and sickening, but I must go. I gave my word."

"To Lo-Tsen?"

"Yes, if you want to know."

Conway got up and held out his hand. "Good-by, Mallinson."

"For the last time, you're not coming? "

"I can't."

"Good-by, then."

They shook hands, and Mallinson left.

Conway sat alone in the lantern light. It seemed to him, in a phrase engraved on memory, that all the loveliest things were transient and perishable, that the two worlds were finally beyond reconciliation, and that one of them hung, as always, by a thread. After he had pondered for some time he looked at his watch; it was ten minutes to three.

He was still at the table, smoking the last of his cigarettes, when Mallinson returned. The youth entered with some commotion, and on seeing him, stood back in the shadows as if to gather his wits. He was silent, and Conway began, after waiting a moment: "Hullo, what's happened? Why are you back?"

The complete naturalness of the question fetched Mallinson forward; he pulled off his heavy sheepskins and sat down. His face was ashen and his whole body trembled. "I hadn't the nerve," he cried, half-sobbing.

"That place where we were all roped—you remember? I got as far as that... I couldn't manage it. I've no head for heights, and in moonlight it looked fearful. Silly, isn't it?" He broke down completely and was hysterical until Conway pacified him. Then he added: "They needn't worry, these fellows here—nobody will ever threaten them by land. But, my God, I'd give a good deal to fly over with a load of bombs! "

"Why would you like to do that, Mallinson?"

"Because the place wants smashing up, whatever it is. It's unhealthy and unclean—and for that matter, if your impossible yarn were true, it would be more hateful still! A lot of wizened old men crouching here like spiders for any one who comes near... it's filithy... who'd want to live to an age like that, anyhow? And as for your precious High Lama, if he's half as old as you say he is, it's time some one put him out of his misery.... Oh, why *won't* you come away with me, Conway? I hate imploring you for my own sake, but damn it all, I'm young and we've been pretty good friends together—does my whole life mean nothing to you compared with the lies of these awful creatures? And Lo-Tsen, too—*she's* young—doesn't *she* count at all?"

"Lo-Tsen is not young," said Conway.

Mallinson looked up and began to titter hysterically. "Oh, no, not young—not young at all, of course. She looks about seventeen, but I suppose you'll tell me she's really a well-preserved ninety."

"Mallinson, she came here in 1884."

"You're raving, man! "

"Her beauty, Mallinson, like all other beauty in the world, lies at the mercy of those who do not know how to value it. It is a fragile thing that can only live where fragile things are loved. Take it away from this valley and you will see it fade like an echo."

Mallinson laughed harshly, as if his own thoughts gave him confidence. "I'm not afraid of that. It's here that she's only an echo, if she's one anywhere at all." He added after a pause: "Not that this sort of talk gets us anywhere. We'd better cut out all the poetic stuff and come down to realities. Conway, I want to help you—it's all the sheerest nonsense, I know, but I'll argue it out if it'll do you any good. I'll pretend it's something possible that you've told me, and that it really does need examining. Now tell me, seriously, what evidence have you for this story of yours?"

Conway was silent.

"Merely that some one spun you a fantastic rigmarole. Even from a thoroughly reliable person whom you'd known all your life, you wouldn't accept that sort of thing without proof. And what proofs have you in this case? None at all, so far as I can see. Has Lo-Tsen ever told you her history?"

"No, but— "

"Then why believe it from some one else? And all this longevity business—can you point to a single outside fact in support of it?"

Conway thought a moment and then mentioned the unknown Chopin works that Briac had played.

"Well, that's a matter that means nothing to me—I'm not a musician. But even if they're genuine, isn't it possible that he could have got hold of them in some way without his story being true?"

"Quite possible, no doubt."

"And then this method that you say exists—of preserving youth and so on. What is it? You say it's a sort of drug—well, I want to know *what* drug? Have you ever seen it or tried it? Did any one ever give you any positive facts about the thing at all?"

"Not in detail, I admit."

"And you never asked for details? It didn't strike you that such a story needed any confirmation at all? You just swallowed it whole?" Pressing his advantage, he continued: "How much do you actually know of this place, apart from what you've been told? You've seen a few old men—that's all it amounts to. Apart from that, we can only say that the place is well fitted up, and seems to be run on rather highbrow lines. How and why it came into existence we've no idea, and why they want to keep us here, if they do, is equally a mystery, but surely all that's hardly an excuse for believing any old legend that comes along? After all, man, you're a critical sort of person—you'd hesitate to believe all you were told even in an English monastery—I really can't see why you should jump at everything just because you're in Tibet? "

Conway nodded. Even in the midst of far keener perceptions he could not restrain approval of a point well made. "That's an acute remark, Mallinson. I suppose the truth is that when it comes to believing things without actual evidence, we all incline to what we find most attractive."

"Well, I'm dashed if I can see anything attractive about living till you're half-dead. Give me a short life and a gay one, for choice. And this stuff about a future war—it all sounds pretty thin to me. How does anyone know when the next war's going to be or what it'll be like? Weren't all the prophets wrong about the last war?" He added, when Conway did not reply: "Anyhow, I don't believe in saying things are inevitable. And even if they were, there's no need to get into a funk about them. Heaven knows I'd most likely be scared stiff if I had to fight in a war, but I'd rather face up to it than bury myself here."

Conway smiled. "Mallinson, you have a superb knack of misunderstanding me. When we were at Baskul you thought I was a hero—now you take me for a coward. In point of fact, I'm neither—though of course it doesn't matter. When you get back to India you can tell people, if you like, that I decided to stay in a Tibetan monastery because I was afraid there'd be another war. It isn't my reason at all, but I've no doubt it'll be believed by the people who already think me mad."

Mallinson answered rather sadly: "It's silly, you know, to talk like that. Whatever happens, I'd never say a word against you. You can count on that. I don't understand you—I admit that but—but—I wish I did. Oh, I wish I did. Conway, can't I possibly help you? Isn't there anything I can say or do?"

There was a long silence after that, which Conway broke at last by saying: "There's just a question I'd like to ask—if you'll forgive me for being terribly personal."

"Yes?"

"Are you in love with Lo-Tsen?"

The youth's pallor changed quickly to a flush. "I dare say I am. I know you'll say it's absurd and unthinkable, and probably it is, but I can't help my feelings."

"I don't think it's absurd at all."

The argument seemed to have sailed into a harbor after many buffetings, and Conway added: "I can't help *my* feelings either. You and that girl happen to be the two people in the world I care most about... though you may think it odd of me." Abruptly he got up and paced the room. "We've said all we *can* say, haven't we?"

"Yes, I suppose we have." But Mallinson went on, in a sudden rush of eagerness. "Oh, what stupid nonsense it all is—about her not being young! And foul and horrible nonsense, too. Conway, you *can't* believe it! It's just too ridiculous. How can it really mean anything?"

"How can you really know that she's young?"

Mallinson half-turned away, his face lit with a grave shyness. "Because I *do* know.... Perhaps you'll think less of me for it... but I *do* know. I'm afraid you never properly understood her, Conway. She was cold on the surface, but that was the result of living here—it had frozen all the warmth. But the warmth was there."

"To be unfrozen?"

"Yes.... that would be one way of putting it."

"And she's young, Mallinson—you are so sure of that?"

Mallinson answered softly: "God, yes—she's just a girl. I was terribly sorry for her, and we were both attracted, I suppose. I don't see that it's anything to be ashamed of. In fact in a place like this I should think it's about the decentest thing that's ever happened...."

Conway went to the balcony and gazed at the dazzling plume of Karakal; the moon was riding high in a waveless ocean. It came to him that a dream had dissolved, like all too lovely things, at the first touch of reality; that the whole world's future, weighed in the balance against youth and love, would be light as air. And he knew, too, that his mind dwelt in a world of it's own, Shangri-La in microcosm, and that this world also was in peril. For even as he nerved himself, he saw the corridors of his imagination twist and strain under impact; the pavilions were toppling; all was about to be in ruins. He was only partly unhappy, but he was infinitely and rather sadly perplexed. He did not know whether he had been mad and was now sane, or had been sane for a time and now mad again.

When he turned, there was a difference in him; his voice was keener, almost brusque, and his face twitched a little; he looked much more the Conway who had been a hero at Baskul. Clenched for action, he faced Mallinson with a suddenly new alertness. "Do you think you could manage that tricky bit with a rope if I were with you?" he asked.

Mallinson sprang forward. "*Conway*!" he cried chokingly. "You mean you'll *come*? You've made up your mind at last?"

They left as soon as Conway had prepared himself for the journey. It was surprisingly simple to leave—a departure rather than an escape; there were no incidents as they crossed the bars of moonlight and shadow in the courtyards. One might have thought there was no one there at all, Conway reflected; and immediately the idea of such emptiness became an emptiness in himself; while all the time, though he hardly heard him, Mallinson was chattering about the journey. How strange that their long argument should have ended thus in action, that this secret sanctuary should be forsaken by one who had found in it such happiness! For indeed, less than an hour later, they halted breathlessly at a curve of the track and saw the last of Shangri-La. Deep below them the valley of Blue Moon was like a cloud, and to Conway the scattered roofs had a look of floating after him through the haze. Now, at that moment, it was farewell. Mallinson, whom the steep ascent had kept silent for a time, gasped out: "Good man, we're doing fine—carry on! "

Conway smiled, but did not reply; he was already preparing the rope for the knife-edge traverse. It was true, as the youth had said, that he had made up his mind; but it was only what was left of his mind. That small and active fragment now dominated; the rest comprised an absence hardly to be endured. He was a wanderer between two worlds and must ever wander; but for the present, in a deepening inward void, all he felt was that he liked Mallinson and must help him; he was doomed, like millions, to flee from wisdom and be a hero.

Mallinson was nervous at the precipice, but Conway got him over in traditional mountaineering fashion, and when the trial was past, they leaned together over Mallinson's cigarettes. "Conway, I must say it's damned good of you.... Perhaps you guess how I feel.... I can't tell you how glad I am.... "

"I wouldn't try, then, if I were you."

After a long pause, and before they resumed the journey, Mallinson added: "But I *am* glad—not only for my own sake, but for yours as well... It's fine that you can realize now that all that stuff was sheer nonsense... it's just wonderful to see you your real self again.... "

"Not at all," responded Conway, with a wryness that was for his own private comforting.

Towards dawn they crossed the divide, unchallenged by sentinels, even if there were any; though it occurred to Conway that the route, in the true spirit, might only be moderately well watched. Presently they reached the plateau, picked clean as a bone by roaring winds, and after a gradual descent the encampment of porters came in sight. Then all was as Mallinson had foretold; they found the men ready for them, sturdy fellows in furs and sheepskins, crouching under the gale and eager to begin the journey to Tatsien-Fu—eleven hundred miles eastward on the China border.

"He's coming with us! " Mallinson cried excitedly when they met Lo-Tsen. He forgot that she knew no English; but Conway translated.

It seemed to him that the little Manchu had never looked so radiant. She gave him a most charming smile, but her eyes were all for the boy.

EPILOGUE

It was in Delhi that I met Rutherford again. We had been guests at a Viceregal dinner-party, but distance and ceremonial kept us apart until the turbaned flunkeys handed us our hats afterwards. "Come back to my hotel and have a drink," he invited.

We shared a cab along the arid miles between the Lutyens still-life and the warm, palpitating motion picture of Old Delhi. I knew from the newspapers that he had just returned from Kashgar. His was one of those well-groomed reputations that get the most out of everything; any unusual holiday acquires the character of an exploration, and though the explorer takes care to do nothing really original, the public does not know this, and he capitalizes the full value of a hasty impression. It had not seemed to me, for instance, that Rutherford's journey, as reported in the press, had been particularly epoch-making; the buried cities of Khotan were old stuff, if any one remembered Stein and Sven Hedin. I knew Rutherford well enough to chaff him about this, and he laughed. "Yes, the truth would have made a better story," he admitted cryptically.

We went to his hotel room and drank whisky. "So you *did* search for Conway?" I suggested when the moment seemed propitious.

"Search is much too strong a word," he answered. "You can't search a country half as big as Europe for one man. All I can say is that I have visited places where I was prepared to come across him or to get news of him. His last message, you remember, was that he had left Bangkok for the northwest. There were traces of him up-country for a little way, and my own opinion is that he probably made for the tribal districts on the Chinese border. I don't think he'd have cared to enter Burma, where he might have run up against British officials. Anyhow, the definite trail, you may say, peters out somewhere in Upper Siam, but of course I never expected to follow it far that end."

"You thought it might be easier to look for the valley of Blue Moon?"

"Well, it did seem as if it might be a more fixed proposition. I suppose you glanced at that manuscript of mine?"

"Much more than glanced at it. I should have returned it, by the way, but you left no address."

Rutherford nodded. "I wonder what you made of it?"

"I thought it very remarkable—assuming, of course, that it's all quite genuinely based on what Conway told you."

"I give you my solemn word for that, I invented nothing at all—indeed, there's even less of my own language in it than you might think. I've got a good memory, and Conway always had a way of describing things. Don't forget that we had about twenty-four hours of practically continuous talk."

"Well, as I said, it's all very remarkable."

He leaned back and smiled. "If that's all you're going to say, I can see I shall have to speak for myself. I suppose you consider me a rather credulous person. I don't really think I am. People make mistakes in life through believing too much, but they have a damned dull time if they believe too little. I was certainly taken with Conway's story—in more ways than one—and that was why I felt interested enough to put as many tabs on it as I could—apart from the chance of running up against the man himself."

He went on, after lighting a cigar. "It meant a good deal of odd journeying, but I like that sort of thing, and my publishers can't object to a travel book once in a while. Altogether I must have done some thousands of miles—Baskul, Bangkok, Chung-Kiang, Kashgar—I visited them all, and somewhere inside the area between them the mystery lies. But it's a pretty big area, you know, and all my investigations didn't touch more than the fringe of it—or of the mystery either, for that matter. Indeed, if you want the actual downright facts about Conway's adventures, so far as I've been able to verify them, all I can tell you is that he left Baskul on the twentieth of May and arrived in Chung-Kiang on the fifth of October. And the last we know of him is that he left Bangkok again on the third of February. All the rest is probability, possibility, guesswork, myth, legend, whatever you like to call it."

"So you didn't find anything in Tibet?"

"My dear fellow, I never got into Tibet at all. The people up at Government House wouldn't hear of it; it's as much as they'll do to sanction an Everest expedition, and when I said I thought of wandering about the Kuen-Luns on my own, they looked at me rather as if I'd suggested writing a life of Gandhi. As a matter of fact, they knew more than I did. Strolling about Tibet isn't a one-man job; it needs an expedition properly fitted out and run by some one who knows at least a word or two of the language. I remember when Conway was telling me his story I kept wondering why there was all that fuss about waiting for porters—why didn't they simply walk off? I wasn't very long in discovering. The government people were quite right—all the passports in the world couldn't have got me over the Kuen-Luns. I actually went as far as seeing them in the distance, on a very clear day—perhaps fifty miles off. Not many Europeans can claim even that."

"Are they so very forbidding?"

"They looked just like a white frieze on the horizon, that was all. At Yarkand and Kashgar I questioned every one I met about them, but it was extraordinary how little I could discover. I should think they must be the least-explored range in the world. I had the luck to meet an American traveler who had once tried to cross them, but he'd been unable to find a pass. There *are* passes, he said, but they're terrifically high and unmapped. I asked him if he thought it possible for a valley to exist of the kind Conway described, and he said he wouldn't call it impossible, but he thought it not very likely—on geological grounds, at any rate. Then I asked if he had ever heard of a cone-shaped mountain almost as high as the highest of the Himalayas, and his answer to that was rather intriguing. There was a legend, he said, about such a mountain, but he thought himself there could be no foundation for it. There were even rumors, he added, about mountains actually higher than Everest, but he didn't himself give credit to them. 'I doubt if any peak in the Kuen-Luns is more than twenty-five thousand feet, if that,' he said. But he admitted that they had never been properly surveyed.

"Then I asked him what he knew about Tibetan lamaseries—he'd been in the country several times—and he gave me just the usual accounts that one can read in all the books. They weren't beautiful places, he assured me, and the monks in them were generally corrupt and dirty. 'Do they live long?' I asked, and he said, yes, they often did, if they didn't die of some filthy disease. Then I went boldly to the point and asked if he'd ever heard legends of extreme longevity among the lamas. 'Heaps of them,' he answered: 'it's one of the stock yarns you hear everywhere, but you can't verify them. You're told that some foul-looking creature has been walled up in a cell for a hundred years, and he certainly looks as if he might have been, but of course you can't demand his birth certificate.' I asked him if he thought they had any occult or medicinal way of prolonging life or preserving youth, and he said they were supposed to have a great deal of very curious knowledge about such things, but he suspected that if you came to look into it, it was rather like the Indian rope trick—always something that somebody else had seen. He did say, however, that the lamas appeared to have odd powers of bodily control. 'I've watched them,' he said, 'sitting by the edge of a frozen lake, stark naked, with a temperature below zero and in a tearing wind, while their servants break the ice and wrap sheets round them that have been dipped in the water. They do this a dozen times or more, and the lamas dry the sheets on their own bodies. Keeping warm by will-power, so one imagines, though that's a poor sort of explanation.'"

Rutherford helped himself to more drink. "But of course, as my

American friend admitted, all that had nothing much to do with longevity. It merely showed that the lamas had somber tastes in self-discipline.... So there we were, and probably you'll agree with me that all the evidence, so far, was less than you'd hang a dog on. "

I said it was certainly inconclusive, and asked if the names Karakal and Shangri-La had meant anything to the American.

"Not a thing—I tried him with them. After I'd gone on questioning him for a time, he said: 'Frankly, I'm not keen on monasteries—indeed, I once told a fellow I met in Tibet that if I went out of my way at all, it would be to avoid them, not pay them a visit.' That chance remark of his gave me a curious idea, and I asked him when this meeting in Tibet had taken place. 'Oh, a long time ago,' he answered, 'before the war—in nineteen-eleven, I think it was.' I badgered him for further details, and he gave them, as well as he could remember. It seemed that he'd been traveling then for some American geographical society, with several colleagues, porters, and so on—in fact, a pukka expedition. Somewhere near the Kuen-Luns he met this other man, a Chinese who was being carried in a chair by native bearers. The fellow turned out to speak English quite well, and strongly recommended them to visit a certain lamasery in the neighborhood—he even offered to be the guide there. The American said they hadn't time and weren't interested, and that was that." Rutherford went on, after an interval: "I don't suggest that it means a great deal. When a man tries to remember a casual incident that happened twenty years ago, you can't build *too* much on it. But it offers an attractive speculation."

"Yes, though if a well-equipped expedition had accepted the invitation, I don't see how they could have been detained at the lamasery against their will."

"Oh, quite. And perhaps it wasn't Shangri-La at all."

We thought it over, but it seemed too hazy for argument, and I went on to ask if there had been any discoveries at Baskul.

"Baskul was hopeless, and Peshawar was worse. Nobody could tell me anything, except that the kidnaping of the aeroplane did undoubtedly take place. They weren't keen even to admit that—it's an episode they're not proud of."

"And nothing was heard of the plane afterwards?"

"Not a word or a rumor, or of its four passengers either. I verified, however, that it was capable of climbing high enough to cross the ranges. I also tried to trace that fellow Barnard, but I found his past history so mysterious I that wouldn't be at all surprised if he really were Chalmers Bryant, as Conway said. After all, Bryant's complete disappearance in the midst of the big hue and cry was rather amazing."

"Did you try to find anything about the actual kidnaper?"

"I did. But again it was hopeless. The Air Force man whom the fellow had knocked out and impersonated had since been killed, so one promising line of enquiry was closed. I even wrote to a friend of mine in America who runs an aviation school, asking if he had had any Tibetan pupils lately, but his reply was prompt and disappointing. He said he couldn't differentiate Tibetans from Chinese, and he had had about fifty of the latter—all training to fight the Japs. Not much chance there, you see. But I did make one rather quaint discovery—and which I could have made just as easily without leaving London. There was a German professor at Jena about the middle of the last century who took to globe-trotting and visited Tibet in 1887. He never came back, and there was some story about him having been drowned in fording a river. His name was Friedrich Meister."

"Good heavens—one of the names Conway mentioned! "

"Yes—though it may only have been coincidence. It doesn't prove the whole story, by any means, because the Jena fellow was born in 1845. Nothing very exciting about that."

"But it's odd," I said.

"Oh, yes, it's odd enough."

"Did you succeed in tracing any of the others?"

"No. It's a pity I hadn't a longer list to work on. I couldn't find any record of a pupil of Chopin's called Briac, though of course that doesn't prove that there wasn't one. Conway was pretty sparing with his names, when you come to think about it—out of fifty-odd lamas supposed to be on the premises he only gave us one or two. Perrauh and Henschel, by the way, proved equally impossible to trace."

"How about Mallinson?" I asked. "Did you try to find out what happened to him? And that girl—the Chinese girl?"

"My dear fellow, of course I did. The awkward part was, as you perhaps gathered from the manuscript, that Conway's story ended at the moment of leaving the valley with the porters. After that he either couldn't or wouldn't tell what happened—perhaps he might have done, mind you, if there'd been more time. I feel that we can guess at some sort of tragedy. The hardships of the journey would be perfectly appalling, apart from the risk of brigandage or even treachery among their own escorting party. Probably we shall never know exactly what did occur, but it seems tolerably certain that Mallinson never reached China. I made all sorts of enquiries, you know. First of all I tried to trace details of books, et cetera, sent in large consignments across the Tibetan frontier, but at all the likely places, such as Shanghai and Pekin, I drew complete blanks. That, of course, doesn't count for much, since the lamas would doubtless see that their methods of importation were kept secret. Then I tried at Tatsien-Fu. It's a weird place, a sort of world's-end market town, deuced difficult to get at, where the Chinese coolies from Yunnan transfer their loads of tea to the Tibetans. You can read about it in my new book when it comes out. Europeans don't often get as far. I found the people quite civil and courteous, but there was absolutely no record of Conway's party arriving at all."

"So how Conway himself reached Chung-Kiang is still unexplained?"

"The only conclusion is that he wandered there, just as he might have wandered anywhere else. Anyhow, we're back in the realm of hard facts when we get to Chung- Kiang, that's something. The nuns at the mission hospital were genuine enough, and so, for that matter, was Sieveking's excitement on the ship when Conway played that pseudo-Chopin." Rutherford paused and then added reflectively: "It's really an exercise in the balancing of probabilities, and I must say the scales don't bump very emphatically either way. Of course if you don't accept Conway's story, it means that you doubt either his veracity or his sanity—one may as well be frank."

He paused again, as if inviting a comment, and I said: "As you know, I never saw him after the war, but people said he was a good deal changed by it."

Rutherford answered: "Yes, and he was, there's no denying the fact. You can't subject a mere boy to three years of intense physical and emotional stress without tearing something to tatters. People would say, I suppose, that he came through without a scratch. But the scratches were there—on the inside."

We talked for a little time about the war and its effects on various people, and at length he went on: "But there's just one more point that I must mention—and perhaps in some ways the oddest of all. It came out during my enquiries at the mission. They all did their best for me there, as you can guess, but they couldn't recollect much, especially as they'd been so busy with a fever epidemic at the time. One of the questions I put was about the manner Conway had reached the hospital first of all—whether he had presented himself alone, or had been found ill and been taken there by some one else. They couldn't exactly remember—after all, it was a long while back—but suddenly, when I was on the point of giving up the cross-examination, one of the nuns remarked quite casually, 'I think the doctor said he was brought here by a woman.' That was all she could tell me, and as the doctor himself had left the mission, there was no confirmation to be had on the spot.

"But having got so far, I wasn't in any mood to give up. It appeared that the doctor had gone to a bigger hospital in Shanghai, so I took the trouble to get his address and call on him there. It was just after the Jap airraiding, and things were pretty grim. I'd met the man before during my first visit to Chung-Kiang, and he was very polite, though terribly overworked—yes, terribly's the word, for, believe me, the air raids on London by the Germans were just nothing to what the Japs did to the native parts of Shanghai. Oh, yes, he said instantly, he remembered the case of the Englishman who had lost his memory. Was it true he had been brought to the mission hospital by a woman? I asked. Oh, yes, certainly, by a woman, a Chinese woman. Did he remember anything about her? Nothing, he answered, except that she had been ill of the fever herself, and had died almost immediately.... Just then there was an interruption—a batch of wounded were carried in and packed on stretchers in the corridors—the wards were all full—and I didn't care to go on taking up the man's time, especially as the thudding of the guns at Woosung was a reminder that he would still have plenty to do. When he came back to me, looking quite cheerful even amidst such ghastliness, I just asked him one final question, and I dare say you can guess what it was. 'About that Chinese woman,' I said. 'Was she young?' "

Rutherford flicked his cigar as if the narration had excited him quite as much as he hoped it had me. Continuing, he said: "The little fellow looked at me solemnly for a moment, and then answered in that funny clipped English that the educated Chinese have—'Oh, no, she was most old—most old of anyone I have ever seen.' "

We sat for a long time in silence, and then talked again of Conway as I remembered him, boyish and gifted and full of charm, and of the War that had altered him, and of so many mysteries of time and age and of the mind, and of the little Manchu who had been "most old," and of the strange ultimate dream of Blue Moon. "Do you think he will ever find it?" I asked.

WOODFORD GREEN

April, 1933

THE END